物 流 地 理

刘坚强　张敏霞　主　编
杨　韧　刘文勇　副主编

中国财富出版社

图书在版编目（CIP）数据

物流地理／刘坚强，张敏霞主编. —北京：中国财富出版社，2014.9（2018.8 重印）
（国家中等职业教育改革发展示范学校特色教材. 物流服务与管理专业）
ISBN 978 - 7 - 5047 - 5311 - 3

Ⅰ. ①物…　Ⅱ. ①刘…　②张…　Ⅲ. ①物流—经济地理—中国—中等专业学校—教材
Ⅳ. ①F259. 22

中国版本图书馆 CIP 数据核字（2014）第 179785 号

策划编辑　惠　婳		**责任印制**　尚立业	
责任编辑　惠　婳		**责任校对**　杨小静	

出版发行	中国财富出版社（原中国物资出版社）		
社　　址	北京市丰台区南四环西路 188 号 5 区 20 楼	**邮政编码**	100070
电　　话	010 - 52227588 转 2048/2028（发行部）	010 - 52227588 转 321（总编室）	
	010 - 68589540（读者服务部）	010 - 52227588 转 305（质检部）	
网　　址	http://www.cfpress.com.cn		
经　　销	新华书店		
印　　刷	北京京都六环印刷厂		
书　　号	ISBN 978 - 7 - 5047 - 5311 - 3/F · 2206		
开　　本	787mm×1092mm　1/16	**版　　次**	2014 年 9 月第 1 版
印　　张	16.5	**印　　次**	2018 年 8 月第 2 次印刷
字　　数	381 千字	**定　　价**	33.00 元

前　言

　　《物流地理》是物流专业的基础教材，在坚持理论与实用兼备、物流学与经济地理学相结合原则的基础上，将物流地理的基本内容逐步展开，阐述了中国的地理与经济、物流节点布局、物流交通地理、农业物流地理、工业物流地理、商业物流地理、港澳台物流地理、国际物流地理的经济布局理论、地域组合形成、特征、产品布局等知识，同时重点介绍了物流领域新的趋势，将经济地理学中"物"的内容和物流学中"流"的内容很好地进行了结合。

　　本书的知识体系既保留了经济地理中"物"的内容，即各行业的布局，又突出了物流中"流"的特点，即产品的集散与流向等内容。

　　本书按照项目教学模式，采用了项目导入、项目知识、项目训练等多种形式展示教材内容。为提高教师课堂教学的效果，每个项目都配有丰富的图片资料、简答题以及填图活动和活动建议等，使学生巩固并掌握所学知识，以提高学生应用知识的能力，增强学生处理问题的能力。

　　本书文字简练，叙述清楚，深入浅出，简明易学，适合作为中等职业学校物流专业和工商管理专业的教材，也可作为物流从业人员的自学参考书。

　　本书由刘坚强、张敏霞担任主编，负责全书的策划；杨韧、刘文勇担任副主编，负责教材的审核工作。项目一至项目四由刘坚强编写、项目五和项目九由张敏霞编写、项目六由杨韧编写、项目七由刘文勇编写、项目八由杜月奴编写，全书由张敏霞统稿。

　　编写项目教学教材对编写人员是一项具有挑战性和探索性的工作，由于时间仓促，不足之处在所难免，敬请选用教材的单位和使用教材的个人提出宝贵意见，以便我们进行修改和完善。

编　者

2014 年 7 月

目　录

项目一　中国的地理与经济 ··· 1

　　模块一　中国经济地理的基本特点 ·· 3

　　模块二　经济区与经济区划 ··· 9

　　模块三　三大经济地带 ·· 18

项目二　中国地理环境结构 ·· 23

　　模块一　地形结构 ··· 25

　　模块二　气候结构 ··· 30

　　模块三　水文结构 ··· 35

项目三　物流节点布局 ··· 41

　　模块一　物流节点概述 ·· 43

　　模块二　物流节点的功能及作用 ·· 45

　　模块三　物流节点的分类 ·· 47

　　模块四　物流节点类型的分析 ··· 49

项目四　交通物流地理 ··· 55

　　模块一　交通运输业的基本特点 ·· 57

　　模块二　陆路交通运输网络 ·· 59

　　模块三　水路运输网络 ·· 76

　　模块四　地下与空中运输网络 ··· 87

项目五　农业物流地理 ··· 91

　　模块一　农业生产布局 ·· 93

　　模块二　种植业生产布局 ·· 97

模块三　林业生产布局 ･･････････････････････････････ 109

模块四　畜牧业生产布局 ････････････････････････････ 114

模块五　水产业生产布局 ････････････････････････････ 118

模块六　优势农产品区域布局 ････････････････････････ 122

模块七　农产品物流 ････････････････････････････････ 129

项目六　工业物流地理 ･･････････････････････････････ 135

模块一　工业物流地理概述 ･･････････････････････････ 137

模块二　能源工业结构 ･･････････････････････････････ 142

模块三　冶金化学工业结构 ･･････････････････････････ 156

模块四　机电、建材工业结构 ････････････････････････ 172

模块五　轻工业结构 ････････････････････････････････ 180

模块六　工业与物流的关系 ･･････････････････････････ 191

项目七　商业物流地理 ･･････････････････････････････ 193

模块一　影响商业布局的因素 ････････････････････････ 195

模块二　我国商业中心分布 ･･････････････････････････ 198

模块三　商品流向 ･･････････････････････････････････ 202

模块四　商业与物流的关系 ･･････････････････････････ 204

项目八　港澳台物流地理 ････････････････････････････ 207

模块一　香港地区物流地理 ･･････････････････････････ 209

模块二　澳门地区物流地理 ･･････････････････････････ 215

模块三　台湾物流地理 ･･････････････････････････････ 220

项目九　国际物流地理 ･･････････････････････････････ 227

模块一　国际物流概述 ･･････････････････････････････ 229

模块二　国际海洋运输 ･･････････････････････････････ 235

模块三　国际铁路运输 ･･････････････････････････････ 242

模块四　国际航空运输 ･･････････････････････････････ 245

模块五　国际集装箱运输和国际多式联运 ････････････････ 251

参考文献 ･･ 256

项目一　中国的地理与经济

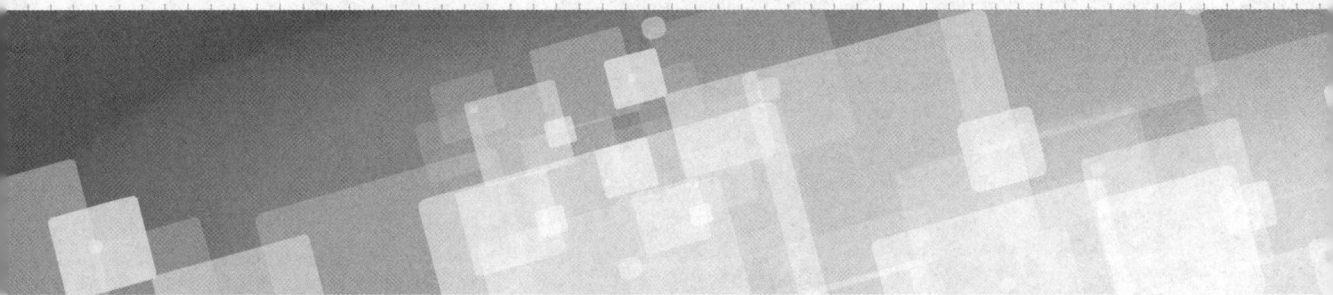

【项目目标】
1. 认识中国的地理位置
2. 掌握中国地理位置特点
3. 熟悉中国的经济区划
4. 了解中国三大经济地带

模块一 中国经济地理的基本特点

【项目导入】

物流：物流是以物的动态流转过程为主要研究对象，揭示交通运输、物资仓储、包装流通、装卸搬运及物流信息等活动的内在联系；物流是管理工程和技术工程相结合的综合学科，对于企业加强流通管理，提高经济效益有十分重要的意义。

地理：地理就是"地"的"理"。"地"的意思是地球、地区、地理环境。"理"的意思和"物理"的"理"是一样的，就是原理、道理，包括地的现象、演变、规律等。这就是地理。

物流地理：物流地理是物流学和经济地理学相结合的一门综合性学科，随着物流业的不断发展，物流地理越来越受到政府和物流企业的重视。物流地理学逐渐成为研究物流生产布局、发展条件和规律的新学科。

【项目知识】

一、位置优越，海陆兼备

中国位于亚欧大陆的东部，东南部濒临浩瀚的太平洋，西北部深入亚欧大陆的中心，是一个海陆兼备的国家。中国的海陆位置处在全球陆地最集中的地区，有大面积远离海洋的内陆区和世界上面积最大的、且易于开发的黄土分布区，有利于旱作农业的较早形成，并通过著名的"丝绸之路"与中亚、西亚、欧洲进行商贸文化往来。贯通欧亚的铁路线——欧亚大陆桥，使中国与欧洲的联系更为便捷。东南部广阔的海洋，有利于发展海洋事业，有利于从海上与世界各国进行交往。这样的海陆位置还促成了强大的季风气候，在夏季季风的引导下，太平洋上的湿润气流为我国东南地区带来大量降水，十分有利于植物和农作物的生长。

我国的纬度位置也很优越。从南往北，跨越了近 50 个纬度，南北距离达 5500 千米。我国大部分地区位于北纬 20°～50°的中纬度地带，温带、暖温带、亚热带占全国领土面积的 71.7%，南部还有 8% 的领土伸入到热带地区，湿润、半湿润地区的面积约为全国总面积的一半。大面积中纬度国土，水热条件优越，平原辽阔，河网密布，使我国很早就成为世界著名的农业国家。大跨度的纬度位置，还使我国拥有从寒温带到赤道带多样复杂的气候，为我国农业生产的多样化提供了有利的自然条件。

表 1-1　　　　　　　　　中国的经纬度位置（四至点）

四至	经纬度	自然物界	其他
最东端	东经 73°40′	乌苏里江与黑龙江主航道会合处	东西跨经度约 62°，宽达 5200 千米
最西端	东经 35°05′	帕米尔高原	时差 4 小时以上
最南端	北纬 4°15′	曾母暗沙	南北跨纬度约 50 度，长达 5500 千米
最北端	北纬 53°31′	漠河以北，黑龙江江心	有 6 个温度带

由于我国拥有绵长的陆上疆界和众多的邻国，又使我国具有较复杂的政治地理位置。我国国境线总长约 22800 千米，是世界上陆界最长的国家之一，陆上同我国接壤的国家有 15 个，与我国隔海相望的国家有 6 个。这些国家政治制度、社会经济状况、国力强弱及对外政策差异较大，情况十分复杂。因此，我们必须正确地处理邻国的关系，加强与邻国间的政治、经济往来。

二、国土幅员辽阔，有效生存空间相对狭小

我国领土总面积 960 万平方千米，占地球陆地总面积的 1/15、亚洲面积的 1/4，仅次于俄罗斯和加拿大，居世界第三位，相当于将近有 30 多个国家的欧洲面积。1994 年 11 月 16 日，新的海洋法公约生效，国家领海权从 3 海里扩大为 12 海里，我国的领海面积则由 37 万平方千米扩大为 473 万平方千米。这样我国国土总面积（领土加领海）则变为 1433 万平方千米。

我国的领土形态方正，长与宽比较接近，便于各省市区之间的联系及各民族的团结统一，有利于经济发展和国防巩固。耕地、荒地、草地、林地、内陆地、水域及沿海滩涂占全国陆地总面积的 70% 以上，有利于农、林、牧、渔多种经营，综合发展。广阔的领海为我们发展海洋经济提供了新的空间。五大常态地形面积比例如图 1-1 所示。

我国是山多地少的国家，山地、高原、丘陵的面积为 665 万平方千米，占总土地面积的 69% 以上，其中，海拔 3000 米以上的高山和高原占总土地面积的 25.86%。山地高度大，气温低，生长季短，陡坡多，土层薄，水土容易流失，利用难度大，尤其

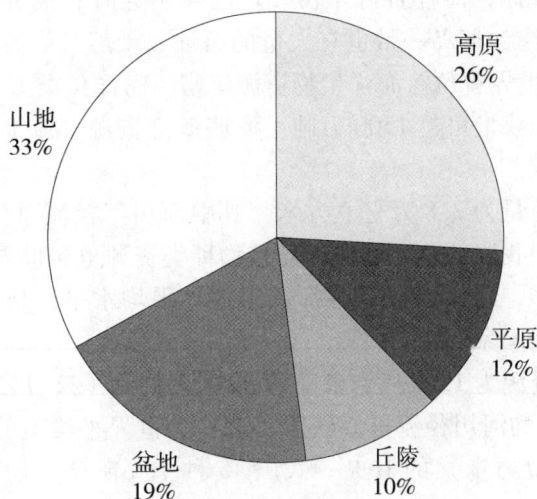

图1-1　五大常态地形面积比例

不利于农耕业。

　　我国大陆性季风气候显著，较大部分国土远离海洋，湿润季风很难深入西北内陆，半干旱、干旱区约占总土地面积的一半以上，其中流动沙丘与戈壁面积占总土地面积的10.6%。由于干旱，土地自然生产力仅为1～4吨/公顷，每平方千米承载人口仅2人。青藏高原地高天寒，土地生产力更低，不能容纳较多人口。

　　我国耕地面积偏少，仅有约1.3亿公顷，占国土总面积的13.55%，低于世界各国耕地占陆地总面积的平均数，更低于法国（35.6%）、英国（30%）、美国（20.3%）。人均耕地不足1.49公顷，不及世界平均水平（3.7公顷）的40%，更不及加拿大（25.5公顷）、美国（10.5公顷）。在国土面积大于10万平方千米的76个国家中，人均耕地居倒数第8位。我国耕地质量差，中低产田约占78%，能养活的人口少。

　　我国森林覆盖率为21.63%，低于世界平均水平（31%），更低于美国（31.3%）、日本（66.7%）。人均林地面积约2公顷，为世界平均水平（6.5公顷）的30.7%，在世界各国中排名第136位。人均草地面积4.57公顷，不到世界平均水平的一半。

　　以上数据表明，尽管我国国土辽阔，但由于山多地少，干旱区面积大，耕地、林地、草地偏少且质量较差，加上人口众多，使得人均有效生存空间相对狭小。

三、自然资源绝对数量较大，人均数量相对贫乏

　　我国已探明储量的矿产资源约有150种，如果按其中较重要的45种估算，探明储量仅次于美国，居世界前列。其中，钨、钛、稀土等矿产的储量均有绝对优势，居世界之首。我国煤炭资源探明储量约1万亿吨，居世界第三位；水能理论蕴藏量6.76亿千瓦，其中可开发量为3.79亿千瓦，居世界首位；自20世纪60年代我国摘掉"贫油"的帽子后，石油、天然气的探明储量逐年增长。若把煤、水能、石油、天然气折成标准煤总算，约占世界能源储量的10%。我国成了能源资源大国之一。

我国拥有广阔的领海，海洋资源丰富。现已探明近海石油资源储量 255 亿吨，天然气 14 万亿立方米，南沙群岛一带也有大量的石油、天然气。海盐资源丰富，海盐年产量（3710 万吨）居世界首位。海洋生物资源丰富，海洋鱼类 1500 多种，其中经济鱼类 300 多种，近海年渔获量可达 1500 万吨。海底矿产资源、海水化学资源、海洋动力资源的储量均较为可观。

我国的淡水资源总量为 2.8 万亿立方米，其中河川年径流总量为 2.6 万亿立方米，居世界第四位。另外，我国的草地资源、动植物种类资源也居世界前列。

由于我国人口众多，绝大多数资源都低于世界平均水平，从人均占有量来看我国是人均资源相对贫乏的国家。

我国的人均水能资源为 1900 度，低于世界平均水平（2260 度）；人均石油储量为世界平均值的 1/8；人均河川径流量（淡水资源）为世界平均值的 1/4；人均森林蓄积量为世界平均值（56 立方米）的 16%；我国 45 种主要矿产人均占有量均不足世界平均水平的一半。

此外，我国的资源还存在空间和时间分布严重不均衡的问题，加上品位低，共生矿多，给资源的开发利用带来不便，导致资源的相对贫乏。例如：煤储量的 94% 分布在昆仑山—秦岭—大别山一线以北；森林资源主要分布在东北、西南地区；水力资源和淡水资源偏集于南方、西南方等。多种矿产资源呈伴生、共生状态。再如，我国铁矿品位多为 34%，含铁量仅为高品位铁矿的一半多。现在我国人均拥有铁矿储量 40 多吨，表面上看还不算小，但实际上不到 14 吨；我国铜矿品位大多为 0.4%，若品位达到 1%，我国就可定为富矿开采。扎伊尔的铜矿品位较高，含铜量 6% 的铜矿仅列为中等品位。在赞比亚，铜矿的中等品位为 3.5%。由于我国铜矿品位太低，使铜的实际储量大打折扣，形成铜矿的相对贫乏。其他如锡、磷、铝土、锰铁矿等，也是含杂质多，品位低，与平均品位衡量对比，我国是矿产资源贫乏的国家。

四、历史悠久的文明古国

我国是世界上四大文明古国之一，有五千年的文明历史。早在一万年前就开始了原始农业，最早培植出粟和稻谷。自秦朝开始，中国进入封建统一的社会，经济迅速繁荣。西汉长安城的规模超过罗马城的 3 倍，著名的"丝绸之路"为汉代的商业经济繁荣作出了巨大贡献。唐代，我国的社会经济已达到空前繁荣时期，当时长安城是最大的国际城市，有 300 多个国家和地区的商人、学者在此云集，而此时欧洲正处在经济的低谷。元朝时，中国成了世界上最强大、最富庶的国家，声誉远及亚、欧、非三洲。威尼斯人马可·波罗曾对元朝时中国的幅员广大、经济繁荣作过生动细致的描绘，激起了哥伦布到东方探险的决心。中国的四大发明"改变了世界上事物的全部面貌和状态"（培根），为人类社会经济发展作出了巨大贡献；中国的耕与织生产技术、矿冶技术、造船技术等也长期处于世界领先地位。

然而，近代中国的经济却落后了。由于长期的封建统治，近代资本主义的入侵，中国的经济结构和布局呈现出浓厚的半殖民地半封建社会特征，生产衰败，地区经济发展极不平衡，人们生活十分贫困。新中国成立后，尽管经过几十年的大力建设，合理布局生产，直至今日，从全国范围或地区范围来看仍存在着明显的经济发展差异。

五、人口众多的多民族国家

中国是以汉族为主体的多民族国家，各民族都有自己的生产和生活习惯，在长期的历史发展过程中，形成了不同特色的民族地区经济，繁荣了全国的经济地域体系。

中国是世界上人口最多的国家，2010 年全国人口普查，我国人口为 13.7 亿，占世界总人口的 20% 以上。中国人口增长速度很快，自新中国成立以来，人口已增长 2.43 倍。人口过多，使我国许多种位居世界前列的自然资源人均数量变得相对贫乏。我国农村人口比重大，约占 58%，高出瑞典（17%）、美国（17.1%）、澳大利亚（14%）等国的几倍，也高于世界平均乡村人口比重（41%）。受地形与气候的影响，中国人口分布极不均衡，90% 以上的人口集中在爱辉—腾冲一线以东，人口密度达 307 人/平方千米。而人口线以西的 60% 的国土上，仅居住着 10% 的人口，人口密度每平方千米仅 23 人。2010 年，我国平均人口密度为 143 人，比世界平均人口密度（47 人）高出 3 倍多。

人口过多，是我国经济发展的不利因素。据研究，我国的人口自然容量为 7 亿～10 亿，大量劳动力剩余表明我国经济容量小且已饱和。因此，必须强调计划生育，必须努力发展经济，减缓人口的增长，增加我国人口的经济容量。

六、经济发展速度较快，经济发展不平衡问题突出

改革开放 30 多年来，我国经济社会发展取得了举世瞩目的巨大成就。但也出现了较严重的发展不平衡问题，主要体现在区域发展不平衡、城乡发展不平衡、居民收入差距不断扩大、经济社会发展不平衡、经济发展受到资源与环境的约束加剧等方面。

发展不平衡问题是各种复杂因素共同作用的结果，对待这一现象要有一个客观的、历史的、辩证的认识。既不能放任各种不平衡发展，对不断拉大的不合理差距熟视无睹，也不能抽肥补瘦，搞平均主义。既不能因不平衡的客观存在产生消极负面情绪，怀疑改革开放和中国特色社会主义道路的正确性，也不能过分强调发展不平衡的合理性。

一是要看到发展不平衡的存在是有客观性、合理性、积极性的一面。只要我们引入市场机制、进行市场化改革就必然出现发展不平衡问题，产生区域、城乡、居民收入的差距和"外部性"问题，这些是市场机制失效的具体表现，也意味着政府宏观调控的不可或缺。我们要看到，改革开放后期不平衡的产生和存在与改革开放前的不平衡是不可等同的，这是在经济持续 30 多年的快速发展、人均 GDP 已超过 3000 美元、经济总量已跃居世界第 2 位的基础上出现的发展不平衡，是发展中的问题，是在各地区、城乡、全体居民实力大增，生活水平大幅度提高基础上的相对不平衡，同改革开放前一穷二白、物资匮乏、资源短缺的不平衡不可同日而语。

从积极的角度看，发展不平衡能够形成竞相发展的局面，导致活力倍增，为经济

社会持续、快速发展提供动力。回顾改革开放 30 多年的历程，正是当初按照邓小平同志的指示，建立了"四个"特区，打破了计划经济体制造成的僵化局面，整个经济开始有了活力。珠江三角洲的搞活和率先改革开放带动了其他地区的比学赶超，虽然地区差距出现了，但是起到了满盘皆活的效果。没有收入分配制度的改革、不打破平均主义大锅饭，就难以做到人尽其才，调动每个人的积极性。

二是要看到当前的发展不平衡存在着严重的弊病，孕育着严重的后果，危及可持续发展。区域发展不平衡长期得不到改善，差距过大，会进一步造成生产要素向发达地区集中，发达地区资本过剩、人才过剩、人口过密，出现城市病。而欠发达地区则相反，易产生马太效应，强者恒强，弱者更弱。分化的结果是整个经济体结构功能下降，发展速度下滑。城乡差距过大会加剧城乡矛盾，广大农村居民的消费能力进一步萎缩，对于构建内生型经济增长方式、扩大消费需求不利，也不利于加快城市化进程、消除二元经济结构。在社会保障体系尚不健全的情况下，居民收入差距不合理扩大会使一部分低收入者生存成为问题，直接影响社会稳定。

解决发展不平衡问题不是要彻底消除各种差距，而是要把差距控制在合理的范围内，实现协调发展。发展不平衡问题是长期发展过程中各种因素共同作用的结果，只能通过有力的政策措施逐步加以解决。消除的方法重要的就是在产业结构、经济发展要素转移和现有的资源及基础条件结合，使用人口转移、政策支持、发展比较优势产业或者新兴产业、加大基础设施建设等。

【项目训练】

一、思考与练习

1. 简述我国在世界上的地理位置。

2. 简述中国经济地理的基本特点。

二、活动建议

1. 活动内容

标示中国的地理位置。

2. 操作步骤

（1）将全班学生分为若干个小组，每个小组 4~6 名组员；

（2）各组用一张白纸画出世界各大洲各大洋，特别标出中国的位置。

3. 活动点评

教师点评，并展示优秀作品。

模块二　经济区与经济区划

【项目导入】

20 世纪 90 年代末期起，我国陆续出台了西部大开发、促进中部崛起和东北老工业基地振兴等区域发展战略。但由于我国地域范围广大、地理差别明显，为了使这些战略能够更好地落到实处，产生更大的成效，近年来，政府先后批复涉及珠江三角洲、长江三角洲、天津滨海新区、福建省海峡西岸经济区、包括陕西、甘肃两省部分地区的关中—天水经济区、中国图们江区域、黄河三角洲、横琴新区、安徽皖江城市带、鄱阳湖生态经济区等十多部区域规划和文件。

【项目知识】

一、经济区与行政区

（一）经济区

经济区是在劳动地域分工基础上形成的不同层次和各具特色的地域经济单元。经济区以中心城市为核心，以农业为基础，以工业为主导，以交通运输和商品流通为脉络，具有发达的经济联系。经济区在全国经济中担负某种专门化职能。它具有下列特点：

1. 客观性

经济区是客观存在的，是社会生产地域分工的表现形式。不同的经济区有着不同的自然条件和社会经济条件。经济区的划分是人们对客观规律的认识。

2. 区域性

经济区占有一定空间，有四周和边界，可以在地图上表示出来。经济区的界线往往是一个过渡带，经济区的范围是大致的。

3. 层次性

经济区具有不同的等级和层次，每一高层次的经济区是低层次经济区的集合。我国经济区大致可分为 5 个层次，即国家级经济区（如省、区组合）、省级经济区（如地、市组合）、地级经济区（如县组合）、县级经济区（如镇组合）、集镇经济区（如村组合）。经济区与行政区具有密切的联系，经济区的划分要适当考虑行政区的一些因素。

4. 开放性

经济区不是封闭的、自给自足的自然经济，它是与周围具有密切联系、协调发展的、开放的地域经济单元。经济区通过复杂的物质流、能量流、信息流和周围经济区保持密切联系。开放性是我国经济区最本质的特性,开放性要求经济区不要搞"大而全"或"小而全"。每一经济区应根据各自的资源条件和经济基础,因地制宜,扬长避短,充分发挥各自的资源或经济优势,以完成劳动地域分工所承担的任务。

5. 可持续发展性

经济区并不是一成不变的,它是在不断发展变化的。在经济发展中,经济区的范围和区内经济结构会发生变化。可持续发展要求经济区具有一定的稳定性。一个高效能的经济区必然是内部结构协调发展,区内自然资源、劳动力资源和经济潜力得到充分发挥,生态系统保持良性循环,与外界经济区保持畅通经济联系的经济实体。

(二) 行政区

行政区是政治性的,是为了便于行使国家政治职能而划分的。行政区具有若干单元和层次,区内设有相应的行政机构进行行政管理。行政区是国家机器的重要组成部分。

我国现有的行政区,具有以下特征:

1. 基本实行省、地、县、乡四级制

《宪法》规定我国行政区划分为省、县、乡三级,"地区"(1957年以前称专区)是省、自治区的派出结构,不是一级地方政权。为了充分发挥中心城市的经济枢纽作用,1981年以来逐步推行"市管县"的行政体制,作为一级政权组织的"地级市"迅速发展,"地区"则逐渐减少,基本形成省、地、县、乡四级行政区划体制。

根据民政部《中华人民共和国行政区划简册2005》资料,我国有省级行政区34个,其中直辖市4个、省23个、自治区5个、特别行政区2个。有地级行政区333个,其中地级市283个、地区17个、自治州30个、盟3个。有县级行政区2862个,其中县1464个、自治县117个、县级市374个、市辖区852个、旗49个、自治旗3个、特区2个、林区1个。

省级行政区是中央政府直接管理的最高级的地方行政区,县是我国使用最早的地方行政区,始于春秋时代,至今已有两千多年历史。乡是我国的基层行政区,乡与镇平列,镇是工商业比较集中的地区。2005年年底,我国乡镇总数为35381个。

2. 实行民族区域自治

我国是以汉族为主体的多民族国家,有少数民族55个,多分布在山区和边区。在我国政权建设上,必须处理好民族关系,实现民族平等,走共同繁荣的道路。现在几乎在所有的少数民族地区,都实现了民族区域自治。省级有自治区,地级有自治州、盟,县级有自治县、旗、自治旗,乡级有民族乡、苏木。

3. 实行市管县的行政体制

市是人口比较集中,政治、经济、文化地位比较重要的城市,除中央直辖市外,还有省辖市(地级市)、地辖市(县级市)等。现代经济的发展,需要城市充分发挥政治、经济、文化的中心作用,不同规模、不同经济实力的城市可以管几个或十几个县。实行市管县，有利于城乡统筹、工农结合、缩小城乡差距，促进地区经济的快速发展。至 2005 年年底，除新疆、西藏、贵州的个别地区外，均实行了市管县的建制。

经济区与行政区关系十分密切，既有联系，又有差异。一般来说，经济区的性质是经济性的，任务是因地制宜地发展地方经济；而行政区的性质是行政的，任务是行使国家行政职能。二者一个属于经济基础，一个属于上层建筑，但有着较为密切的联系，在进行经济区划时，除考虑经济原则外，还要考虑行政区的完整性和范围的一致性。另外，按经济原则划分的经济区，很可能会成为新的行政区划的基础。中国行政区划如图 1-2 所示。

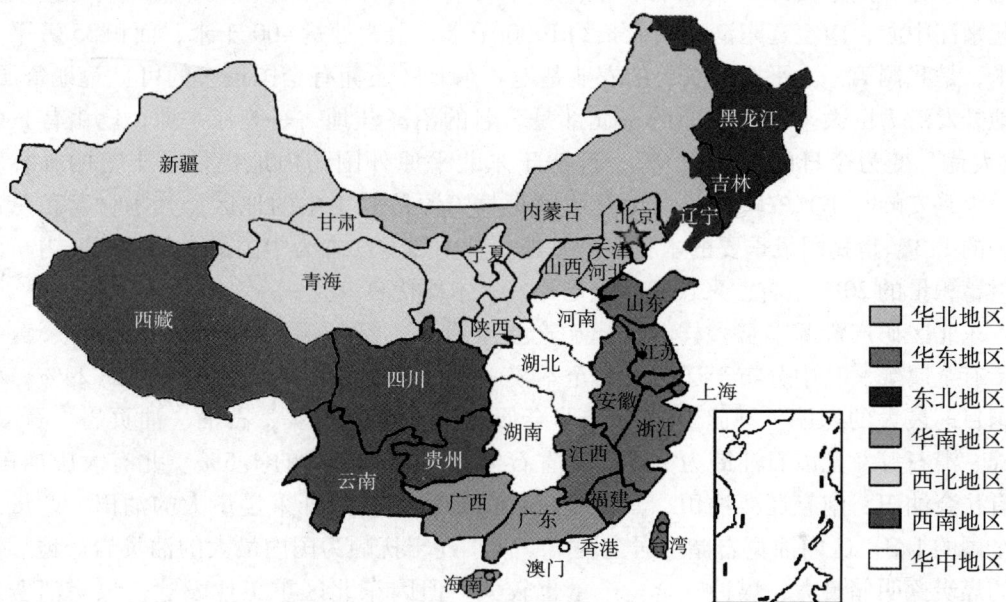

图 1-2　中国行政区划

二、经济区划

经济区划是经济地理的重要任务，进入 21 世纪，中国区域经济进入一个全新的发展时期，根据"以人为本"的科学发展观、"五个统筹"发展方针和全面建设小康社会宏伟目标的要求，要对经济区划进行必要的调整，建立一个完整的中国区域经济体系，完成"实施西部大开发，振兴东北等老工业基地，促进中部地区崛起，鼓励东部地区率先发展，实现相互促进、共同发展"的重大任务。

中国六大经济协作区如下：

1. 东北经济协作区

东北经济协作区（以下简称东北区）包括黑龙江、吉林、辽宁三省，因地处祖国东北一隅而得名。全区土地面积为 79.5 万平方千米，约占全国土地总面积的 8.3%，在全国六大经济协作区中面积最小。2010 年年底全区人口为 10952 万人，占全国总人口的 8.3%，仅多于西北区；人口密度为 135 人/平方千米，稍低于全国的平均人口密度。区内民族构成以汉族为主，少数民族主要有满族、蒙古族、回族、朝鲜族、俄罗斯族、锡伯族、达斡尔族、鄂伦春族、赫哲族等。东北区位处东北亚的中心，其东、北、西三面分别与朝鲜民主主义人民共和国、俄罗斯联邦和蒙古人民共和国为邻，并与日本隔海相望，经图们江可直通日本海，与日本、韩国沟通联系；西南部与我国的华北区相连接，南濒黄海、渤海，是"欧亚大陆桥"的东端，是"两圈一环"的重要组成部分，具有重要的战略地位和经济地理位置。

东北区自然环境优越，山环水绕，沃野千里，大部分地区属温带气候，温和湿润，土地、水分和热量资源对发展农牧业生产十分有利。区内中部松辽平原（东北平原）北起嫩江中游，南至辽东湾，南北长约 1000 千米，最宽处达 400 千米，面积 35 万平方千米，是我国第一大平原和重要的农业基地。东北区还拥有全国最多的可垦荒地资源，耕地开发潜力巨大。东北平原的东北部是著名的沼泽洼地——三江平原，已由昔日的"北大荒"变为今日的"北大仓"。环绕于东北平原外围的山地提供了丰富的森林资源。大兴安岭、小兴安岭和长白山是我国森林资源最为集中的地区，其木材蓄积量占全国的 1/3，是我国最重要的木材生产基地。其中黑龙江省为中国最大的林区，占全国木材蓄积量的 20% 左右，采伐条件全国最好，木质优良。

东北区矿产资源丰富多样。金属矿产主要有铁、锰、铜、钼、铝、铅、锌、黄金及稀有金属等。其中分布于辽宁鞍山至本溪一带的铁矿探明储量约占全国的 29%，为中国目前最大的探明铁矿产地之一。非金属矿产主要有煤炭、石油、油页岩、石墨、石棉、滑石等，尤以石油最为突出，三省石油总储量占全国的 4.5%。北有大庆油田，中有扶余油田，南有辽河油田，其中大庆油田是我国目前开采量最大的油田，产量约占全国的 1/3。区内油页岩储量居全国第一位，辽宁抚顺为国内最大的油页岩产地。东北的煤炭探明储量大，煤种齐全，产量也较大，但因东北区重工业发达，煤炭消费量大，部分煤炭仍需从华北区调入。

东北区作为全国重要的重工业基地之一，工业企业以国有大中型企业为主体。随着全国经济的快速发展，20 世纪 90 年代呈现出一系列问题：结构性矛盾突出，技术设备老化现象严重，结构体制与产业结构转轨困难，发展速度和效益低于沿海和全国，出现所谓的"东北现象"。同时，东北区资源开发强度大，生态环境破坏较为严重，如长白山、大兴安岭、小兴安岭森林生态系统已遭较大破坏；"三废"排放量大，大中城市和大江大河水质恶化；水资源和能源短缺等，已成为影响地区经济发展的限制因素。进入 21 世纪后，中央提出振兴东北老工业基地的战略，东北区经济发展和调整的方向应逐步从资源开发和初加工型模式向加工型模式转换；从增长型、粗放型和外延型模式向发展型、集约型和内涵型模式转换；从城乡二元化模式向城乡一体化模式转换，从而促进区域经济的持续、稳定、协调发展。

2. 华北经济协作区

华北经济协作区（以下简称华北区）包括北京、天津两市和河北、山西两省及内蒙古自治区，面积 154.88 万平方千米，约占全国土地总面积的 16.1%，次于西北、西南。2010年年底全区总人口为16482万人，占全国总人口的11.6%，次于华东、中南和西南；人口密度为97人/平方千米，低于全国平均水平（135.4人）。区内人口分布不平衡，主要集中于京津和冀晋部分地区，内蒙古则地广人稀。民族构成以汉族为主，少数民族主要有蒙古、回、满及朝鲜等民族。

华北区位于黄河中下游及海河流域，东濒渤海，北通东北，南接华东，西靠西北、中南，北部与蒙古人民共和国为界，整个华北区在全国处于中枢地位。区内交通便利，以北京为中心的交通干线辐射全国，北京又是我国政治、文化中心和国际交往中心，天津、秦皇岛等港口可直通海外，地理位置十分重要。

华北区土地辽阔，地貌类型多样，从渤海沿岸到内蒙古西北部分布有华北平原、冀北山地、山西高原、内蒙古高原及山间盆地等各类地形，自然环境复杂，为华北区国民经济多种产业的发展提供了可能。华北大平原土地平坦，盛产棉花、小麦和杂粮，是中国北方农业生产集约化程度较高的地区，也是华北区工业和特大及大中城市集中分布的地区；冀北山地及大兴安岭形成中国最大的原始林区，对生态环境的保护和经济开发有着重要意义；山西高原和内蒙古高原有优良草场，为畜牧业发展提供了场所；山间盆地可开辟为农业基地。华北区蕴藏有多种矿产，其中煤炭、石油、铁矿、盐及稀土等资源尤为突出。华北区是我国煤炭资源最丰富的地区，探明储量约占全国储量的55.2%，而山西一省约占全国的30.8%，山西和内蒙古的煤炭储量分别居全国第一位、第二位。

华北区的铁矿储量仅次于东北区，在全国居第二位，分布以河北省最多，其次为内蒙古，两地铁矿储量在全国各省份中分别列第二位、第四位。华北区有较为丰富的石油和天然气资源，河北省石油探明储量约占全国的4.9%，居全国第七位。另外，内蒙古境内稀土矿世界罕见，其储量约占全国的90%以上；河北、天津的长芦盐场和内蒙古、山西的湖盐均很有名。

华北区依托有利的地理位置和丰富的自然资源，现已发展成为中国经济实力最雄厚的地区之一。

重工业以能源、冶金、机械和化工为主，能源工业发达是华北经济开发上的最大特色，尤其是煤炭工业在全国的能源工业中处于中枢地位；轻工业以纺织和食品最为重要。华北区也是我国重要的农业区之一。2004年全区农业总产值4212亿元，约占全国的11.6%，华北平原是我国小麦、杂粮集中产区，内蒙古草原是我国最大的畜牧业基地。在交通运输方面，华北区已形成了以北京为中心的交通运输网布局态势，铁路和公路运输网四通八达，其中北京是全国铁路运输网的中心，也是全国运输的中枢。

虽然华北区已形成较完整的工业、农业和交通运输业体系，成为中国经济发展水平较高的大区之一，但华北区自然灾害频繁，尤其干旱突出，北京等特大城市缺水严重，山西和黄土高原的水土流失更为普遍。所以，今后应加强对华北海河和黄河水系等进行综合治理，并以改革开放为动力，以产业结构的调整升级为重点，加强区内东西部地区间互补协调。

3. 华东经济协作区

华东经济协作区（以下简称华东区）包括上海、江苏、浙江、安徽、福建、江西、山东六省一市，因地处我国东南沿海而得名。全区土地面积78.83万平方千米，占全国土地总面积的8.2%，在全国六大协作区中居第五位；人口3.93亿（2010年），占全国总人口的28.7%，人口密度为474人/平方千米。人口的绝对量和人口密度均居六大区之首。区内民族以汉族占绝对优势。

华东区经济地理位置十分优越，处在东部经济地带的中部，除皖、赣两省外，各省市都东临大海，并占据长江与黄河三角洲，江海相交、水陆通便，各省市间的联系比较方便。

华东区以平原、丘陵地形为主，自然条件非常有利于农、林、牧、渔多种经营。矿产资源也非常丰富，人口密集，技术力量雄厚，具有发展现代化经济的优越条件。华东区海岸线绵长，岛屿棋布，优良港湾众多，有利于海运事业的发展，东临海洋，可受海洋气流的温润，可获取丰富的海盐和海水产资源。气候以暖温带、亚热带气候为主，适宜多种作物和林木生长。华东区陆地水域广阔，江河如网，湖泊成群，有利于航运、农灌、淡水养殖、发展水电。华东区矿产资源一般具有近工业中心、交通便利、开采的相对价值高等特点。例如苏、鲁、皖的煤田，山东胜利油田，赣、鲁铁矿，安徽铜矿，江西钨矿，山东淄博铝矿，以及萤石矿、硫化铁矿，均有一定的储量和开采量。矿产资源为华东区经济发展提供物质保障。

新中国成立以后，华东经济迅速发展，充分利用有利的自然条件和近代工业基础，充分利用适中的地理位置和便利的水陆交通，经过50多年的努力，建设成中国最大的综合性工业基地和农业最发达的大经济区。

从三大产业产值构成来看，华东区以第二产业（工业和建筑业）产值所占比重最大，约为全区国内生产总值的53.2%，为全国第二产业产值的47%。第三产业（交通运输、仓储、邮电通信、批发零售、贸易、餐饮）也较发达，其产值约占全国第三产业产值的54%。华东区工农业生产水平，各省市差异悬殊。

华东区是我国重要的工业基地，第二产业发达。2004年工业产值约占全国的47.4%，轻重工业齐步发展，轻重工业产值基本持平，分别占全区工业总产值的50.3%和49.7%。机电轻纺、化工是华东区的优势工业部门，所生产的大量机电设备、轻纺化工产品，销往区内外满足全国人民生产与生活的需要，同时也是主要的出口创汇物质。华东区又是我国最发达的农业区，2004年农业总产值占全国的31.6%，粮食、棉花、花生、茶叶、蚕茧、苹果、水产品均居全国首位。农业生产的集约化程度很高，农产品具有商品化和多样化特征。

华东区具有全国最稠密的水运网，铁路、公路、海运、航空运输设施较先进，便于区内外的经济联系。2004年华东区人均国内生产总值为27130元，居全国第一位，比全国人均值（10561元）高出1.57倍。上海是我国人均国内生产总值最高的地区，约为553.7元，高出全国平均水平4.25倍。浙江、江苏、福建、山东的人均国内生产总值分别居全国第四、五、七、八位，均大大高于全国平均水平（与全国平均水平相近的是湖北省，居全国第十六位）。

华东区存在的问题是煤、铁、有色金属等原料、燃料的生产，与它的整个工业在全国的地位不相适应，大量农产品也不能完全满足强大的轻纺工业生产对原料的需求，需要大量地从区外、国外进口。从地域上看，各省市间经济发展水平相当悬殊，上海与较落后的江西，人均国内生产总值相差 47118 元，上海约为江西的 6.75 倍。在南部丘陵山区和淮河以北的一些地区，工农业生产还比较落后。

4. 中南经济协作区

中南经济协作区（以下简称中南区），包括河南、湖北、湖南、广东、广西、海南、香港、澳门等省区，因地处我国中南部而得名。全区土地面积 100.64 万平方千米，2010 年人口为 3.83 亿，人口密度为 362 人/平方千米。土地面积和总人口分别占全国的 10.5% 和 28%，次于华东，是一个历史开发久、人口较稠密的大区。

中南区地理位置适中，位于中国中部偏南，北部为"中州大地"，中部为"九省通衢"，南部为"南大门"，区域轮廓南北狭长，南北跨纬度 32 度（指至曾母暗沙），直线距离 3500 千米以上。中南区地表形态起伏，从北向南高低起伏，依次为黄淮平原、豫西山地、江汉平原、洞庭湖平原、江南丘陵、南岭山地、珠江三角洲、南海及岛屿。宜于农业的多种经营，综合发展。气候兼有暖温带、亚热带、热带等多种气候，能为作物和林木提供多样化的生存条件，有利于建立多种类型的农产品生产基地。中南区南临辽阔的海洋，若连岛岸线计算在内，有海岸线 9200 千米，占全国大陆、岛屿岸线总长的 27%。沿岸优良港湾众多，海内岛屿棋布。南海是中国最大的边海，有航利之便，有多种海洋资源，这些条件对中南区的经济发展将产生深远影响。中南区发展水产业条件优越。

中南区是全国经济比较发达的地区，轻工业稍大于重工业。轻工业以纺织、制糖为主，重工业以钢铁、有色金属、电力、机械为主。农业发展水平较高，农、牧、渔业发达，是全国的粮棉油糖、热作、养畜、水产业基地。中南区是我国经济开发较早的地区。北部的中原区是古文化发祥地，唐代，逐步向华中、华南发展，广州是对外交通的重要口岸，近代，中南区南部沿海区逐步沦为半殖民地，广州成了五大通商口岸之一，接着，湘、鄂、豫三省也逐渐被瓜分。帝国主义在中南区修铁路，开矿山，办银行、邮电，中南区成了帝国主义推销商品的市场和掠夺原料的基地。

中南区的特色工业是有色金属冶炼。锑、铅锌、锰、钨、锡、铜、铝的开采与冶炼是主要的有色金属企业。锑的储量居世界首位，出口量居全国的 1/2，主要集中在冷水江市的锡矿山。铅锌矿开采以湖南水口山规模最大，采后运往株洲冶炼厂冶炼。钨矿产量次于华东区，开采集中在粤北的石人嶂和湖南的瑶岗山。锰、锡矿集中在广西，储量居全国第一位，桂东南的桂平、来宾、钦州一带，是锰矿集中采区。锡矿开采集中在桂东北的富川、钟山、贺县。铝矿分布在郑州西部和广西平果县。郑州铝厂是亚洲最大的铝厂。

5. 西北经济协作区

西北经济协作区（以下简称西北区）包括陕西、甘肃、青海三省和宁夏回族自治区、新疆维吾尔自治区。全区面积 309.3 万平方千米，2010 年人口 9664 万，是全国人口数量最少、人口密度最小的一区。国内生产总值 7568.7 亿元，占全国的 4.6%，人均值 8039.8 元，在各大区中排倒数第二位。

西北区自然资源丰富，开发潜力巨大。土地资源面积大，各类土地人均量均居全国前列，特别是草地和后备耕地资源量居全国首位。光热资源比较优越，南疆、河西走廊西端等地，是我国日照最丰富的地区。能源资源蕴藏量大，种类多，煤炭、石油、天然气探明储量分别占全国的 16%、27.4% 和 47.4%，煤炭、石油的预测量更为可观。新疆的天然气和石油分别占全国的 22.4%、16%，分别居全国第一、第二位。可开发水能资源占全国的 12% 左右，铀矿、太阳能、风能资源也具有良好的开发前景。有色金属和化工、建材等矿产丰富。镍、铜、铅、锌、钴、钼等有色金属，铂、钯、锇、铱、钌、铑、铍、锂、铌、钽等稀贵金属，钾盐、硼、芒硝、自然硫、天然碱等化工矿产，以及石膏、石棉、云母、石灰岩、硅石等建材矿产都在全国占有重要地位，如镍占全国储量的 75%，钾盐占 95%，镁盐占 99%。另外，大多数矿产的分布相当集中，适宜大规模开发利用。

西北是我国开发较早的地区。特别是本区东部的关中平原，是中华民族的发祥地之一，从西周至唐，除个别年代外，这里一直是我国的政治、经济和文化中心。繁荣一时的丝绸之路作为中国与亚、欧各国联系的通道，不仅促进了东西方经济、文化的交流，而且极大地促进了当地经济的发展。唐朝以后，由于战乱、国家政治经济中心东移、生态环境恶化等多种原因，致使关中乃至整个西北的经济逐渐衰退。新中国成立后，尤其是"一五"、"二五"和"三线"建设时期，西北区曾作为全国重点建设的地区，建成了一批能源、化工、冶金、机电等大型项目，奠定了西北区的工业基础。煤炭、原油、发电量、原盐、有色金属、铁合金、电石等产品均在全国占有一定地位，初步形成了较为完整的工业体系。

种植业基础相对薄弱，但畜牧业发展快并在国民经济中占有较突出的地位。发展缓慢，与东部沿海发达地区比较，差距很大。就总体而言，目前西北区还仍然是我国经济发展水平较为落后的地区。2004 年此区三次产业产值结构为 16.4:48.3:35.3。

近年来，随着欧亚新海大陆桥的贯通运营，国家沿边、沿桥开发战略的实施，以及西部大开发战略和生产力布局的转移，极大地促进了地区土地能源、原材料等方面优势的发挥，促使祖国的大西北从封闭走向开放，为该区的经济、社会、环境的可持续发展提供了良好的机遇与条件，西北区的发展前景十分广阔。

6. 西南经济协作区

西南经济协作区（以下简称西南区）包括云南、贵州、四川、重庆、西藏五省（市区）。面积 235 万多平方千米，占全国面积的 1/4 以上。在全国的六大经济协作区中，仅次于西北经济协作区，居第二位。到 2010 年年底全区人口为 19297 万，占全国人口的 15.7%。但是，人口密度仅为 95.5 人/平方千米，低于全国的平均水平。人均 GDP 为 6232，全国最低。区内除汉族外，还有藏、彝、苗、哈尼、壮、白、傣等 30 多个少数民族，少数民族的人口约占全区的 1/7，是我国少数民族人口最多的地区。

西南区幅员辽阔，自然环境分异显著，主要表现为青藏高原、横断山区、云贵高原、四川盆地四大地理单元。全区以山地高原为主，约占全区面积的90%以上。平原分散、狭小，不足全区的2%，即使是面积最大的成都平原也不过8000平方千米。但平原地区人口稠密，经济繁荣，是本区的精华之所在。这里地势起伏显著。横断山区北坡海拔在5000米以上，盆底平原海拔在200～700米，相差4000米以上，地势高差大，形成显著的垂直分异。因此，该区的发展关键在山区的开发利用。因地制宜，合理开展多种经营应成为该区发展必须遵循的原则。极为丰富的水能资源使该区成为全国重要的水电基地。可开发的水能资源2.3亿多千瓦，年发电量为13050亿千瓦小时，占全国可开发水能资源的67.8%，是世界上水能资源最密集的地区之一。居全国首位的有磷、硫铁矿、锡、锌、铅、铬、铜、天然气、钒、钛、汞等。铁储量占全国的1/5，四川省铁储量位居全国第二位。这些为西南地区的发展提供了雄厚的资源基础。此外，生物资源也很丰富。植物种类1.5万种以上，有"植物王国"之称的云南是我国主要的林区之一。森林面积达2890万平方千米，木材蓄积量居全国第二位，作为良好牧场的高山、高原、草甸也有广阔的分布。这些丰富的资源是区域发展的基石。旅游资源独特是该区旅游业发展的基础。如：喜马拉雅山和玉龙雪山等高山名峰，长江三峡和虎跳峡等峡谷景观，路南石林、织金洞等喀斯特奇观，以及布达拉宫、大昭寺、元谋人遗址、乐山大佛等历史文物景点，还有西双版纳的傣族风情，大理的苍山洱海与白族风情，泸沽湖的摩梭风情。可大力发展观光旅游，开发专项旅游如疗养、避寒、避暑、科学考察、登山探险等，以及旅游系列产品。

长期以来，由于政策的失误，导致轻重比例失调。工业总产值中，轻重比例为2:3，轻工业相对薄弱，形成以当地资源为依托的资源型经济。在有水快流，片面地强调经济总量增加的思想指导下，导致资源大量浪费，开发利用程度低。农业在以粮为主的要求下，大面积地毁林开荒、陡坡开垦、重牧轻养，导致土地质量退化、长江上游水土流失、环境污染等生态环境问题。因此，应转变观念，高效、综合、循环地利用资源，走可持续发展之路。

【项目训练】

一、思考与练习

1. 思考六大经济协作区的划分依据。

2. 简述各大经济协作区的主要优势。

二、活动建议

1. 活动内容

调查分析江西省在华东经济协作区的地理位置及其主要资源。

2. 操作步骤

（1）将全班学生分为若干个小组，每个小组4~6名组员；

（2）收集资料或实地调查；

（3）各组讨论并提交一份报告。

3. 活动点评

各小组进行交流，教师总结。

模块三　三大经济地带

【项目导入】

　　自然地理环境各要素之间是相互联系、相互影响的，气候、地貌共同构成了影响我国自然环境差异的决定性因素，也是划分三大自然区的主要依据。三大自然区的内部又存在差异，而三个经济地带也有不同的特征、差异，应该因地制宜发挥各自优势，安排各自开发整治的重点，加强东部与中西部的联系，协调三个地带的互补发展。三大经济地带的面积、人口如表 1－2 所示、三大经济带的 GDP 对比如图 1－3 所示。

表 1－2　　　　　　　　　　　三大经济地带的面积、人口

	东部	中部	西部
面积占比（%）	16	27	57
人口占比（%）	41.1	35.7	23.2

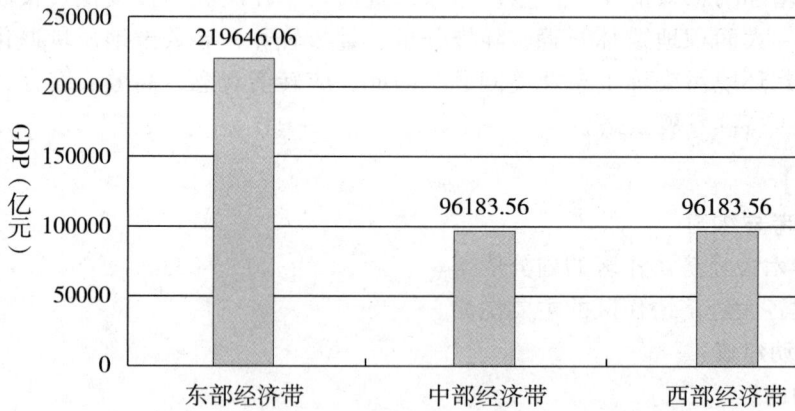

图 1－3　2009 年三大经济带的 GDP 对比

【项目知识】

一、东部沿海经济地带

　　东部地带是我国对外开放的先行地带，"七五"、"八五"期间沿海地带是国家经济建设的重点。它包括辽、冀、京、津、鲁、苏、沪、浙、闽、粤、桂、琼（港、澳、

台未计入），国土面积占全国的 14.3%，1996 年人口占全国的 41%，国内生产总值占全国的 57.5%。

东部地带地理位置优越，工农业基础雄厚，交通便利。中国主要的工农业基地——辽中南、京津唐、沪宁杭、黄淮海平原、长江三角洲、珠江三角洲、福建厦漳泉三角地区，均分布在这一带。东部地带首先建设了五大经济特区和 14 个沿海开放城市，随后又建立了长江三角洲、珠江三角洲、闽南三角区、胶辽半岛等经济开放区。东部地带人均国内生产总值很高，1996 年人均值为 6770 元，比全国平均水平高出 1959元，是中部地带人均值（3899 元）的 1.74 倍，西部地带的 2.3 倍。东部地带加工制造能力很强，轻工业产值超过重工业。轻纺、电子、机械、食品、钢铁、服装、化工及许多种农产品均居全国前列。经济发展程度和经济实力居领先地位，科学技术水平、文化教育和经营管理水平均居全国首位。但是，东部地带部分区域资源贫乏，南方缺能，北方缺水，原料依靠外地供应，交通运力已趋饱和，一些老工业基地的产业结构、产品结构、技术结构、机器设备均出现老化现象。

东部地带经济发展的重点是加强传统工业和现有企业的技术改造，大力开拓新兴产业，发展知识密集型产业，使产品向高、精、尖方向发展。东部地带要借助良好的海内外联系，充分发展外引内联和对外对内的辐射作用，发展成为中国贸易基地，海洋开发的基地，培养和向全国输送高级技术和经营管理人才的基地，以及向全国传送新技术，提供咨询和信息的基地。

二、中部经济地带

中部地带是我国的腹地，经济发展水平处在"成长型"阶段。中部地带包括黑、吉、蒙、晋、豫、皖、湘、鄂、赣等九省区，国土面积占全国的 29.4%，1996 年人口占全国的 36%，国内生产总值占全国的 28.5%。中部地带拥有丰富的能源资源、有色金属和黑色金属及化工矿产资源，工农业生产、科技力量有一定的基础，有一批工业发达、科技水平高的城市和地区，农牧林业基础较好，是我国粮棉油糖生产基地。中部地带是东西部的接合部，具有承东启西的战略地位，能为东部提供原燃料，接纳东部分流的企业和人员，并为西部提供粮食、技术、设备、钢材和日用工业品。中部地带经济发展存在着运力不足，东西向联系差，水土流失严重，工业布局分散，自然灾害（如洪涝、干旱、风沙等）严重，资源开发程度低，破坏性大，原材料加工水平低，商品经济不发达等问题。

中部地带是全国投资和建设的重点地区。其经济发展方向和重点是：

（1）加强能源和矿产资源的开发。

（2）发展本区国防工业和科技力量集中的优势，实施军用技术转向民用战略，提高本区工业技术水平和效益。

（3）引进先进技术和资金，发展新兴产业，改造传统产业。

（4）开发本地带内丰富的农林牧渔资源，发挥农业生产潜力，重点建好几个农林牧渔基地建好洞庭湖平原、江汉平原、鄱阳湖平原、黄淮平原、长江中游沿江平原综合性农业基地。

三、西部经济地带

西部经济地带地处内陆边疆，包括陕、甘、宁、青、新、渝、川、藏、云、贵等10个省、市、区，国土面积占全国的56.3%，人口占全的23%。

西部地带是我国经济欠发达的地带，它的工农业基础比较薄弱，交通不便，除四川盆地、陕西关中、甘肃兰州附近等少数地区外，人口密度小、城市少、科技文化教育均不发达。但是西部地带土地辽阔，能源、各种矿产资源、农牧资源和旅游资源都很丰富，开发潜力巨大。

虽然在"十一五"期间，西部大开发取得了显著成就，但是西部地区发展面临的主要矛盾和深层闪问题还没有根本解决，西北地区巨大的发展潜力还没有得到充分发挥。比如现在西部地区产业结构还相对单一，企业实力不强，重工业偏重，轻工业偏轻，高技术不高，使得抗外部冲击能力比较差。

由此深化西部大开发仍是国内经济转型升级的一个重大战略，目前看新一届中央政府将实施升级版西部大开发战略。升级版西部大开发将进一步完善西部大开发政策措施，扎实推进对口援疆、援藏、援助青海等地区和对口帮扶贵州工作，加大对特殊困难的民族自治州政策扶持力度。尤其是加大向西开放开发力度，并推动相关向西开放的"特区"试点升级。

根据全国主体功能区规划要求，按照因地制宜、分类指导、突出重点、稳步推进的区域开发指导方针，对"十二五"时期西部地区空间开发格局进行了统筹规划。

（1）支持成渝经济区、关中—天水、广西北部湾等11个重点经济区率先发展。

（2）支持河套灌区等8个农产品主产区优化发展。

（3）支持西北草原荒漠化防治区等5个重点区可持续发展。

（4）支持攀西—六盘水等8个资源富集区集约发展。

（5）支持沿边开放区加快发展。

（6）支持秦巴山区等集中连片特殊困难地区跨越发展。

【项目训练】

一、思考与练习

1. 试分析西部经济落后的原因？

2. 简述中部经济地带的优势和问题。

二、活动建议

1. 活动内容

正确填写我国各省、自治区、直辖市、特别行政区的位置，并标出三大经济带。

2. 操作步骤

（1）将全班学生分为若干个小组，每个小组4~6名组员；

（2）各组在空白地图上填写各省、自治区、直辖市、特别行政区的位置，并标出三大经济带。

3. 活动点评

学生互相点评，教师总结。

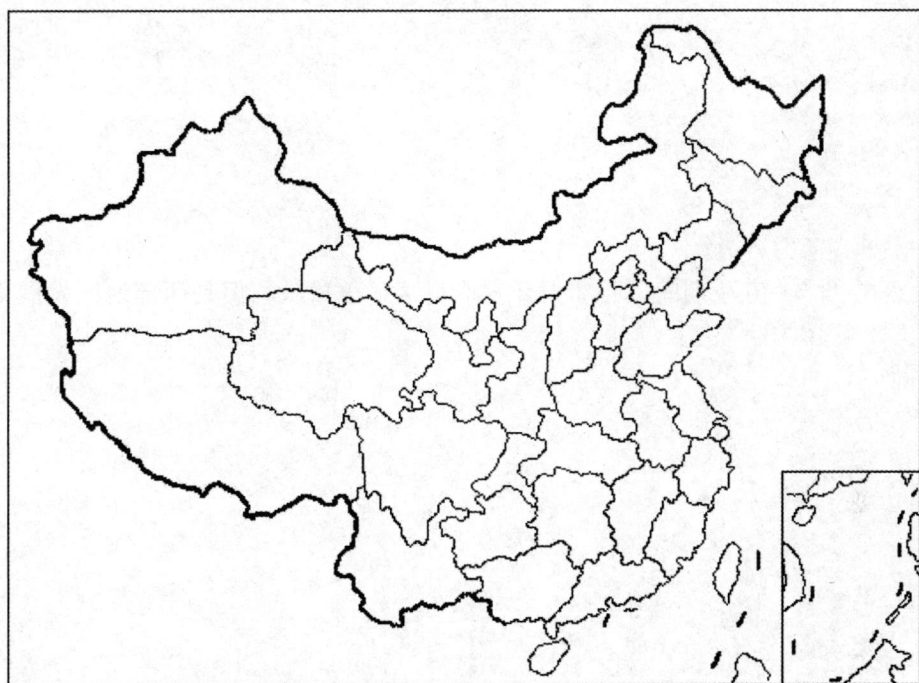

项目二 中国地理环境结构

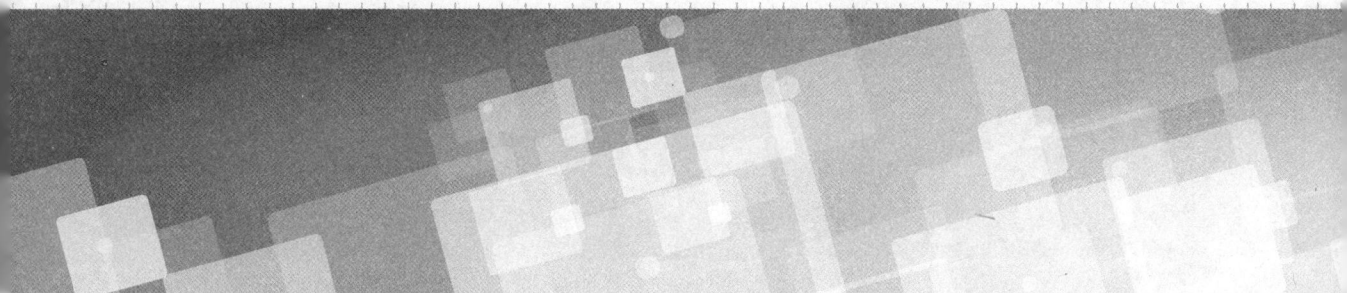

【项目目标】
1. 了解我国的地形结构
2. 了解我国的气候结构
3. 了解我国的水文结构

模块一　地形结构

【项目导入】

　　地理环境是指一定社会所处的地理位置以及与此相联系的各种自然条件的总和，包括气候、土地、河流、湖泊、山脉、矿藏以及动植物资源等。一国的地理环境结构必然会对生产力布局产生影响，比如影响劳动生产率、产品的质量和形式、生产的地理分布等，同时也会对物流产生影响，比如影响物流的方向、物流的运输方式等。

　　地形是地壳内外引力共同作用的产物。地形结构对经济结构与布局影响都很大，所以研究经济结构与布局时应充分考虑地形结构的影响。

【项目知识】

一、我国地形结构的三大特征

（一）地势西高东低，呈阶梯状分布

　　从中国地形图上看，我国陆地大致可分为三个阶梯：

　　西部是高大的青藏高原，海拔平均在 4000 米以上，构成我国地势的第一级阶梯（如图 2 - 1 所示）。

　　从青藏高原向北到边境，向东到大兴安岭—太行山—巫山—云贵高原东坡，属于我国地势的第二级阶梯。第二级阶梯由一系列高山、高原和大盆地组成，平均海拔为 1000 ~ 2000 米。

　　从第二阶梯向东，属于我国地势的第三级阶梯。第三级阶梯由大平原和丘陵组成，平均海拔在 500 米以下。

　　从我国大陆上的第三级阶梯再向东，就是海底大陆架。大陆架是大陆领土向海洋自然延伸的部分，我国近海大陆架比较广阔，渤海与黄海的全部、东海的大部、南海的一部分海底均为大陆架。

（二）地形复杂多样

按基本形态特征划分，我国地形由山地、高原、丘陵、盆地、平原五种类型构成。除此之外，我国还有若干种特殊的地形，如西部高山地区的冰川地形、西北干旱地区的风沙地形、黄土高原区的黄土地形、江南丘陵区的红层地形、云贵高原区的溶岩地形。

（三）山区面积广大

我国习惯上把山地、丘陵分布的地区，连同比较崎岖的高原，都叫做山区。

我国山区面积约占全国总面积的 2/3。山区分布广泛，多大山脉，全国海拔 1000 米以上的山地和高原面积占全国总面积的一半以上。

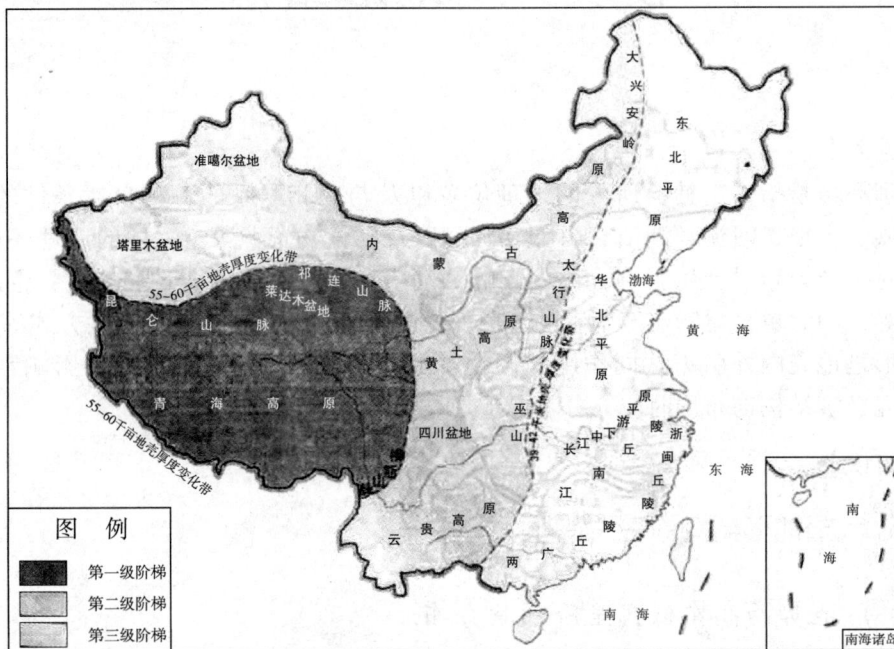

图 2-1　地势阶梯分布

二、主要地形类型及分布

（一）山脉

我国有许多高大而绵长的山脉。它们按一定方向有规律地分布。主要有：

（1）东西向分布的山脉，自北向南分别是：天山—阴山、昆仑山—秦岭、南岭，均是我国地理上的重要分界线（如图 2-2 所示）。

（2）南北向的山脉，主要有贺兰山、六盘山、横断山脉。其中横断山脉是由多条平行山脉组成，有多条大河奔流，是我国水力资源最为集中的地区。

（3）东北—西南走向的山脉，主要有大兴安岭—太行山—巫山—雪峰山、长白山—武夷山、台湾山脉。另外，还有呈弧形的喜马拉雅山脉。

我国不同走向的山脉，构成我国地形的骨架，它们纵横交错，把我国地表分隔成许多地形区。

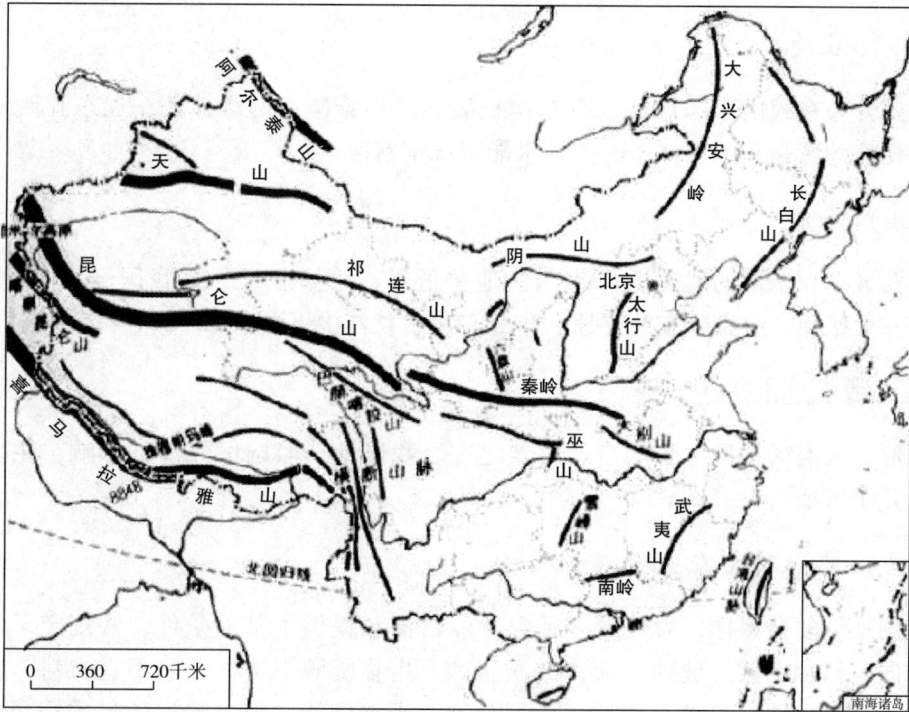

图 2-2　中国山脉分布

（二）高原

我国有四大高原，主要分布在西半部。它们分别是青藏高原、内蒙古高原、黄土高原和云贵高原（如表 2-1 所示）。

表 2-1　　　　　　　　　　　　　　我国高原的基本概况

	位　置	地形特征
青藏高原	位于我国西南部	地势高，冰川广布，面积最大，高原面起伏和缓
内蒙古高原	位于我国北部	地势平坦，风沙地形发育，东部有广阔的草场
黄土高原	位于内蒙古高原与秦岭之间	黄土分布广，厚度大，地表破碎，水土流失重
云贵高原	位于云南东部、贵州大部	地势崎岖不平，山岭间广布小盆地，典型的熔岩地形

（三）盆地

我国有四大盆地，分别是塔里木盆地、准噶尔盆地、柴达木盆地和四川盆地。四川盆地位于四川东部、重庆大部，盆地内部丘陵起伏，西部有著名的成都平原。其余三个大盆地都在我国西北部，四周环以高山，内部平坦，沙漠广布。

（四）丘陵

主要分布在我国东部地区，有东南丘陵、江南丘陵、两广丘陵、辽东丘陵和山东丘陵。丘陵地区是我国森林、矿产、水能资源丰富区。

（五）平原

主要分布在东部的地壳沉降带内，地势低平，土壤肥沃，是我国经济发达地区。全国有三大平原，分别是东北平原、华北平原、长江中下游平原。

三、我国地形的经济评价

地形是人类活动最主要的自然要素之一。我国地形对国民经济的影响，主要表现在以下几个方面：

（一）地形对大农业经济的影响

我国地形复杂多样，为发展多种农业经营活动提供了基地条件，并规定了农业发展的方向。西部山区，坡陡土薄，气候温凉，生物资源丰富，一般不宜农耕，而适合林业及牧业的发展；东部平原区，土层深厚，土壤肥沃，加上暖湿的夏季季风，是我国优良的农耕基地。大的山脉能阻碍气流的活动，使山脉两侧形成不同的气候类型，农业则相应发生明显的区域差异。秦岭即是典型的例子。秦岭北坡是暖温带北方旱地农业，以生产小麦、玉米、棉花等旱作物为主；秦岭南坡却是亚热带湿润气候，生产水稻、茶叶、甘蔗等亚热带作物。

（二）地形对交通电信业的影响

高山深谷，地形起伏大，严重影响道路的修筑，影响物资、信息的送达。

（三）地形对工业和城市的影响

一方面，地形影响城市及工业的区位。河流三角洲、沿海平原均是城市和工业的适生区位。另一方面，地形影响城市及工业的地域结构和形状。地形开阔、平坦，城市和工业的形状是近圆形；地形狭窄受限，城市和工业的形状呈狭长形；在山区，城市及工业垂直发展，形成山城。

【项目训练】

一、思考与练习

1. 简述我国地形结构的特征。

2. 试分析我国地形对物流的影响。

二、活动建议

1. 活动内容

画图。

2. 操作步骤

（1）将全班学生分为若干个小组，每个小组 4~6 名组员；

（2）各组画出我国的主要山脉并标出名称。

3. 活动点评

学生互相修改，教师总结。

模块二　气候结构

【项目导入】

中国气候有什么特点？什么地方最冷，有多冷？中国最热的是什么地方，有多高的温度？中国最大暴雨出现在哪里，一天中能下多大的雨量？中国风速哪里最大，一年有多少天刮大风？……了解这些饶有兴趣的问题，不仅增长我们的知识，开阔我们的眼界，而且这些也是中国进行经济建设、发展物流等许多方面十分关心的问题。

【项目知识】

一、我国气候的基本特征

气候复杂多样和大陆性季风气候是我国气候的两大基本特征。

（一）气候复杂多样

我国国土辽阔，受多种复杂自然因素的影响，具有多种多样的气候。东部广大地区冬季寒冷干燥，夏季炎热多雨，属于季风气候；西部又分为两类，西北部深居内陆，降水稀少，是典型的干旱气候。青藏高原海拔很高，大部分地区的年平均气温低于0℃，属于高寒气候。在这些气候区里，又可以分出次一级的气候类型，例如季风气候，因所处的温度带不同，则有亚热带季风气候、暖温带季风气候、温带季风气候等。

（二）大陆性季风气候显著

我国位于东亚地区，是世界上最典型的季风气候分布区。影响我国的夏季风主要有两种情况：一种是来自太平洋的东南季风，主要影响我国东部地区；另一种是来自印度洋的西南季风，主要影响我国的西南地区、华南地区。西南季风强大时，可达黄河中下游地区。由于夏季风来自海上，温暖湿润，给我国大部分地区带来充足的降水。在冬季，我国广大地区盛行从陆地吹向海洋的偏北风，气候干冷。冬季风势力强，持续时间长，影响范围广。夏季风势力较弱，持续时间短，影响范围不如冬季风广大，习惯上把夏季风影响明显的地区称作季风区。受季风的影响，与世界上同纬度地区平均气温相比，夏季我国许多地区气温偏高，冬季气温偏低，大部分地区气温年差较大，大陆性强。

二、气温、降水的时空分布

（一）气温的时空分布

我国气温分布的总特点是：在东部地区，年平均气温由南海诸岛的25℃向北递减，到黑龙江北部地区降至 -5℃；西部的塔里木盆地，年平均气温在 10℃，青藏高原地势高，气温在 0℃以下。在季节上，夏季全国普遍高温，冬季南北气温差别很大。

1. 冬季气温分布特点

南热北冷，南北温差大。1 月是我国大部分地区最冷的月份，可作为冬季的代表。从 1 月等温线图可以看出：1 月等温线大致与纬度平行，而且分布很密，这表明我国冬季南北温差大。黑龙江省北部在 -30℃以下，南海诸岛在 20℃以上，南热北冷，南北温差超过 50℃，秦岭—淮河一线与 0℃等温线基本一致，此线以南，河流基本不结冰。

我国冬季气温南北差异大的原因是：其一，南北方接受的太阳热能不同。我国北方正午的太阳高度比南方低，白昼也比南方短，得到的太阳热能比南方少。其二，南北方受冬季风的影响程度不同。北方距冬季风源地（蒙古、西伯利亚等地）近，直接受强盛冬季风的侵袭，气温降低程度大。冬季风越向南行，势力越弱，使南方受冬季风影响少，气温降低程度小。

2. 夏季气温分布特点

全国普遍高温，南北温差小。7 月是我国大部分地区最热的月份，可作为夏季的代表。从 7 月等温线图可以看出：全国大部分地区气温在 20℃以上，南方许多地方超过 28℃。新疆吐鲁番盆地因地形低洼，不易散热。7 月平均气温高达 32℃，则成为我国最热的地区。我国东部地区等温线大致与海岸线平行，分布很稀，表明我国夏季南北温差小。西部青藏高原由于地势高，是全国夏季气温最低的地区。

我国夏季气温南北差别小的原因是：太阳直射北半球，我国北方的正午太阳高度比南方小一些，但白昼时间比南方长，得到的太阳光热比南方少，因而，夏季全国大部分地区普遍高温，南北气温差别不大。

（二）降水的时空分布

我国降水的空间分布具有从东南向西北逐渐减少的特点，大部分地区降水的时间分布集中在夏季，年际变化和季节变化均很大。

1. 降水的空间分布

从降水分布图可以看出，我国秦岭—淮河以南和青藏高原以东，年降水量在 800 毫米以上，东南沿海一带降水最多，超过 1600 毫米。台湾是我国年降水量最大的地区，中东部山区年降水量可达 4000 毫米以上。从东北大兴安岭西坡经通辽、榆林、兰州一线，到西藏东南拉萨附近，是我国 400 毫米年等降水量线，此线以西，年降水量较少，多在 200 毫米以下。

我国的山区面积广大，地形雨较多，山地迎风面与背风面降水量差别很大，形成一些相邻的多雨中心和少雨中心。例如秦岭南坡雨量多于北坡，台湾岛东部雨量多于西部。

2. 降水的时间分布

我国大部分地区是大陆性季风气候，降水的季节分配极不均匀，降水的年际变化也大。全国大部分地区年降水量偏集中在 5～10 月，这个时期的降水量约占全年的 80%。夏季风从海洋带来暖温空气，在我国大陆上空冷凝成雨，是我国降水的主要来源。由于夏季风是从东南沿海向北方逐渐推进的，使南方降水早而结束晚，降水期较长；北方雨季开始晚而结束早，降水期较短。降水的这种时间变化特征，是与季风锋面移动产生的雨带推移相一致的。西南地区多受印度洋西南季风影响，华南和东南沿海还受台风影响，这些均在夏季，故我国大部分地区降水集中在夏季。秋冬时，北方干冷空气强盛，并不断向南侵袭，全国进入降水少的时期。

我国降水的年际变化也大，大陆性气候显著。全国各地年际变化均较大，但相比之下，我国东部地区北纬 30 度以南降水年际变化较小，降水比较稳定可靠。向北随纬度增高，降水年际变化增大，华北地区是我国降水年际变化较大的地区。我国西北地区，降水量稀少，年际变化更大。

三、温度带及干湿地区

（一）主要温度带

我国有热带、亚热带、暖温带、中温带、寒温带五个温度带和青藏高原高寒区。温度带是依据积温的多少划分的，在不同的温度带，有不同的熟制和不同的农作物品种。在农作物的生长期中，日平均气温多在 10℃ 以上，因而，大于或等于 10℃ 的积温常被作为划分温度带的主要指标。我国农作制度与积温关系密切（如图 2－3 所示）。

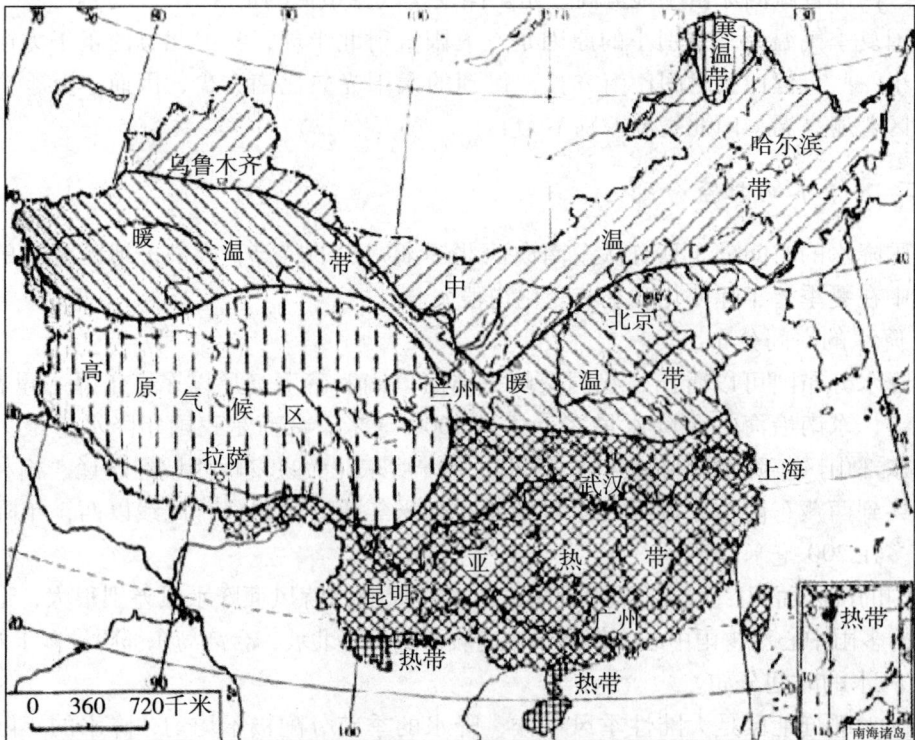

图 2－3 温度带的划分

（二）干湿地区

我国有四类干湿地区，是依据干燥度的大小划分的。干燥度是一地区蒸发量与降水量的比值，当比值≤1时，表明降水大于或等于蒸发，空气湿润；比值＞1时，降水量小于蒸发量，空气干燥。依据干燥度的大小，可把我国划分为湿润、半湿润、半干旱、干旱四类地区。

不同的干湿地区降水量不一样，进而形成不同的自然景观类型和农业利用方向。我国的西部为干旱地区，降水量多在400毫米以下，干燥度在2.0以上，干旱区面积占全国总面积的31%，自然景观以草原和荒漠为主，农业利用方向为放牧业。我国东部为湿润、半湿润地区，若以800毫米为分界线，又可分出南方湿润地区和北方半湿润地区。湿润地区是我国的水田农业区，干燥度小于1.0，面积占全国总面积的32%；半湿润地区是我国的旱地农业区，干燥度在1.0~1.5，面积占全国总面积的15%。

四、气候的经济评价

气候是地理环境的重要组成因素，它和地形、水体、土壤、植物关系密切，它既可以对经济结构与布局产生直接影响，也可以通过自然界的其他因素对经济建设产生间接影响。我国的气候资源十分丰富，多种多样的气候类型，雨热同期，良好的水热条件结合，充足的光照，为我国的农业生产和经济建设提供了便利的条件。

（一）气候对大农业经济的影响

气候对大农业的影响表现在各个方面。气候的光、热、水、风等要素的时空变化，对大农业的经济结构与布局，对作物的生长与收藏均会产生较大的影响。

多种多样的气候类型是我国气候的一大优势。我国有5个热量带和一个高寒地区，加上海陆位置和复杂地形相配合，形成了多种多样的气候条件，适应多种农作物的生长。这为我国广泛开展多种经营，综合发展大农业经济提供了基础条件。

典型的季风气候，使我国广大的亚热带地区成了水热丰富的鱼米之乡，而同纬度的大陆西岸却是干热的沙漠。我国还有大面积的温带、暖温带地区，四季分明，最适宜人类的生存活动，使我国很早就创造了农业文明。

雨热同期是我国气候的第二大优势。我国约有80%的降水量集中在夏季（5~10月），这正是作物活跃生长期。作物在生长期间对降水的利用效率很高，尤其是水稻，最需高温、多雨配合。我国夏季普遍高温，加上有较多降水，使我国农作物普遍生长良好，一些喜温作物的北界也能大跨度向北推移。

例如，我国的水稻栽培已达黑龙江的黑河市。

光照充足、风力丰富是我国气候的第三大优势。我国2/3地区年日照时间可达2000小时以上，加上昼夜温差较大的特点，使作物的糖分积淀率很高，适宜瓜果、甜菜等经济作物的生长。日照充足，可以积极发展太阳灶，充分利用太阳光热能，这对于保护当地林木、草场，解决燃料不足问题，有着重要意义。广大的西北内陆，还有丰富的风力资源，为大农业经济提供了清洁的能源。

我国气候也有许多不利因素，降水年际年内变化大，导致全国范围内水旱灾害多发。如黄淮海平原的春旱夏涝，长江中下游地区的伏旱和秋涝。

寒潮所引起的我国东部地区的低温霜冻，使我国的晚秋或早春作物受害，北方牧区也往往由于风雪低温引起牲畜大量死亡。台风暴雨酿成洪涝灾害，使广大的山区水土流失加重，引发泥石流、塌方、滑坡等其他灾害，给大农业经济的全面发展带来危害。

（二）气候对交通电信业的影响

气候对我国交通电信业的影响很大。冬季，我国北方气候严寒，河道结冰，妨碍了船舶的正常通航，大雾、暴风雨会妨碍车辆和飞机的运行。较大的冰冻会造成有线电信中断。南方湿度大，常使交通电信设备霉锈，台风暴雨会损毁电线及接收塔。

（三）气候对工业和城市建设的影响

气候影响城市的区位和结构。酷热、严寒、干旱气候区不适合城市与工业生产，气候温和湿润的地区往往形成大城市。工业区和居住区是城市的两个重要组成部分，多布局在盛行风向的两侧。中间设置绿地隔离。南方城市气温高、湿度大，建筑物较开敞，有长屋檐，遮阳避雨，太阳高度角大，建筑物之间的距离可以小一些；北方太阳高度角低，建筑物之间需较宽间距，以利于采光。

【项目训练】

一、思考与练习

1. 简述我国气候的基本特征。
2. 试对我国的气候进行经济评价。

二、活动建议

1. 活动内容

画图。

2. 操作步骤

（1）将全班学生分为若干个小组，每个小组4~6名组员；

（2）各组画出我国的温、湿带并标出名称。

3. 活动点评

学生互相修改，教师总结。

模块三　水文结构

【项目导入】

中国陆地水是由河流、湖泊、冰川、地下水构成，以河流、湖泊为主。中国近海包括中国的内海和边缘海，以及与海相关的岛屿和海岸。

【项目知识】

一、河流

中国江河众多，流域面积在 100 平方千米以上的河流有 5000 多条，流域面积在 1000 平方千米以上的河流有 1500 条，天然河道总长度约 40 万千米，是世界上河流最多的国家之一。全国多年平均年径流量为 27115 亿立方米，占世界径流总量的 5.79%，居世界第六位，水利条件较优越。但按人口计算，人均年径流总量为 2215 立方米，仅相当于世界人均占有量的 1/4，人均河川径流资源不丰富。

（一）内外流域

中国内外流域面积均十分宽广，内流域面积为 345 多万平方千米，占全国总面积的 36%，外流域面积为 611 万平方千米，占全国总面积的 64%，内外流域的分界线大体在大兴安岭、阴山、贺兰山、祁连山、巴颜喀拉山、冈底斯山一线（如图 2-4 所示）。外流域属湿润、半湿润地区，大致与季风区范围相当，径流量占全国河川径流总量的 95.5%；内流域属干旱、半干旱地区，径流量为全国河川径流总量的 4.5%。在外流域中，黄、淮、海、辽四河流域径流量较小，径流量仅为全国的 9%，而四流域的耕地面积却占全国的 42%；长江及其以南地区占全国径流总量的 81%，而耕地面积仅占 36%。故在外流域中，呈现南方水多耕地少，北方水少耕地多的局面。

（二）河流水文特点

我国河流具有以下水文特点：

1. 绝大多数外流河西源东流

我国地势西高东低，外流河多东流入海，即由干旱区或高寒区流向湿润区，河水量越向下游越增，河网密度加大。

2. 径流受降水的影响，季节变化大

具有夏季丰水，冬季枯水，春秋过渡的特点。秦岭—淮河以北的河流，夏汛突出，

图 2 - 4　中国的内外流域

也有春汛。东西部汛期差异明显，东部春夏汛一前一后出现，西部春夏汛重叠在一起，秦岭—淮河一线以南的河流夏汛突出，华中区因梅雨经过，春夏汛相连，受西南季风影响的河流夏秋汛相连，受台风影响显著的东南沿海，夏秋汛分开。

3. 河川径流量南北悬殊，水力资源丰富

我国多年平均河川径流量为 27115 亿立方米，径流系数 44% 。由于我国幅员辽阔，以淮河为界，以南径流量系数在 50% 以上，有一半以上的降水都成了径流；淮河以北的径流系数仅 30% 以下，即绝大部分降水都消耗于蒸发。我国绝大多数河流，上游穿行于崇山峻岭之中，水力资源丰富，全国水力资源蕴藏量达 6.76 亿千瓦，中下游多奔流于平原之上，极富灌溉之利。

（三）七大河流分布特点

在外流域中，我国有七条大河，分别是长江、黄河、松花江、珠江、辽河、海河和淮河（如表 2 - 2 所示）。

表 2 - 2　　　　　　　　　　七大河流基本概况

名称	流域面积（km²）	河长（km）	年径流量（亿 m³）
长江	1808500	6300	9513
黄河	752443	5464	661
松花江	557180	2308	762
珠江	453690	2214	3338

名称	流域面积（km²）	河长（km）	年径流量（亿m³）
辽河	228960	1390	148
海河	263631	1090	228
淮何	269283	1000	622

1. 长江

长江是我国第一大河。发源于青藏高原，流经青、藏、云、川、渝、鄂、湘、赣、皖、苏、沪等11个省区市，最后注入东海。长江流域地处亚热带和暖温带范围，气候温和，雨量充沛，径流丰富，年际变化小。5～10月为汛期，若遇干支流暴雨洪峰会合，往往会出现特大洪水，在中下游平原区形成洪涝灾害。

长江分上、中、下游，上游支流众多，干支水系穿行于高原峡谷或盆地之中，水流急，落差大，水力资源丰富，长江三峡处拥有建大型水力枢纽的坝址和奇丽的风景旅游资源。中游河宽流缓，支流密布，湖泊星罗，水系极为发达。下游地势低平，江宽水深。长江是我国东西航运的大动脉，干支流航程近10万千米，长江径流量丰富，可适当北调，以补华北区用水之不足。

2. 黄河

黄河是我国第二大河。源于青藏高原，流经青、川、渝、甘、宁、蒙、陕、晋、豫、鲁等10个省区市，最后注入渤海。上游穿行于高原峡谷之中，水量丰富，拥有丰富的水力资源和众多优良坝址；中游为水土流失区，黄河由此变黄，含沙量高达37千克/立方米；下游进入华北平原，地势低平，河道宽坦，流缓沙积，河床高出两岸约6米，成为著名的地上河。每当夏季上中游暴雨洪峰下泄，极易发生决口、泛滥和改道。

3. 松花江

松花江源于长白山北坡，流经吉林、黑龙江两省，注入黑龙江。松花江是黑龙江水系右岸的一大支流。流域在长白山和大、小兴安岭圈成的凹陷区内，称为松嫩平原；在佳木斯以下称为三江平原。全流域山地占61%（其中森林占38%），平原、丘陵占39%。松花江流域属温带大陆性季风气候，春季风多，夏秋雨多，冬季严寒，具有水位不稳定的特点。松花江水能藏量660万千瓦，河流含沙小。水运通航里程为2600千米，但冬季严寒，通航期仅200天。松花江流域具有丰富的森林资源，是我国主要木材产地。

4. 珠江

珠江系我国南方最大的河，是西江、东江、北江的合称，西江最长。珠江位于南亚热带地区，上中游雨量充沛，植被茂密，开发条件十分优越。下游是农业发达的珠江三角洲。三条大江相对独立，各自入海，洪峰期错开。珠江具有流量丰富、水网密布、水情变化缓、含沙量小等特点。

5. 辽河

辽河位于东北南部，流经河北、内蒙古、吉林、辽宁等4个省区，在辽宁盘山县入渤海。上游流经半干旱草原和沙地区域，水土流失比较严重；中下游河床多淤浅，洪汛期易发生洪涝灾害。

6. 海河

海河是华北平原东部最重要的河流，它由北运河、永定河、大清河、子牙河、卫河等5条河流在天津汇合而成。天津至入渤海口段称为海河，流域面积26万平方千米，是华北地区人口最密集、农业最发达的地区。海河支流多源于西、北部山区，源短流急，进入平原后即成地上河，汛期往往洪峰齐下，汇于海河，由于出路不畅，历史上常常发生洪涝灾害。

海河流域是我国水资源供需矛盾最紧张的地区。多年平均径流量仅228亿立方米，地表径流不足全国的1%，而人口、耕地均占全国的10%。同时，流域内工业发达，城市众多，城市及工业用水保证程度要求高，随着国民经济的发展，对水资源的需求越来越大，水资源供需矛盾日益尖锐。

7. 淮河

淮河是长江、黄河之间的一条大河。源于河南的桐柏山，流经豫、皖、苏三省，流域内耕地1.8亿亩，人口1.65亿。淮河流域为我国南北气候的过渡带，气候温暖湿润，土地肥沃，雨量充沛，是我国重要的农业生产基地。淮河流域平原面积比重大，水力资源不太丰富，可开发水力资源仅66万千瓦。淮河流域开发利用的主要任务是防洪、灌溉、城市供水、防治水污染等。

二、湖泊

湖泊有"大地的明珠"之称。我国有众多湖泊，面积在1平方千米以上的湖泊有2800多个，总面积75万公顷。我国湖泊按分布特点不同有以下三大类型：

（一）东部淡水湖泊

东部淡水湖泊主要集中在长江中下游、云贵高原和东北地区，大多属河流调节湖，湖水位高低受河水涨落的影响。较著名的湖泊有江西的鄱阳湖，湖南的洞庭湖，安徽的巢湖，江苏的太湖、洪泽湖，具有丰富的灌溉、航运、水产之利。

（二）西部干旱区内陆湖泊

其总特点是湖水浅，蒸发强，补给水量小，含盐量大，多为咸水湖和盐湖，如内蒙古的吉兰太盐池。有些湖是游移湖，如罗布泊、居延海等。多数湖盆周围水草肥美，为优良牧场。

（三）青藏高原湖泊

青藏高原湖泊是世界上最大的高原湖泊群，仅西藏一区就有1500多个，湖泊成因多为冰川所造，湖水大多来自高山冰雪融水，多咸水湖、盐湖，青海湖是我国最大的内陆咸水湖。

三、近海

（一）五大海区

我国近海有五大海区，分别是渤海、黄海、东海、南海和台湾以东太平洋海区。

1. 渤海

渤海，古称沧海，是中国的内海。面积7.7万平方千米，平均水深18米，最大水深70米，是我国最小的海区，为大陆架浅海，构造上属中国东部的第二沉降带。环海有黄河、海河、滦河、辽河等含沙量大的河流注入，海域有逐渐淤浅、缩小的趋势。渤海蕴藏着丰富的石油资源。

2. 黄海

黄海是半封闭式大陆架浅海。面积38万平方千米，平均水深44米，最大水深140米。苏北沿海有古黄河水下三角洲，浅滩暗沙密布，附近吕泗渔场为我国著名渔场之一。南黄海海底蕴藏有丰富的石油资源。

3. 东海

东海是我国大陆边缘海，面积77万平方千米，平均水深370米，最大水深2719米。东海紧邻太平洋，盐度较高，水温也较高。东海属第三沉降带，东海盆地为一稳定沉降区，油气储存丰富。东海的舟山渔场为我国最大的近海渔场。

4. 南海

南海是一个比较完整的深海盆地，周围被大陆、半岛和岛屿包围。面积350平方千米，平均水深1212米，最大水深5559米。南海属第三沉降带，有丰富的油气资源。南海地理位置优越，东北有台湾海峡与东海连通，东南有巴士海峡、巴林塘海峡、巴拉巴克海峡与太平洋和苏禄海连通，西南有马六甲海峡与印度洋连通。南海地处热带，珊瑚岛屿众多，热带海洋生物资源丰富。

5. 台湾以东太平洋海区

该海区以大陆坡为主，海底地形较陡。

（二）岛屿与海岸

1. 岛屿

我国有岛屿5400座，总面积3.87万平方千米。我国岛屿大致可分为三种类型，即基岩岛、冲积岛、珊瑚岛。基岩岛是大陆山脉向海延伸露出水面的部分。丘陵为岛屿主体，沿岸有狭窄的平原和良好的港湾。我国最大的基岩岛是台湾岛和海南岛。最大的基岩岛群为舟山群岛。基岩岛是我国重要的渔业基地和海上作业停靠站。冲积岛由泥沙堆积而成，游移不定，易受水淹，多分布在大河入海口处，目前利用不大。最大的冲积岛是长江口处的崇明岛。珊瑚岛是由热带海洋生物堆积而成，主要分布在南海，珊瑚岛面积较小，岛附近鱼类资源丰富，岛上盛产鸟类资源。

2. 海岸

我国大陆海岸线北起鸭绿江口，南到北仑河口，全长1.8万千米，加上岛屿岸线，总长 3.2 万千米。我国的海岸大致可分为三大类型,即平原海岸、基岩海岸和生物海岸。平原海岸主要分布在杭州湾以北,又有三角洲海岸、淤泥质海岸、砂质海岸三种。平原海岸滩平地广,是我国海洋资源丰富集中的地带,有较大的农业围垦、海岸养殖、晒盐等经济利用价值。基岩海岸主要分布在杭州湾以南,岸线曲折,水深湾阔,主要用作港口、海洋旅游。其经济利用价值大于平原海岸。生物海岸主要在我国南方热带和亚热带地区,以珊瑚礁海岸和红树林海岸为主。生物海岸近年来已开发成经济效益较高的海岸,主要用于旅游。生物海岸是鱼虾生长的良好场所。

四、水环境的经济评价

我国的水资源比较丰富,水环境优越。这为我国经济发展提供了优越的水利条件。

(一)淡水资源南余北缺

我国淡水资源比较丰富,但分布不均,南方多,北方少,总量丰富,但人均量较少。目前,淡水资源已成为经济发展的重要制约因素,应搞好南水北调,节约用水,合理安排与用水条件相适应的工农业生产项目,保护水资源。

(二)根治洪涝

首先,要综合利用水资源。我国降水季节分布不均,洪涝灾害严重,应积极发展水利建设,综合利用水资源。在山区兴建大中水库,植树造林,保持水土。疏通中下游河道,加固堤防,严禁围湖造田,搞好中下游的泄洪、滞洪工程。

其次,要全面规划,进行全流域水资源综合开发,充分利用水库、闸坝,开发水资源的供水、发电、航运、养殖、旅游等综合作用。

(三)开发海洋资源

首先,要开发近海资源,发展近海养殖、航运、捕捞、旅游、采矿等行业,加大滩涂利用与开发;其次,要发展深海捕捞、采矿和航运。

【项目训练】

一、思考与练习

1. 简述我国的主要水资源。
2. 试对我国的水资源进行经济评价。

二、活动建议

1. 活动内容
画图。
2. 操作步骤
(1)将全班学生分为若干个小组,每个小组 4～6 名组员;
(2)各组在空白地画出我国的七大河流并标出名称。
3. 活动点评
学生互相修改,教师总结。

项目三 物流节点布局

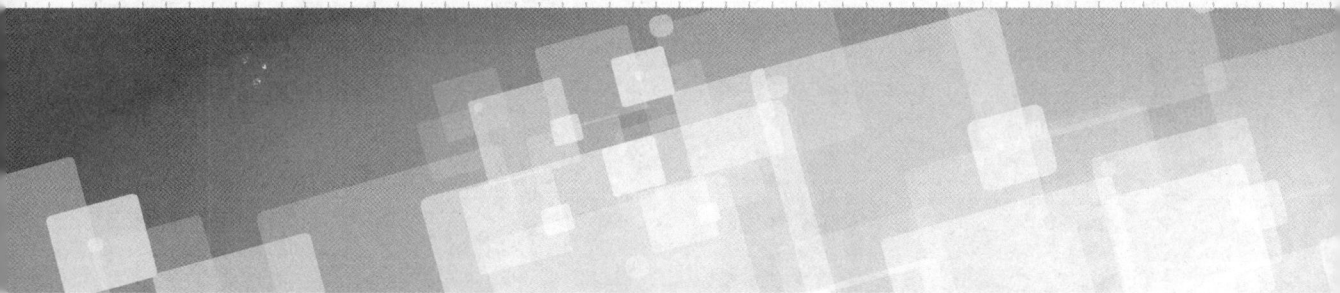

【项目目标】

1. 理解物流节点的概念
2. 了解物流节点的功能和分类
3. 了解物流基地的作用和功能，掌握区位选择原则
4. 重点掌握物流园区、物流中心和物流配送中心的区别及布局特点
5. 理解经济一体化的含义和作用
6. 了解我国物流经济圈和物流枢纽城市的发展状况

模块一　物流节点概述

【项目导入】

　　全部物流活动是在线路和节点进行的。其中，在线路上进行的活动主要是运输，包括集货运输、干线运输、配送运输等。物流功能要素中的其他所有功能要素，如包装、装卸、保管、分货、配货、流通加工等，都是在节点上完成的。所以，从这个意义来讲，物流节点是物流系统中非常重要的部分。实际上，物流线路上的活动也是靠节点组织和联系的，如果离了节点，物流线路上的运动必然陷入瘫痪。

【项目知识】

　　物流节点的定义如下：

　　广义的物流节点是指所有进行物资中转、集散和储运的节点，包括港口、空港、火车货运站、公路枢纽、大型公共仓库及现代物流（配送）中心、物流园区等。

　　狭义的物流节点仅指现代物流意义的物流（配送）中心、物流园区和配送网点。

　　物流的过程，如果按其运动的程度即相对位移大小观察，它是由许多运动过程和许多相对停顿过程组成的。一般情况下，两种不同形式运动过程或相同形式的两次运动过程中都要有暂时的停顿，而一次暂时停顿也往往连接两次不同的运动。物流过程便是这种多次的"运动—停顿—运动—停顿"所组成。

　　与这种运动形式相呼应，物流网络结构也是由执行运动使命的线路和执行停顿使命的节点两种基本元素所组成。线路与节点相互关系、相对配置以及其结构、组成、联系方式不同，形成了不同的物流网络，物流网络的水平高低、功能强弱则取决于网络中两个基本元素的配置和两个基本元素本身。

现代物流网络中的物流节点对优化整个物流网络起着重要作用，从发展来看，它不仅执行一般的物流职能，而且越来越多地执行指挥调度、信息等神经中枢的职能，是整个物流网络的灵魂所在，因而更加受到人们的重视。所以，在有的场合也称之为物流据点，对于特别执行中枢功能的又称物流中枢或物流枢纽。

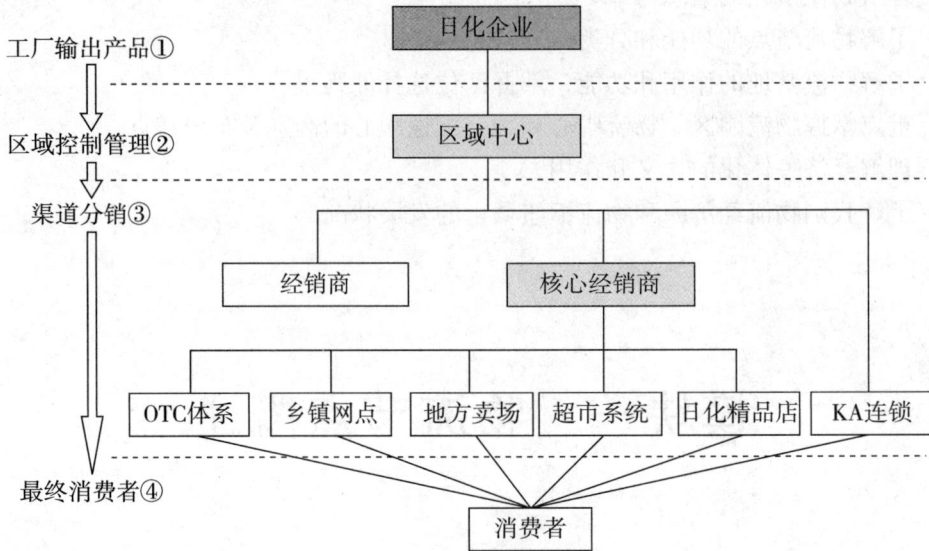

工厂输出产品①

区域控制管理②

渠道分销③

最终消费者④

日化企业

区域中心

经销商　　核心经销商

OTC体系　乡镇网点　地方卖场　超市系统　日化精品店　KA连锁

消费者

图 3-1　物流示意图

【项目训练】

一、思考与练习

什么是物流节点？

二、活动建议

活动内容

（1）试画出汽车物流示意图。

（2）案例分析。

杭州现代物流业的发展

杭州发展现代物流业拥有三大比较优势：第一，杭州位于长江三角洲地区，是浙江省省会城市，其主要经济指标位居全国前列，制造业相对发达，经济集聚和辐射能力在浙江省首屈一指；第二，杭州积极抢抓新一轮世界产业结构调整和制造业空间转移的有利时机，大力实施"工业兴市"战略，逐步形成以高新技术产业为先导，现有优势产业为支柱、新型都市工业为重要组成部分的现代工业体系，形成了强大的产业集聚功能；第三，杭州具有全国区域性交通枢纽的优势，是全国 45 条公路主枢纽之一，4 条铁路干线并会于此，杭州港已成为全国第二大内河枢纽港，杭州萧山国际机场货运量居全国第十位。发达的综合运输网络为杭州现代物流的发展提供了重要的基础保障。

思考：杭州拥有发展现代物流业的哪些优势？

模块二　物流节点的功能及作用

【项目导入】

物流节点是现代物流中具有较重要地位的组成部分，这是因为物流学形成初期，学者们和实业家都比较偏重于研究物流若干基本功能，如运输、储存、包装等，而对节点的作用认识不足。物流系统化的观念越是增强，就越是强调总体的协调、顺畅，强调总体的最优，而节点正是处在能联结系统的位置上，总体的水平往往通过节点体现，所以物流节点的研究是随现代物流的发展而发展的，也是现代物流学研究不同于以往之处。

【项目知识】

综观物流节点在物流系统中的作用，物流节点是以以下功能在物流系统中发挥作用的，其主要功能如下：

1. 衔接功能

物流节点将各个物流线路联结成一个系统，使各个线路通过节点变得更为贯通而不是互不相干，这种作用称之为衔接作用。

在物流未成系统化之前，不同线路的衔接有很大困难，例如轮船的大量输送线和短途汽车的小量输送线，两者输送形态、输送装备都不相同，再加上运量的巨大差异，所以往往只能在两者之间有长时间的中断后再逐渐实现转换，这就使两者不能贯通。物流节点利用各种技术的、管理的方法可以有效地起到衔接作用，将中断转化为通畅。

物流节点的衔接作用可以通过多种方法实现，主要有：

（1）通过转换运输方式衔接不同运输手段。

（2）通过加工，衔接干线物流及配送物流。

（3）通过储存衔接不同时间的供应物流和需求物流。

（4）通过集装箱、托盘等集装处理衔接整个"门到门"运输，使之成为一体。

2. 信息功能

物流节点是整个物流系统或与节点相接物流的信息传递、收集、处理、发送的集中地，这种信息作用在现代物流系统中起着非常重要的作用，也是复杂物流储单元能联结成有机整体的重要保证。

在现代物流系统中，每个节点都是物流信息的一个点，若干个这种类型的信息点和物流系统的信息中心结合起来，便成了指挥、管理、调度整个物流系统的信息网络，这是一个物流系统建立的前提条件。

3. 管理功能

物流系统的管理设施和指挥机构往往集中设置于物流节点之中，实际上，物流节点大都是集管理、指挥、调度、信息、衔接及货物处理为一体的物流综合设施。整个物流系统的运转的有序化和正常化，整个物流系统的效率和水平取决于物流节点的管理职能实现的情况。

【项目训练】

一、思考与练习

简述物流节点的功能。

二、活动建议

1. 活动内容

分析物流节点的功能作用。

2. 操作步骤

（1）将全班学生分为若干个小组，每个小组 4~6 名组员；

（2）调查所在城市或地区的 1~2 个物流节点；

（3）分析该物流节点的功能作用；

（4）各小组提交一份分析报告。

3. 活动点评

抽取部分小组作介绍，教师当场点评。

模块三　物流节点的分类

【项目导入】

现代物流发展了若干类型的节点，在不同领域起着不同的作用，但目前尚无一个明确的分类意见，这有两个原因：

（1）许多节点有同有异，难以明确区别。

（2）各种节点尚在发展过程中，其功能、作用、结构、工艺等尚在探索，使分类难以明朗化。

【项目知识】

在各个物流系统中，节点都起着若干作用，但随整个系统目标不同以及节点在网络中的地位不同，节点的主要作用往往不同，根据这些主要作用可分成以下几类：

1. 转运型节点

转运型节点以接连不同运输方式为主要职能。铁道运输线上的货站、编组站、车站，不同运输方式之间的转运站、终点站，水运线上的港口、码头，空运中的空港等都属于此类节点。一般而言，由于这种节点处于运输线上，又以转运为主，所以货物在这种节点上停滞的时间较短。

2. 储存型节点

储存型节点以存放货物为主要职能，货物在这种节点上停滞时间较长。在物流系统中，储备仓库、营业仓库、中转仓库、货栈等都是属于此种类型的节点。

尽管不少发达国家仓库职能在近代发生了大幅度的变化，一大部分仓库转化成不以储备为主要职能的流通仓库甚至流通中心，但是，在现代世界上任何一个有一定经济规模的国家，为了保证国民经济的正常运行，保证企业经营的正常开展，保证市场的流转，以仓库为储备的形式仍是不可缺乏的，总还是有一大批仓库仍会以储备为主要职能。在我国，这种类型的仓库还占主要成分。

3. 流通型节点

流通型节点以组织物资在系统中运动为主要职能，在社会系统中则是以组织物资流通为主要职能。现代物流中常提到的流通仓库、流通中心、配送中心就属于这类节点。需要说明的是，在各种以主要功能分类的节点中，都可以承担着其他职能而不完全排除其他职能。如转运型节点中，往往设置有储存货物的货场或站库，从而具有一定的储存功能，但是，由于其所处的位置，其主要职能是转运，所以按此功能将其归入转运型节点之中。

4. 综合性节点

在物流系统中集中于一个节点中全面实现两种以上主要功能，并且在节点中并非独立完成各自功能，而是将若干功能有机结合于一体，有完善设施、有效衔接和协调工艺的集约型节点。这种节点是适应物流大量化和复杂化，适应物流更为精密准确，在一个节点中要求实现多种转化而使物流系统简化、高效的要求出现的，是现代物流系统中节点发展的方向之一。

【项目训练】

一、思考与练习

按节点的主要功能分，物流节点有哪几种类型？

二、活动建议

1. 活动内容

物流节点调查。

2. 操作步骤

（1）将全班学生分为若干个小组，每个小组 4～6 名组员；

（2）各组分别调查所在地区有哪几种类型的物流节点。

3. 活动点评

各小组提交调查报告，教师点评总结。

模块四　物流节点类型的分析

【项目导入】

物流节点是物流系统的重要组成部分，是组织各种物流活动，提供物流服务的重要场所。现代物流发展了若干类型的物流节点，不同的物流节点对物流系统的作用是不同的。很多地区在进行物流规划时，对于物流系统中的层次关系界定不清，各地规划的物流节点类型缺乏统一标准，造成物流中心、物流园区等名词大量混用的现象。由此导致物流节点总体指导思想、层次关系及其相应功能界定等诸多方面的混乱。进而出现了某些物流中心的布置紧邻铁路编组站、机场、港口；或者周围至少有两种以上的运输方式相连，要求面积至少 100 公顷，且周围留有足够的发展空间，附近有从事运输、仓储的物流企业，特别是有一些大型的国际著名的物流企业。而有些物流园区完全建在市中心地区，且周边交通条件不好，有些又建在远离市区的公路交会处，造成了园区在短时间内很难吸引各种类型的企业入驻等错误理念。这些问题影响了政府和企业发展现代物流方面的合作与分工。因此，深入探讨物流园区、物流中心等物流节点的概念及其相互关系，可以明确政府和企业在现代物流发展中的合理定位。

【项目知识】

一、物流节点的类型及相互关系

物流节点一般分为物流园区、物流中心、配送中心三种类型。由于配送中心一般是按照市场的需求进行布设，所以只对物流园区和物流中心的概念作进一步辨析。

1. 物流园区

物流园区的概念，国内尚无确切定义，根据物流园区的特征，可表述：物流园区是在几种运输方式衔接地形成的物流节点活动的空间集散体，是在政府规划指导下多种现代物流设施和多家物流组织机构在空间上集中布局的大型场所，是具有一定规模和多种服务的新型物流业务载体。

2. 物流中心

物流中心则是综合性、地域性、大批量的货物物理位移转换集散的新型设施设备的集合，它把物流、信息流融为一体成为产销企业之间的中介组织和现代物流活动的主要载体。

物流园区与物流中心的区别：

物流园区是物流中心发展到一定阶段的产物，是多个物流中心的空间集聚载体。

从许多学者对物流园区和物流中心的概念解释中可以归纳出物流园区和物流中心的不同点。

（1）功能不同。物流园区具有多式联运、综合运输、干线终端运输等大规模处理货物和提供服务的功能。物流中心则主要是分销功能，并且具有货物运输中转功能，且以配送业务为主。

（2）用地的要求不同。物流园区要求物流企业及相关的一些辅助企业在园区内聚集，且基础设施相对齐全，要处理的物流量大，必须在其周围留有适当的空间为以后发展之用，所以物流园区要求用地充裕且具有扩展性。而物流中心在这方面没有如此严格的要求。

（3）改善城市交通环境的影响程度不同。物流园区一般建在远离市中心的地区，布设在城市外围或郊区，同时注重园区与城市对外交通枢纽的联动规划建设，所以对改善城市交通环境的影响程度较大。而物流中心主要是以配送业务为主，要求以快速准时为客户提供服务，因此，在空间距离上应尽量靠近需求点，并且要有连接市中心的快速干道，所以物流中心对改善城市交通环境的作用不是很大。

（4）服务对象不同。物流园区应有综合性的基础服务设施，且面向全社会提供服务。物流中心则只在局部领域进行经营服务。

（5）对市场的要求不同。物流园区内聚集了很多的供应商，生产商、销售商和第三方物流企业，所以要求物流园区所服务的市场是多样化的。物流中心仅具有第三方物流企业的功能，所以服务的市场一般是专业化的。

（6）经营、管理方式不同。物流园区不一定是经营管理的实体，物流经营企业之间的关系可以是资产入股、租赁、合作经营或联合开发。物流中心则是物流经营和管理的实体。

（7）政府给予的政策不同。政府为了吸引各种企业在物流园区内聚集，使其获得规模效益、范围效益，进而降低物流成本，政府通常为入驻的物流企业提供各种优惠政策。而对物流中心这样的优惠政策较少。

因此，某一物流节点是建设物流园区还是物流中心，应由所服务地域空间的软硬件环境所决定。只有当物流节点选择的类型对空间的特殊要求与所服务空间所提供的软硬件环境相适应时，物流节点选择的类型才是正确的，才能促进物流系统和地区经济的发展。

3. 物流配送中心

物流配送中心是从事集货、流通加工、分货、拣选、配货以及对用户送货，以高水平实现销售和供应服务的流通型物流节点。从范围上看，物流中心辐射范围大，处理的对象为大批量、小批次和少品种的商品，物流配送中心则恰好相反。从其所在供应链的位置看，物流中心的上游是工厂，下游是物流配送中心或批发商，而物流配送中心的上游是物流中心或工厂，下游是零售商或最终用户。

物流配送中心的选址应该考虑客户分布、供应商分布、交通条件、土地条件、自然条件和行政管理等主要因素，一般以进货与出货产品的类型特征及交通运输的复杂度来选择接近上游点或下游点的选址策略。制造商型的物流配送中心应以接近上游生产工厂或进口港为宜；日常消费品的物流配送中心适宜接近居民生活社区。

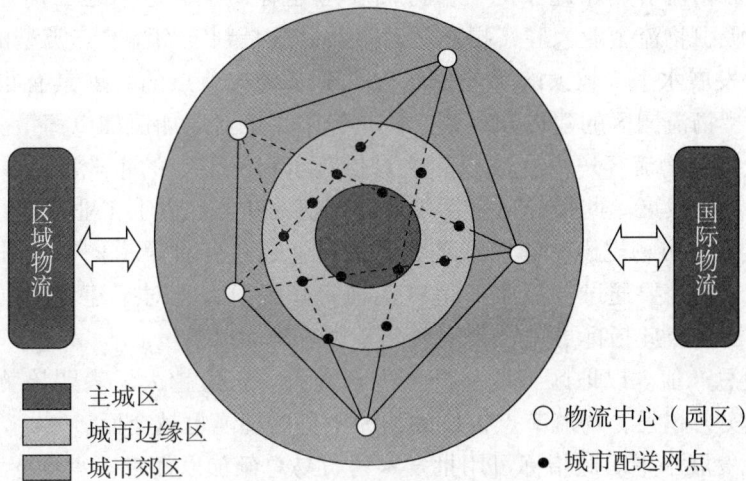

图 3-2　城市物流空间体系

二、物流节点类型的确定

物流节点类型的确定具有一定模糊性，难以找到严格确定类型的量化标准。因此，采用模糊聚类方法比较适合解决这种问题。

模糊聚类分析是指从一批样本的多个观测指标中，找到度量样本之间相似程度的统计量，构成一个对称的相似矩阵，在此基础上寻找样本之间和样本组合之间的相似程度，按相似程度大小将样本逐一归类形成一个亲疏关系谱系图，用以观察分类对象的差异和联系。

建立分类指标体系应尽可能全面地考虑各种因素，以达到客观评价物流节点的类型与物流节点所服务区域的类别适应性的目的。

1. 物流节点发生的物流量及其发展水平

由于物流节点的建设投资大、建设周期长，所以物流节点的类型确定不仅要适应现在发展的需要，还要适应将来发展的需要。故指标的取值应取近期、中期和远期的平均值。这里取用的分别是 2004 年、2005 年、2006 年、2010 年和 2020 年的平均值。

（1）物流节点的物流量是反映物流节点作业能力的指标。传统上反映物流量的主要指标是吞吐量和周转量。但是，这两个指标无法适应多种物品小批量、高频度的趋势，如物流节点的顾客距离较远，则周转量越大，费用也越高。如以吨公里最大为决策目标，则物流节点与顾客的距离越远，周转量越大。这显然违背设置物流节点的根本目的。故本文采用第三方物流作业量进行衡量。

（2）物流节点作业量的发展水平。可以采用第三方物流作业量的增长率加以衡量。

2. 工商业发展水平

工商企业是物流服务需求主体，工商业的发展水平高，则说明对物流服务的需求或潜在需求大。物流节点在此布局，一方面要考虑有助于促进当地工商业的发展，另一方面应便于吸引物流企业入驻，提高运营效益。这是判定物流节点类型的重要依据。

（1）工业发展水平。较大的工业发展规模对于物流节点的发展具有很大的支持作用，有利于大型物流园区的建设和运营。该指标采用工业增加值加以衡量。

（2）工业市场物流客户潜在规模。这对投资于物流节点的企业有重要影响，有利于高层物流节点的发展。此指标可采用工业总产值500万元以上工业企业数进行衡量。

（3）地区零售市场规模。国民经济各有关行业通过各种渠道向居民和社会集团供应生活消费品，均需要通过物流服务得以实现，其规模大小对于建设不同层次的物流节点具有重要影响。此指标可用社会消费品零售总额加以衡量。

（4）工业总产值。以地区工业总产值进行衡量。该值越大，表明该物流节点所服务地区的工业实力越强，物流节点提供的物流服务的功能也越全面。

（5）商业发展水平。此指标可用批发零售贸易总额加以衡量。

（6）与物流相关行业的产值。运输、仓储是物流环节中最重要和最基本的环节。同样运输、仓储业的发展水平也可以用来衡量物流节点所服务区域的物流服务需求程度的高低。采用运输仓储业产值占GDP的百分比加以衡量。

3. 对外经济贸易发展水平

（1）进出口贸易发展规模。此指标用进出口贸易总额加以衡量。

（2）进出口企业规模。可采用有进出口实绩的企业数加以衡量。

4. 区域交通运输区位优势

物流节点作为物流诸要素活动的主要场所，为保证物流作业的顺畅进行，必须具有良好的交通运输联络条件。

（1）物流节点所在区域的货物运输量。可以从一个侧面表明运输物流市场的供给情况，反映运输业的发展水平。一般包括铁路、公路货运量和港口吞吐量。此指标可用地区货物运输总量加以衡量。

（2）交通通达度。用路网密度能很好地表明物流节点所服务地区的交通通达质量，该因素可以用铁路网及公路网密度加以衡量。

（3）物流节点货物平均运距。表明一般情况下物流节点可能的覆盖范围。可采用地区货物周转量与地区总货运量之比进行衡量。

（4）交通运输设施的发展水平。交通运输设施的发展水平较高的地区，较有利于未来物流节点的集疏运。可用交通运输设施建设投资的增长率加以衡量。

5. 用地条件

（1）土地价格。物流节点的建设需要占用大面积的土地，所以土地价格的高低将直接影响物流节点的规模大小。有的区域鼓励物流企业的发展，对在当地建设物流节点予以鼓励支持，土地的获得就相对容易，地价及地价以外的其他土地交易费用也可能比较低。该指标用单位土地的开发成本进行衡量。

（2）大面积土地的可得性。用预留用地规模指标进行衡量。

6. 环境保护要求

物流节点的设置需要考虑保护自然环境与人文环境等因素，尽可能降低对城市生活的干扰，对于大型的物流节点应尽量设置在远离市区的地方。物流节点对环境的影响程度衡量的取值，可考虑当物流节点建在城市边缘取值为3、建在市区取值为1、建在市中心和城市边缘之间的取值为2。

【项目训练】

一、思考与练习

1. 在地图上找出"长江三角洲"经济圈的区域范围。

2. 建立"长江三角洲"经济圈有什么经济基础和经济优势。

二、活动建议

1. 活动内容

案例分析。

2. 操作步骤

（1）案例：

"泛珠三角"经济圈

为推动"泛珠三角"经济圈的形成和发展，必须实施重点战略工程，营造一个世界级的经济中心、构筑一张现代化的综合交通网络、构建一个信息公共平台、建立若干世界级的产业体系及产业链和基地群、打造一批世界级"航母"企业。

以香港和广州为中心和龙头，构建以港（深）大都市区（包括中国香港、深圳、惠州、东莞珠江口东部都市区和制造业基地）、广（佛）大都市区（包括广州、佛山、清远市区、肇庆市区都市圈和制造业基地）、珠澳大都市区（包括珠海、中国澳门、中山、江门珠江口西部都市区和制造业基地）三大都市区为主体的世界级特大经济中心和大都市圈，以带动"泛珠三角"制造业、现代服务业、文化和生态产业的全面发展。

以"大珠三角"为综合交通枢纽中心，以构建1h（大珠三角）、3h（广东生活工作圈）和5h（大华南）、8h（泛珠三角）人流圈、物流圈和休闲旅游圈为理念，规划建设"泛珠三角"客运高快速和货运重载铁路网络、高。以香港和广州为国际航空枢纽中心，实施"通道战略"，发挥广西、云南与东南亚山水相连和"大珠三角"与东南亚海域的相通优势，建立航运、航空、高速铁路、高速公路综合的中国—东南亚国际综合交通大通道。

充分发挥广东海岸线长、拥有国际港口群和初步形成世界制造业基地之一的综合优势，将广东珠三角和临海地带建成世界级的石油化工、钢铁、造船、汽车制造和机械装备等重型工业、原材料工业和石化工业基地，带动大华南、大西南、华中及华东南部、东南亚等"泛珠三角"经济圈的关联产业、轻型制造业和加工工业的发展，形成"泛珠三角"世界级的重化工业—关联产业—轻型工业—加工工业的产业链和制造业体系，建立制造业研究和开发基地群、高新技术产业基地群、基础装备工业和重化工工业基地群、轻工业和加工工业基地群。

充分发挥以国际金融、物流、咨询策划为主的香港现代服务业的龙头和中心作用，构建"泛珠三角"世界级现代服务业体系。

充分利用"泛珠三角"沿海"阳光"地带的特长和大华南、大西南生态旅游资源丰富的优势，营造中国香港（中国澳门）为龙头、以"大珠三角"为核心的沿海"阳光"生态旅游带，整合桂林—阳朔、海南、张家界、云贵、三峡—峨眉山—九寨沟生态旅游圈，构建"泛珠三角"世界级生态旅游圈体系。

（2）思考讨论：

①在地图上找出"泛珠三角"经济圈的区域范围。

②建立"泛珠三角"经济圈有什么经济基础和经济意义。

项目四　交通物流地理

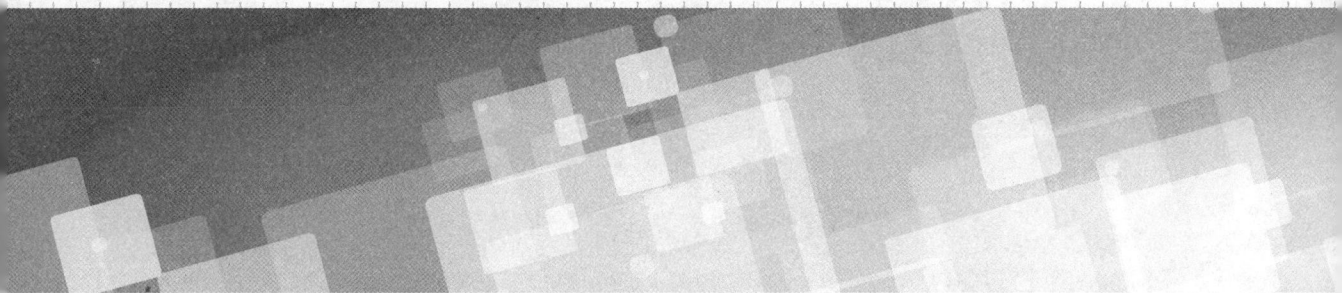

【项目目标】

1. 了解交通运输业的基本特点
2. 熟悉各种运输方式的特点和它们的分布
3. 掌握铁路运输、公路运输、水路运输的网络布局
4. 了解航空运输、管道运输的发展趋势
5. 了解交通物流概况

模块一 交通运输业的基本特点

【项目导入】

长沙、九江、芜湖、无锡是我国著名的"四大米市"。既然是米市，米从哪里来？米又卖给谁？为什么在这几处形成米市？

【项目知识】

交通运输业是国民经济部门中最重要的部门之一，是生产过程中不可缺少的环节。因为在每个生产过程中都要发生劳动对象、劳动工具和劳动者的位置变化。这种变化完全依靠运输来实现，因此，运输业是一个独立的产业部门。我国规定的产业分类中将其划入第三产业的流通部门，与邮电通信业、商业饮食业、物资代销和仓储业等属同类产业。

运输业与其他产业部门相比，有以下几项主要特征：

1. 运输业不创造新产品

运输业的生产和其他生产部门不同，并不能增加生产物的数量，也不能改变生产物的自然性质和形式。在实现运输的过程中，它仅是改变运输对象（客、货运）的位置，将价值附加在被运输的生产物上，对旅客运输来说，其产品直接被消费。运输的量以吨公里和人公里来计算。运输过程支出的运费为运输业创造的价值，是社会产品总产值的一部分。可见，运输也创造使用价值和价值，但并不创造新的产品。

2. 运输联系的广泛性

由于运输业是一切产业部门生产过程的延续，所以它和其他部门的联系要广泛得多。工农业生产企业仅与那些为它提供原料和消费产品的单位联系，而且受到生产工

艺过程及生产专业化和协作化的制约。运输业几乎和所有企业和人的活动都发生联系。为了保证生产过程的不间断，加速生产资金和商品的流通，只有依靠运输业，迅速地将原料、燃料运进生产企业，将产品运输到消费市场，才构成一切原料和一切产品的使用价值。所以，运输业被称为整个社会的重要经济基础和"先行产业"。加快和压缩运输时间是合理布局生产的重要因素。

3. 运输生产的非实体性

工农业生产和消费在时间上和空间上是截然分离的两种行为，因此它们的产品可以运送、储存和调配。运输业生产不能脱离消费单独存在，其产品不能储备，不能以丰补歉，不能转移，但是必须保持能力储备，以保证运输增长时的需要。虽然运输业不需要原料和半成品储备，但与其他工业部门相比，固定资金比重大，运输消耗在生产资金中所占的比重大，则固定资产折旧费在运输成本中所占的比重较高。因此，充分发挥运输业固定设备的效率，是降低和节约运输的主要措施。

4. 运输生产的连续性

工农业生产在比较局限的地域范围完成其生产过程，但是人及其经济活动、社会活动，在空间上是从一个场所到另一个场所的位移，必须靠运输业来完成。所以，运输业的生产场所几乎遍布全世界。而且从客货的出发地到目的地往往需几种运输方式共同完成，这就要求必须有干支相连、广阔范围的、完整的运输网，才能保证运输生产的连续性。

5. 各种运输方式产品的同一性

工农业生产由于工艺不同，差别很大。而各种运输方式虽然有不同的技术装备和不同的技术经济性能，但是生产的却是同一产品，对社会有同样效用。为了减轻运输费用，各运输部门既可交叉使用，又可组成联合体系。汽车亦可代替铁路，水运亦可代替陆运。所以，各运输方式在运输体系中的作用、地位，以及它们的合理分工、协调发展与统一运输网，则成为运输布局和运输规划的中心课题。

【项目训练】

一、思考与练习

简述交通运输业的基本特点。

二、活动建议

1. 活动内容

讨论我国著名的"四大米市"。

2. 操作步骤

（1）将全班学生分为若干个小组，每个小组 4~6 名组员；

（2）小组讨论并形成报告。

3. 活动点评

教师点评，并形成基本的看法。

模块二　陆路交通运输网络

【项目导入】

"工人"点明铁路行业之属性，即铁路是属于工人阶级的，而工人阶级又是国家的主人，它洋溢着铁路工人当家做主的自豪感责任感。

"人工"：在新中国成立初期，中国处于一穷二白的阶级，而这一标志的含义恰在说明广大铁路工人乃至中国人民勇于战天斗地，不畏艰难险阻，誓与"天公"一比高的豪迈之气，歌颂了"人"改造自然的力量和精神。

图 4 - 1

在具体形象上，"工"字取铁轨横截面之形，整个构图外形上组成了一个完整的火车头形象，它夺面而来，蕴涵了磅礴的气势，孕育着无穷的力量。

【项目知识】

一、铁路运输

铁路是我国现代化交通运输网的骨干，在各种运输方式中一直起着主导作用。用现代化技术装备起来的铁路不仅比其他运输方式具有优越性，而且保证了对国民经济有决定意义的大宗货物的运输，所以发展铁路运输具有重要的意义。

（一）铁路运输的特点

1. 铁路运输的优点

（1）铁路运输的准确性和连续性强。铁路运输几乎不受气候影响（除特大的台风及霜雪天气），一年四季可以不分昼夜地进行定期的、有规律的、准确的运转。（但是实际操作过程中都是延迟的）

（2）运行速度快。平均车速排第二，时速一般在 80～120 公里，2004 年 8 月零时提速，提速区最高速度可达 160km/h，第六次提速后速度可达 200km/h，高速铁路已经超过 300km/h。

（3）牵引力大，运输能力强。铁路运输采用大功率机车牵引列车运行，不同类型的机车的最大牵引重量可达几千吨甚至上万吨，可以承担长距离，大运输量的运输任务，一般每列客车可载 1800 人左右，铁路一列货物列车一般能运送 3000～5000 吨货物，远远高于航空运输。

（4）铁路运输成本较低，能耗低。铁路运输费用仅为汽车运输费用的几分之一到十几分之一；运输耗油约是汽车运输的 1/20。

（5）环境污染小。与其他交通运输方式相比较。铁路运输的污染性较低，特别是电气化铁路影响更小。噪声小，且是间断性的；空气尘埃少（与公路运输比较）。

（6）适应性强。依靠现代科学技术，铁路几乎可以在任何需要的地方修建，可以全年全天候运营，受地理和气候条件的限制很少，具有较高连续性和可靠性。可以货运可以客运，可以几乎运送所有不同性质的货物，通用性很强。

（7）行驶具有自动控制性。铁路运输具有专用路权，而且列车在行驶上具有高度导向性，因此可以采用列车自动控制方式控制列车运行，以达到车辆自动自动控制方式控制列车运行，以达到车辆自动驾驶的目的。目前先进列车可以通过电脑控制，使列车运行达到全面自动化。

（8）有效使用土地。铁路运输是以列车为基本运输单元，可以在有限的土地上进行大量的运输，可以节省大量的土地，有效地利用了土地资源。

2. 铁路运输的缺点

（1）资本密集、固定资产庞大和需要大量的资金和金属。铁路投入建设的大都是固定的资产，不可移做他用，固定资产比例较大。据统计我国目前每修建 1km 铁路，需要投资 400 万元以上，消耗 120～150 吨钢轨、零部件等金属。

（2）货损较高。铁路行驶时振幅比较大，容易造成货物损坏，且中转站较多，货物遗失率较大。据统计，美国铁路运输的货损比例高达 3%。

（3）营运缺乏弹性。缺乏灵活性，不能所货源或客源而改变路线，往往会有空车返回现象，导致营运成本增加。

（4）设备庞大，不易维修，且战时容易遭到破坏。整个运输过程是依赖于所有设施的协同合作的，铁路运输是一个十分庞大的体系。

（二）我国铁路网布局及主要干线

铁路网是指由相互联结的铁路干线、支线、联络线和铁路枢纽构成的铁路网络系统。铁路网布局是指铁路线路和枢纽在空间上的地理配置。经过 50 多年的建设，全国铁路网骨架已基本形成。从地区来看：东北地区已基本成网；华北、华东、中南、西北及西南地区的云、贵、川三省不同程度地形成了铁路网骨架。随着一批又一批新线的建成，全国铁路网的规模不断扩展，路网布局也有了很大改善，逐步趋于合理。现在，大陆各省、市、自治区人民政府所在地，都有旅客列车直达首都北京。初步形成了全国以北京为中心、与工农业布局密切配合、初具规模的四通八达的铁路运输网。

我国铁路网的基本结构是：以京广线、津沪线、京哈线、集二及南北同蒲线、太焦—焦柳线、宝成—成昆线、成渝—川黔线、京九线等 8 条铁路干线为纵贯南北的骨干；以滨洲—滨绥线、京沈—京包—包兰线、陇海—兰新线、沪杭—浙赣—湘黔—贵昆线、兰青、青藏、大秦线、京秦线、石太—石德及胶济线等 8 条铁路干线为横贯东西的骨干，即"八纵八横"。这16条主干线路相互交叉，构成了联系全国三大经济地带和28个省、市、自治区及百个城市的铁路网骨架。同时，通过其他干、支线、联络线和地方专用线等，把全国主要矿区、城镇、农林牧生产基地联结成为一个整体。此外，还有通过台湾岛南北的铁路，是我国台湾地区重要的铁路干线。具体如图4-2所示。

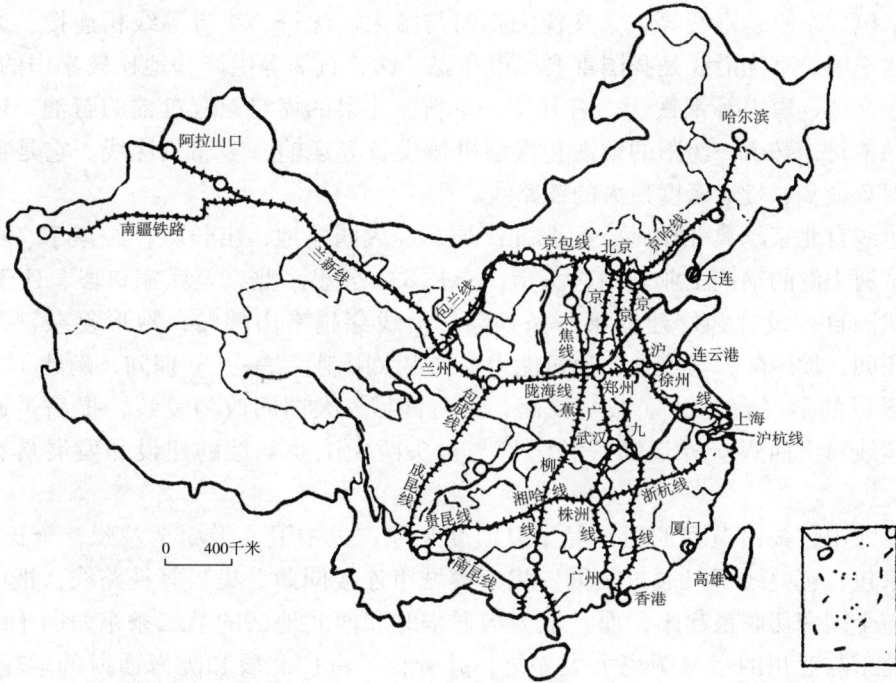

图4-2　我国主要铁路干线

1. 稠密的东北路网

东北铁路网以哈尔滨和沈阳为中心，形成哈大线（哈尔滨—大连）与滨洲线（哈尔滨—满洲里）、滨绥线（哈尔滨—绥芬河）相连的区内"丁"字形铁路网骨架。连接东北地区60多条干支线，每万平方公里铁路密度为154公里，是中国铁路密度最高的地区。纵横交错的铁路，联结了全区各主要工矿中心和农林牧业基地，以滨洲、滨绥、哈大、沈山铁路为骨干，以沈阳、四平、长春、哈尔滨为枢纽，联结各干支线，形成比较完整的铁路网。这个铁路网的基本结构是由东西方向和南北方向的一些干线组成。

哈大线纵贯南北，长945公里，全线复线。滨洲线全长935公里，滨绥线全长548公里，两线横穿东西，西端在满洲里与俄罗斯西伯利亚大铁路接轨，是一条重要的国际路线。这三条线路不仅联结东北三省省会，而且与大连、丹东、营口等港口相通，沿线物产丰富，经济发达，城镇较多。如大兴安岭是我国重要的木材基地；呼伦贝尔盟是我国著名的良种牲畜与乳肉制品基地；松嫩平原和三江平原是我国粮食、大豆和甜菜糖生产基地；大庆、齐齐哈尔、长春、沈阳、抚顺、鞍山等城市，是全国驰名的石油、煤、钢铁、汽车和重型机器的重要产地；南端的大连港又是东北海运的咽喉和我国重要的对外贸易大港之一。因此，货运十分繁忙。

2. 联系东北、华北和西北的横向大干线——京沈线、京包线、包兰线

京沈线自北京穿越冀东平原，经天津、秦皇岛，出山海关过锦州至沈阳，全长841公里，全线复线，是我国通过能力最大的铁路干线之一。该线在北京枢纽连接京广、京九、京包、京原、京秦等线，在沈阳枢纽与哈大、沈丹、沈吉等线相连接，通过沈丹线可达平壤。京沈沿线是我国重要城市和煤、铁、石油等生产基地比较集中的地带，有首钢、天津、唐山等钢铁厂，有开滦、阜新、北票的煤炭，有盘锦的石油，还有东北林区的木材，鞍山、沈阳的钢铁和重型机械设备等运输，多靠京沈线。它是目前全国旅客列车最多、货运密度最大的铁路线。

京包线自北京越冀北山地，过张北高原，经大同盆地，出长城，经集宁、呼和浩特到达黄河中游的钢铁工业基地包头市，全长833公里。北京至张家口段，建于1905年，是我国自行设计和修建的第一条铁路。沿线穿越崇山峻岭，地形复杂，尤其南口—康庄间，坡度陡，弯道急，通过能力受到很大限制。"一五"期间，新建了104公里工程艰巨的丰（台）沙（城）铁路，且将沙城—大同间改为复线，提高了通过能力。京包线对山西煤炭外运和呼和浩特与包头两大工业基地的建设和发展具有重大意义。

包兰线由包头沿黄河西行，经宁夏河套平原，过中卫、干塘至兰州，全长989.2公里。京包、包兰线不仅通过大同、集宁等城市连接同蒲、集二等铁路线，把山西和内蒙古与全国密切联系起来，而且成为沟通华北和西北地区的第二条东西向干线，使东北和北京与兰州的运输距离大大缩短，并分担了京广北段和陇海西段的运输压力，有力地支援了西北地区的经济建设和国防建设。

3. 纵贯南北的交通中枢——京广线

该线为国家一级干线，全线复线，成为我国综合运输网的中轴，沿途与近二十条铁路干支线相连接，使全国路网脉络相通。京广线由北京起过华北平原、两湖平原、江南丘陵，穿过南岭山地，跨越海河、黄河、淮河、长江、珠江五大流域，经过六个省市，到达祖国南大门——广州，全长2324公里。其衡广段中大瑶山隧道全长14.295公里，是世界十大铁路双线隧道之一。京广线北端接京沈、京通、京承、京原（419公里）、京秦（280公里、双线电气化）、京包等线；在石家庄枢纽连石德（州）、石太（原）二线；在郑州枢纽与陇海线相交；在新乡与新焦（作）、新菏（泽）二线相接；在武汉交会汉丹（江口）和武大（冶）线；在株洲与汀黔、浙赣线相交；在它南段的衡阳，是湘桂线（1021公里）的起点站，由湘桂夹道过南岭进入广西，到中越边界的友谊关，该线在柳州接黔桂和焦柳线，沟通贵州、湖南、湖北、广西的黎塘，经黎湛线（318公里）通往湛江港；在广州又有广三（水）、广深（圳）线与其相连。

京广线的货运量巨大，下行（由北向南）的货物主要有煤炭、钢铁、机械、木材、石油，以及我国经由广州出口的物资。上行（由南向北）的货物主要有稻米、茶叶、

桐油、蔗糖、亚热带水果、有色金属，以及经由广州进口的物资。

4. 东部沿海地区的大动脉——津沪线

津沪线自天津向南穿过华北平原，经济南、徐州、蚌埠、南京至上海，贯穿四省二市，长达1325公里，全线复线。津沪线沿线是人口密集，经济最发达地区，不仅分布有大型煤、铁、石油等基地，而且也是我国著名的粮、棉产区。同时，也聚集不少重要的工业和旅游城市，加上北接京沈线，南接沪杭线，并通过德州、济南、徐州、蚌埠、南京等城市与石德、胶济、陇海、淮南、宁芜、皖赣等线相接，尤其是华东地区能源缺乏，大量煤炭靠外地调入。所以运量增长很快，各区段能力利用率已达饱和，运输非常紧张，成为我国客货运输最繁忙的铁路干线之一。下行的主要货物有钢铁、煤炭、木材、棉花、油料和杂粮等；上行的主要货物有机械设备、机电、仪表、布匹、百货和茶叶等。

5. 同京广线平行的纵向干线——太焦、焦柳线

该线北起太原，南经长治、焦作、洛阳、南阳、襄樊、荆门、枝城、怀化达柳州，全长2038公里，沿线地势险峻，地质复杂，河湖港汊水道纵横，工程十分艰巨。该线通车后，使同蒲、京包、石太、京广、陇海、湘黔、黎湛、黔桂等铁路干线和横贯东西的水运交通干线——长江等水系沟通起来，这不仅加强了华东、中南两地区的紧密联系，而且使我国中部地区出现了同京广线平等的又一条纵向交通的大动脉，对改善我国交通布局，提高山西煤炭外运能力，发展少数民族地区经济，都具有极其重要的意义。

太焦线全长398公里，为晋煤外运的东南通道。焦柳线行经的地区矿藏资源十分丰富，全长1645公里，它的修建对沿线的工农业发展和新工业点的布局创造了有利条件。该线设计技术标准较高，是一条大能力的干线铁路，为国家一级干线。近年来，由于晋煤南运和客运量逐年增加，已开始修建复线。该线的开通也使西南的物资经怀化下柳州，走湛江港下水运往沿海各地，既可缩短运程，又可缓和黔桂线和湘黔线株怀段的运输压力，同时也促进了少数民族地区的经济发展。

6. 集二线、南北同蒲线

这是我国又一条南北交通干线。集二线南起京包线上的集宁，越过海拔1000～1500米的锡林郭勒大草原和沙漠地带，到达我国与蒙古接壤边境的二连浩特，全长339公里。该线根据中、俄、蒙三国协定，1956年与蒙古接轨，成为通往蒙古、俄罗斯的国际联运干线，比由满洲里绕西伯利亚至莫斯科缩短运距1411公里。

同蒲线全长883公里，是纵贯山西全省的大动脉，客货运量都很大。北端经京包线与集二线沟通，中段同石太线、京原线、太焦线相接。该线分为南北两段，北同蒲线自大同起，经宁武、原平到太原，全长347公里，于1986年7月31日实现双线电气化，对提高晋煤外运能力有着重要意义。南同蒲线北起榆次，南抵陇海线上孟塬，全长503公里，为晋煤外运的南通道。

7. 伸入西部的南北大干线——宝中、宝成、成昆线

横贯陕、甘、宁三省区和连接陇海、包兰、干武和兰新四条铁路线的又一条新通道——宝中线，于 1995 年 6 月 8 日提前通车，全长 498 公里。该线为国家一级电气化干线铁路，形成西北与华北、华东和西南相联系的新通道，对于减轻包兰线和陇海线的负担，缩短宁夏和内蒙古到西南、西北和华东的运输里程，提高路网综合运输能力必将产生重大影响。

宝成线北连陇海于宝鸡、南接成渝和成昆线于成都，是沟通西北与西南的一条重要干线，全长 669 公里。线路沿途山岳地区占全线的 80%，为提高运能，1958 年 6 月至 1975 年 7 月进行全线电气化改造，是我国第一条电气化铁路，并采用大功率机车，使列车牵引重量由 900 吨提高到 3000 吨。

成昆线从成都起，经峨眉、甘洛、西昌、金江、安宁至昆明，全长 1093 公里。该线北接宝成、成渝线，南与贵昆、南昆昆河铁路相通，是西南地区的重要铁路干线。

宝成、成昆线的建设，有力地促进了沿线工农业生产的发展，促进了钢铁、有色金属工业和矿藏资源的开发和建设；为改变沿海和内地的工业布局，巩固国防创造了条件，并加强了我国各民族之间的团结，进一步密切了西北、西南和全国之间的联系，也有助于我国铁路网的进一步形成。

8. 西南地区纵贯南北的重要干线——成渝、川黔线

北起成都，经内江到重庆为成渝线，长 564 公里，再从重庆附近的小南海过白沙陀长江大桥，经桐梓、遵义达贵阳为川黔线，全长 438 公里，均为电气化铁路，是西南区内成都、重庆两大城市及川、黔两省之间经济联系的主要通道。沿线经四川盆地、大娄山、乌江天险和云贵高原，大部分区段是高山深谷，地质构造复杂。该线北接宝成线，东接襄渝线和川江水运，南连湘黔、黔桂和贵昆等线。加之沿线有丰富的煤铁资源和许多经济较发达的中心地区，因此，该线不仅促进了川、黔两省之间的物资交流和经济繁荣，而且还是西南铁路网的重要组成部分。

9. 南北新干线——京九线

京九线北起北京，南至深圳，连接九龙，沿线行经京、津、冀、鲁、豫、皖、鄂、赣、粤九省市，全长 2370 公里。北京至深圳均按一级双线建设，其中向塘西以南先按单线铺轨。该线于 1995 年 12 月全线贯通，1996 年全面投入运营。这是我国京广、津沪两大干线之间纵贯南北的又一条长大干线，也是我国铁路建设史上规模最大、投资最多、建成线路最长的铁路。

京九线在全国铁路网上有着十分重要的战略地位，该线北端通过北京、天津枢纽与京沈、京秦、京包等主要干线相连，通往华北、东北地区；在阜阳以南与华东合肥和中南武汉相沟通；南接广梅汕、广茂等铁路，连通广东、广西等省区；中间与石德、新菏、陇海、浙赣等铁路交会，可与我国中西部地区沟通。其吸引区大、辐射面广，直接吸引人口 4.4 亿。京九线的提前建成通车，对发展中部经济，改变老区交通闭塞、经济落后的面貌，以及香港和澳门的回归与繁荣都起到了积极的推动作用。

10. 横贯中原、西北边陲的干线——陇海线、兰新线

该线不仅是横贯我国中部江苏、安徽、河南、陕西、甘肃、新疆六省区的东西大动脉，全国铁路网的横轴，而且对串联我国铁路网，以及对沟通我国东部和西部、沿

海与内地，建设新疆，巩固国防，发展大陆桥运输和国际经贸，都具有极其重要的意义，是西北和内陆向东至出海口的交通捷径。

陇海线东起连云港，由海拔不足 50 米的黄海之滨，向西穿过豫东平原、豫西山地、关中平原，再爬上西北黄土高原到达海拔 1500 米的西北重镇兰州，全长 1769 公里，是我国铁路横贯东西的大动脉。沿线吸引范围大，工农业较发达，运量增长很快，尤其是陕西、山西、豫西的煤炭大量供应华东，运力已十分紧张，现正在进行复线建设和电气化改造。陇海线上的开封、洛阳、西安、咸阳都是历史名城，文物古迹众多，又是新兴工业城市，因此吸引着国内外大量游客。新沂、徐州、商丘、郑州、洛阳、西安、宝鸡和兰州均是重要的铁路枢纽，该线在这些枢纽分别与新长、津沪、京九、京广、焦柳、同蒲、西延、宝成、包兰、兰青、兰新等重要干线交会，与全国城乡息息相通，客货运输任务十分繁忙。

兰新线是内地通往西北边陲的唯一铁路干线，东起兰州，越过乌鞘岭（海拔 3000 米），穿过河西走廊，出玉门关，经哈密、吐鲁番至乌鲁木齐，全长 1904 公里。沿线有人烟稀少的戈壁滩，有无水区、苦水区和翻浆地带，工程十分艰巨。该线在兰州与陇海线、包兰线交会，在河口南与兰青线连接，在武威接干武线，在吐鲁番接南疆线。该线复线工程 1992 年 9 月开工，于 1994 年 9 月 1 日全线铺通。

北疆线（也称兰新线乌河段）自乌鲁木齐经准噶尔盆地南缘，向西经石河子、乌苏到达中哈边境的阿拉山口站，全长 456 公里。于 1990 年 9 月 12 日正式与哈萨克斯坦铁路的德鲁日巴站接轨。至此，举世瞩目的全长 10800 多公里的第二座亚欧大陆桥宣告全线贯通。该大陆桥比西伯利亚大陆桥的运距缩短 3000 多公里，可节省 1/3 运费，可全年作业，有多个桥头，运量覆盖面大。经济学界认为，新大陆桥将改变世界有关国家的贸易运输路线，其经济价值不可低估。

11. 横贯我国东西的第二大动脉——沪杭、浙赣、湘黔、贵昆线

沪杭线东起上海，西至杭州，长 189 公里，全线复线，是我国东南沿海的重要干线。

浙赣线从杭州至株洲，全长 947 公里。线路斜穿浙江、江西、湖南三省，与沪杭线一起沟通京广和津沪两大干线，为我国长江以南唯一的一条长大干线。同时在杭州、萧山、贵溪、鹰潭、向塘、江家分别与杭长、肖甬、皖赣、鹰厦、向九（南浔）、向乐等干支线相接，沟通了宁波、厦门、福州、九江等重要港口和湖州、景德镇、三明、南平、南昌、抚州等新兴工业城市。1996 年 1 月 27 日，浙赣复线已全线贯通。

湘黔线东起株洲北，西至贵州，全长 902 公里。该线的建成，使上海至昆明间的运距缩短 378 公里（与绕经柳州相比），西南出产的木材、煤炭、磷矿等大部分经该线运到湘南、江浙和广西等地，对湘、黔两省的经济建设有很大的促进作用。该线的复线改造工程已列入"九五计划铁路建设的重点工程"。

贵昆线从贵阳至昆明，全长 467 公里，是贯通滇、黔两省的主要干线，沿线资源丰富，特别是煤炭储量大，是六盘水煤炭基地外运的主要通道。该线为全线电气化铁路。

沪杭—浙赣—湘黔—贵昆线穿过上海、浙江、江西、湖南、贵州、云南等 6 个省、市，并在我国南方与北方陇海铁路平行，成为横穿我国东西的第二大动脉，它不仅有利于加快湘西、黔东少数民族地区和湘、黔、滇三省的经济建设，而且对于加强与北京、华东、中南等各大区的联系均具有重大的政治、经济意义。

12. 晋煤外运通道——新焦、新菏、菏兖、兖石线

新焦线全长 62 公里，全线复线，位于豫西北，东起新乡市，西至焦作北，为晋东南煤炭外运通道，也是京广、焦柳、陇海三线的联络线。

新菏—菏兖线，也称新兖线，全长 307 公里，东起山东兖州，向西经济宁、菏泽至新乡。

兖石线全长 321 公里，由兖州向东经曲阜、临沂直达煤港日照港，该线为晋煤水陆联运的一条外运渠道。

13. 大秦线

大秦铁路是我国第一条现代化复线、电气化单元重载铁路，西起大同韩家岭，东至秦皇岛港，全长 653 公里，于 1992 年 12 月 22 日全线开通，工程历时 8 年，耗资 82 亿元，近期年输送煤炭 6000 万吨，年输送能力将逐步达到 1 亿吨以上。这对保证晋煤外运和加速神府、东胜、准格尔煤田的开发，缓解能源紧张状况，确保国民经济上一新台阶具有重大的战略意义。

14. 纵贯青藏高原的大动脉——青藏铁路

青藏铁路北起青海省的西宁，南止于西藏的拉萨，全长 1956 公里，其中西宁至格尔木 814 公里于 1979 年铺通，格尔木—拉萨段长 1142 公里，于 2006 年 7 月铺通运营。

青藏铁路是世界上海拔最高的铁路，在海拔 4000 米以上的地段长 960 公里，穿越多年冻土区 550 公里，火车时速可达 120 公里（目前火车在世界冻土工程铁路上的最高时速）。青藏铁路的建成通车，将会大力推进青海、西藏两省区经济社会发展和民族团结，为西部大开发作出贡献。

15. 台湾地区铁路干线

台湾地区主要铁路干线纵贯南北，除东部沿海从花莲到台东的一条铁路以外，其余多分布在中央山脉以西的平原、丘陵地区，主要是窄轨铁路。西部主要干线北起基隆，经台北、台中、台南至高雄，已实现电气化。沿线工农业发达，在台湾铁路中，地方和森林支线要占其铁路总长的 80% 以上。

（三）我国主要的铁路枢纽

几条铁路干线相交叉或相衔接的地点，由若干个车站（包括客运、货运、编组站等）、站间联络线、进站线和信号所组成的总体，称为铁路枢纽。仅有一个联合车站的铁路枢纽称为枢纽站。对于某些铁路干线的终端地点，虽然引入枢纽的铁路干线仅有一个或两个方向，但由于客、货业务繁忙，也需修建几个专业车站及相应的设备，这样也可形成铁路枢纽。

铁路网是由若干个规模大、小和性质不同的铁路枢纽把所有干线联结成为一个整

体，以保证货物和旅客在线网上及时而快速地移动。因此，线网中枢纽的布局及其装备的作业能力，直接影响着货物运量的大、小及行车速度的高、低。铁路枢纽地区一般是全国的或省（区）的政治经济文化中心、大工业基地或其他运输方式相交的地区。所以，合理地部署铁路枢纽具有重大的政治、经济意义。

我国现有的较大铁路枢纽如下：

1. 北京铁路枢纽

北京是全国政治、经济、文化的中心，也是我国最大、最复杂的铁路枢纽。

北京枢纽共有铁路线 300 多公里，设有大小车站 50 多个，连接着京包、京沈、京秦、京承、丰沙、京原、京广、京九等 9 条干线，为一个巨大的环形放射式混合枢纽。对内联系全国各省区，对外与俄罗斯、朝鲜、蒙古、越南等国开展了国际联运，又是我国铁路、航空综合运输网的中枢。

2. 哈尔滨铁路枢纽

该枢纽有哈大、滨洲、滨绥、哈佳、拉滨等 5 条铁路干线在此交会，并呈放射状分布。哈尔滨枢纽是由十多个车站及站间联络线组成的环形枢纽。哈尔滨是重要的工业城市，也是东北北部最大的经济中心，该枢纽的通过货物运量很大，哈尔滨站是全国十大主要客站之一。

3. 沈阳铁路枢纽

沈阳铁路枢纽有京沈、哈大、沈丹、沈吉等干线交会，构成放射状铁路网。沈阳地处辽宁省中部，是东北与关内交通联系的中心，也是我国与朝鲜、俄罗斯、日本贸易的铁路交通要道。哈大线贯通东北三省，连接鞍山、本溪、抚顺、辽阳等密集工业区和东北最大的海港大连，加之近年晋煤出关大量增加，使该枢纽的客货运量增长更快。

4. 广州铁路枢纽

广州铁路枢纽是京广、广深、广三铁路的交会点，并与我国南方最大的港口——广州港相衔接，珠江水系及沿海航运四通八达，是我国南方水陆空交通中心。

广州是我国南部最大的城市，工业发达，也是我国最重要的对外贸易口岸。该枢纽对内地与香港之间的经济交往有着重要作用。

5. 天津铁路枢纽

天津是京沈、津沪两大重要干线的交会点，扼关内外交通咽喉，并与北方重要海港——塘沽新港相连，为我国北方最大的水陆交通枢纽，是一个客货混合、路港联运的铁路枢纽。

天津是首都北京的门户，是我国沿海重要的工业基地和对外贸易大港，轻、重工业都很发达，客货运量不断增长。

6. 郑州铁路枢纽

郑州铁路枢纽地处中原，为京广、陇海两大干线的交会点，在全国路网中沟通南北、东西货流，担负着 10 多个省、市的运输任务，被称为我国铁路网的"心脏"。

该枢纽布局一个全国最大的现代化程度最高的大型编组站——郑州北站，占地

6000 多亩，轨道 148 条，日处理车数 26000 多辆。

7. 武汉铁路枢纽

武汉地处京广铁路与我国内陆最主要的水运干线长江交汇处，是自古就有"九省通衢"之称的水陆联运枢纽，设有车站 24 个，衔接京广、汉丹、武大等铁路线和汉江航运，可通达豫西和陕西。大沙线的建成通车使我国中部地区的客货运输经武汉、南昌直达福州、厦门等地，比绕行株洲缩短运程 360 公里。

8. 上海铁路枢纽

该枢纽是津沪和沪杭线的交会点，是华东沿海地区的南北交通要道，又扼长江入海处，是一个与沿海、远洋、长江航运密切联系的水陆交通枢纽。

上海是我国沿海南北航线的中枢和最大的工业城市，上海港是全国最大的对外贸易港。上海枢纽有 10 多个车站，上海站为特等客运站，客流量极大。

该枢纽货物运输任务也很繁重，上海当地既无原料，又无燃料，所需物资除海运外，1/3 是通过铁路运输完成的。兰州铁路枢纽兰州铁路枢纽是陇海、兰新、包兰、兰青等 4 条铁路干线的交会点。兰州地处全国的几何中心，自古就是中原通往西南和西北地区的要冲。兰州铁路枢纽是新中国成立后随西北经济发展需要而新建的重要铁路枢纽。兰青与青藏线接轨，2006 年 7 月 1 日开通到拉萨的客运列车。

9. 重庆铁路枢纽

它有成渝、川黔和襄渝 3 条铁路交会，并与长江航运沟通，是重要的水陆交通枢纽。重庆历来是西南地区的经济文化中心。

二、公路运输

公路运输是在公路上运送旅客和货物的运输方式，是交通运输系统的组成部分之一，主要承担短途客货运输。现代所用运输工具主要是汽车。因此，公路运输一般即指汽车运输。在地势崎岖、人烟稀少、铁路和水运不发达的边远和经济落后地区，公路为主要运输方式，起着运输干线作用。

（一）我国公路运输的特点

1. 公路运输的优点

（1）机动灵活，适应性强

由于公路运输网一般比铁路、水路网的密度要大十几倍，分布面也广，因此，公路运输车辆可以"无处不到、无时不有"。公路运输在时间方面的机动性也比较大，车辆可随时调度、装运，各环节之间的衔接时间较短。尤其是公路运输对客、货运量的多少具有很强的适应性，汽车的载重吨位有小（0.25～1 吨）、有大（200～300 吨），既可以单个车辆独立运输，也可以由若干车辆组成车队同时运输，这一点对抢险、救灾工作和军事运输具有特别重要的意义。

（2）可实现"门到门"直达运输

由于汽车体积较小，中途一般也不需要换装，除了可沿分布较广的公路网运行外，还可离开路网深入到工厂企业、农村田间、城市居民住宅等地，即可以把旅客和货物从始发地门口直接运送到目的地门口，实现"门到门"直达运输。这是其他运输方式无法与公路运输比拟的特点之一。

（3）在中、短途运输中，运送速度较快

在中、短途运输中，由于公路运输可以实现"门到门"直达运输，中途不需要倒运、转乘就可以直接将客货运达目的地，因此，与其他运输方式相比，其客、货在途时间较短，运送速度较快。

（4）原始投资少，资金周转快

公路运输与铁、水、航运输方式相比，所需固定设施简单，车辆购置费用一般也比较低，因此，投资兴办容易，投资回收期短。据有关资料表明，在正常经营情况下，公路运输的投资每年可周转 1~3 次，而铁路运输则需要 3~4 年才能周转一次。

（5）掌握车辆驾驶技术较易

与火车司机或飞机驾驶员的培训要求来说，汽车驾驶技术比较容易掌握，对驾驶员的各方面素质要求相对也比较低。

2. 公路运输的缺点

（1）运量较小，运输成本较高

目前，世界上最大的汽车是美国通用汽车公司生产的矿用自卸车，长 20 多米，自重 610 吨，载重 350 吨左右，但仍比火车、轮船少得多；由于汽车载重量小，行驶阻力比铁路大 9~14 倍，所消耗的燃料又是价格较高的液体汽油或柴油，因此，除了航空运输，就是汽车运输成本最高了。

（2）运行持续性较差

据有关统计资料表明，在各种现代运输方式中，公路的平均运距是最短的，运行持续性较差。如我国 1998 年公路平均运距客运为 55 公里，货运为 57 公里，铁路客运为 395 公里，货运为 764 公里。

（3）安全性较低，污染环境较大

据历史记载，自汽车诞生以来，已经吞噬掉 3000 多万人的生命，特别是 20 世纪 90 年代开始，死于汽车交通事故的人数急剧增加，平均每年达 50 多万。这个数字超过了艾滋病、战争和结核病人每年的死亡人数。汽车所排出的尾气和引起的噪声也严重地威胁着人类的健康，是大城市环境污染的最大污染源之一。

（二）我国公路网布局及主要国道

为了适应国民经济发展的需要，应尽快在全国建立一个以国家干线公路为骨架的四通八达的公路网。我国于 1981 年颁布《关于划定国家干线公路网的通知》，将以北京为中心，连接各省、市、自治区、各大军区、重要大中城市、港站枢纽、工农业基地等的主要干线公路划定为国家干线公路（简称国道），共约 10.9 万公里。

具有全国政治、经济和国防意义的 70 条主要干线公路被划定为国道，内分首都放射线、南北纵线和东西横线，初步构成国道网。这些国道在技术等级上一般要求是一二级公路，在重要干线或经济发达的地区干线将逐步修建为高速公路。

70 条国道分别是：

101　北京—承德—沈阳，859 公里

102　北京—山海关—沈阳—长春—哈尔滨，1231 公里

103　北京—天津—塘沽，142 公里

104　北京—南京—杭州—福州，2284 公里

105　北京—南昌—广州—珠海，2361 公里

106　北京—兰考—黄冈—广州，2497 公里

107　北京—郑州—武汉—广州—深圳，2449 公里

108　北京—太原—西安—成都—昆明，3356 公里

109　北京—银川—兰州—西宁—拉萨，3763 公里

110　北京—呼和浩特—银川，1063 公里

111　北京—通辽—乌兰浩特—加格达奇，2043 公里

112　北京环线：宣化—唐山—宁河—涞源，942 公里

201　鹤岗—牡丹江—大连，1822 公里

202　黑河—哈尔滨—吉林—沈阳—大连—旅顺，1696 公里

203　明水—扶余—沈阳，656 公里

204　烟台—连云港—上海，918 公里

205　山海关—淄博—南京—屯溪—深圳，2755 公里

206　烟台—徐州—合肥—景德镇—汕头，2324 公里

207　锡林浩特—张家口—长治—襄樊—常德—梧州—海安，3566 公里

208　二连浩特—集宁—太原—长治，737 公里

209　呼和浩特—三门峡—柳州—北海，3315 公里

210　包头—西安—重庆—贵阳—南宁，3005 公里

211　银川—西安，604 公里

212　兰州—广元—重庆，1084 公里

213　兰州—成都—昆明—景洪—磨憨，2852 公里

214　西宁—昌都—景洪，3008 公里

215　红柳园—敦煌—格尔木，645 公里

216　阿勒泰—乌鲁木齐—巴仑台，826 公里

217　阿勒泰—独山子—库车，1082 公里

218　清水河—伊宁—库尔勒—若羌，1129 公里

219　叶城—狮泉河—拉孜，2139 公里

220　东营—济南—郑州，526 公里

221　哈尔滨—同江，639 公里

222　哈尔滨—伊春，332 公里

223　海口—榆林东线，322 公里

224 海口—榆林中线，296 公里

225 海口—榆林西线，431 公里

226 楚雄—墨江，288 公里（调整后撤销）

227 西宁—张掖，345 公里

228 台湾环线

301 绥芬河—哈尔滨—满洲里，1448 公里

302 珲春—图们—吉林—长春—乌兰浩特，1024 公里

303 集安—四平—通辽—锡林浩特，1265 公里

304 丹东—通辽—霍林河，818 公里

305 庄河—营口—敖汉旗—林东，561 公里

306 绥中—克什克腾旗，689 公里

307 黄骅—石家庄—太原—银川，1193 公里

308 青岛—济南—石家庄，659 公里

309 荣成—济南—宜川—兰州，1961 公里

310 连云港—徐州—郑州—西安—天水，1153 公里

311 徐州—许昌—西峡，694 公里

312 上海—南京—合肥—西安—兰州—乌鲁木齐—霍尔果斯，4708 公里

313 安西—敦煌—若羌（调整后撤销）

314 乌鲁木齐—喀什—红其拉甫，2073 公里

315 西宁—若羌—喀什，2746 公里

316 福州—南昌—武汉—兰州，1985 公里

317 成都—昌都—那曲，1917 公里

318 上海—武汉—成都—拉萨—聂拉木，4907 公里

319 厦门—长沙—重庆—成都，2631 公里

320 上海—南昌—昆明—畹町—瑞丽，3315 公里

321 广州—桂林—贵阳—成都，1749 公里

322 衡阳—桂林—南宁—凭祥—友谊关，1045 公里

323 瑞金—韶关—柳州—临沧，2316 公里

324 福州—广州—南宁—昆明，2201 公里

325 广州—湛江—南宁，771 公里

326 秀山—毕节—个旧—河口，1239 公里

327 连云港—济宁—荷泽，395 公里

328 南京—扬州—南通，243 公里

329 杭州—宁波—沈家门，190 公里

330 温州—寿昌，318 公里

（三）我国西部地区公路干线

我国公路虽已基本成网，但分布于不同地区的公路，所起的主要作用有所不同。

在广阔的西部地带，公路则担负相当一部分干线运输任务。这些主要公路干线有川藏公路、青藏公路、新藏公路、兰新公路、滇藏公路等。

1. 川藏公路

川藏公路东起四川省会成都，西止于西藏拉萨，分为川藏北路和川藏南路。

川藏北路是从成都，经雅安、甘孜、马尼干戈到拉萨，全长 2413 公里，是我国目前最长的一条公路。沿途翻过二郎山、折多山、雀儿山、甲皮拉山、色霁山等 14 座海拔 3200～5000 米的大山。跨越大渡河、金沙江、澜沧江、怒江等 10 多条水流湍急的大河。气候恶劣，工程艰巨，在国内外均属罕见。川藏南路由康定向西南，从新都桥经巴塘、邦达到拉萨，全长 2161 公里，其中昌都到邦达长 169 公里的路段，是川藏南、北路的联络线。由川藏公路运输的货物，西运的主要是粮食、布匹、日用工业品、茶叶、食盐等，东运的主要有矿石、药材、畜产品等。

2. 青藏公路

青藏公路起于青海省会西宁，经格尔木至西藏拉萨，全长 2122 公里。公路修筑在平均海拔 4000 米以上的高山草原上，是一条高原公路，途中翻越海拔 4000～5000 米的昆仑山、唐古拉山等大山，还有几百公里的冻土地带，地质复杂，空气稀薄。由青藏公路运输的货物，运出的是矿产品、土特产品和畜产品等，运进的主要有日用消费品、工业产品、布匹、茶叶、建筑材料等，承担了进出藏物资运量的 80%。在青藏公路格尔木段，另有一条公路折向北行，穿越柴达木盆地和当金山口，进入甘肃省，经敦煌至柳园与兰新线连接。这条公路是青海和新疆两省区联系的主要通道。

3. 新藏公路

新藏公路北起新疆南部的叶城，经西藏的噶尔，向南延伸到边防城镇普兰宗，再经日喀则到拉萨，全长 1455 公里，全线平均海拔 4200 米以上，是世界上最高的公路。这条公路对促进新疆和西藏两区的物资和文化交流，促进政治、经济、文化事业的发展，巩固国防都具有重要的意义。

4. 兰新公路

兰新公路由甘肃兰州起向西北经武威、张掖、嘉峪关、哈密到新疆乌鲁木齐，全长 2024 公里，是新疆与内地联系的一条重要公路。兰新公路对促进少数民族地区的经济发展和文化交流，以及巩固国防具有重要的意义，对分流兰新铁路的客货运输也具有重要的作用。

5. 滇藏公路

滇藏公路由云南下关经中甸，北到西藏芒康与川藏南路会合，全长 800 公里。从而沟通了云、贵、川、藏四省区的交通网，大大改善了我国西南山区的公路布局，并对加强云南和西藏地区的政治、经济和国防建设发挥着重要的作用。

（四）国道主干线规划

国道干线系统是国道网的一部分，由汽车专用公路为主的高等级公路组成，是全国公路网的主骨架，也是全国综合运输大通道的组成部分。这个系统具有完善的安全保障、通信信息和综合管理服务体系，为重要城市间、省际提供快速、直达、安全、经济、舒适的公路客货运输。国道主干线贯通了首都、直辖市及各省（自治区）省会（首府），连接了所有目前 100 万以上人口的特大城市和绝大部分目前 50 万以上人口的城市。

国道主干线总体布局为"五纵七横"。

"五纵"路线是：①同江—三亚 G010（同三）；②北京—福州 G020（京福）；③北京—珠海 G030（京珠）；④二连浩特—河口 G040（二河）；⑤重庆—湛江 G050（渝湛）。

"七横"路线是：①绥芬河—满洲里 G015；②丹东—拉萨 G025；③青岛—银川 G035；④连云港—霍尔果斯 G045；⑤上海—成都 G055；⑥上海—瑞丽 G065；⑦衡阳—昆明 G075。

2013—2030 年规划：

在 2013 年 6 月 20 日交通运输部公布的《国家公路网规划（2013 年—2030 年）》中，普通国道将扩展至 119 条（包括既有国道），此外还有 81 条联络线。规划普通国道总里程由 1981 年规划的 10.6 万公里增长到 26.5 万公里，扩展重点在西部地区和欠发达地区。

（五）高速公路

高速公路是全立交、全封闭，至少有 4 个车道专供汽车行驶的高级公路，其具有通过能力大、行车速度快、安全舒适等优点。高速公路已成为交通运输现代化标志之一。我国自 1984 年开始兴建第一条沈阳至大连高速公路以来，高速公路的建设取得了令人瞩目的进展。截至 2004 年，全国已建成通车的高速公路 34288 公里，高速公路总里程位居世界第二位。

目前，全国各省市区都修建高速公路，高速公路里程在 1000 公里以上的有鲁、粤、苏、豫、川、冀、辽、浙、赣、鄂、晋、皖、云、湘、桂、闽等 16 个省区，山东高速公路总长已超过 3000 公里，广东、江苏两省的高速公路总长也达到 2500 公里左右。

国家高速公路布局以北京为中心有 7 条放射线，南北纵向有 9 条线，东西横向有 18 条线，另外，还有 5 条地区环线、19 条横向联络线、17 条纵向联络线。

7 条放射线是：①京沪线（北京、泰安、临沂、江阴、上海）；②京台线（北京、泰安、徐州、合肥、福州、台北）；③京港澳线（北京、石家庄、邯郸、郑州、广州、港澳）；④京昆（北京、石家庄、太原、西安、成都、昆明）；⑤京萨（北京、临河、银川、兰州、西宁、拉萨）；⑥京乌（北京、临河、哈密、乌鲁木齐）；⑦京哈（北京、山海关、沈阳、长春、哈尔滨）。

9 条南北纵向线是鹤岗—大连、沈阳—海口、长春—深圳、济南—广州、大庆—广州、二连浩特—广州、包头—茂各、兰州—海口、重庆—昆明。

18 条东西横向线是：绥芬河—满洲里、珲春—乌兰浩特、丹东—锡林浩特、荣城—乌海、青岛—银川、青岛—兰州、连云港—霍尔果斯、南京—洛阳、上海—西安、上海—成都、上海—重庆、杭州—瑞丽、上海—昆明、福州—银川、泉州—南宁、厦门—成都、汕头—昆明、广州—昆明。

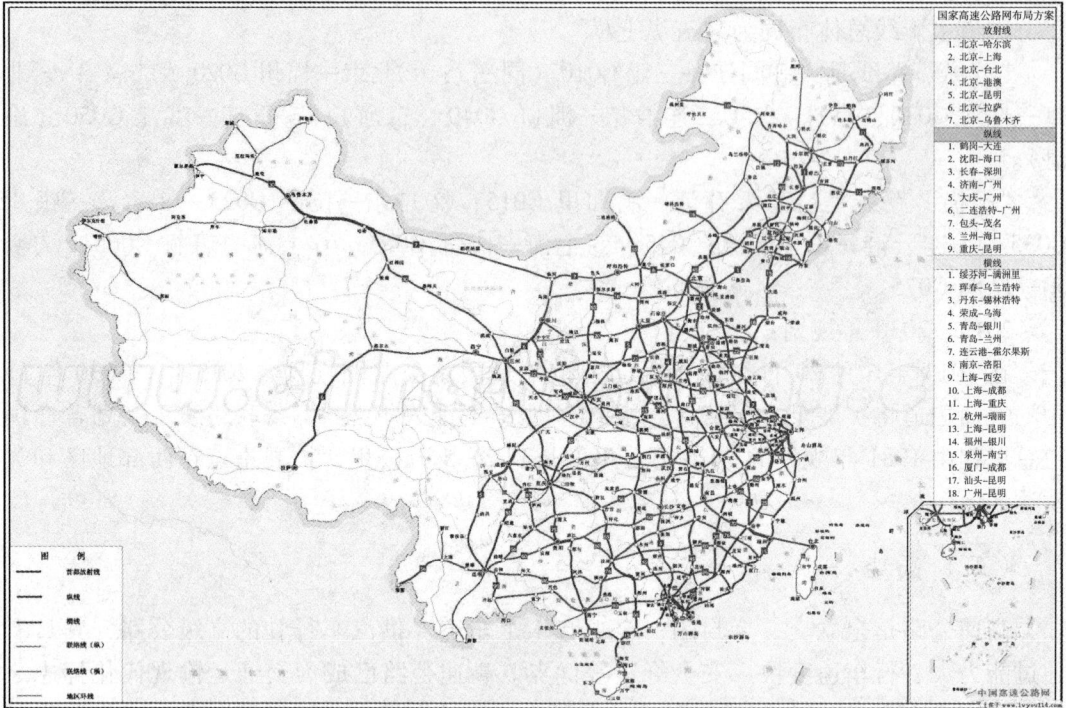

图 4 - 3 中国高速公路分布

【项目训练】

一、思考与练习

1. 中国铁路实行跨越式发展战略，建立"八纵八横"铁路大通道具体包括哪些？

2. 高速公路为沿途经济带来哪些好处？

二、活动建议

1. 活动内容

（1）在 Internet 上查询，我国铁路的几次调速分别是在什么时间？每次调速使得铁路运输速度提高到了多少？分别是在哪些线路上调速的？

（2）查一查通过本省、市、地区的国道和高速公路有哪些？

2. 操作步骤

（1）将全班学生分为若干个小组，每个小组 4 ~ 6 名组员；

（2）各组讨论并提交一份报告。

3. 活动点评

学生互相点评，教师总结。

三、案例分析

铁路心脏——郑州铁路枢纽

在中国的中原地区，有一个线路纵横交错、大小车站相连、庞大而又复杂的铁路枢纽，这就是有名的郑州铁路枢纽。它是京广、陇海两大铁路干线的交会点，是沟通南北，连贯东西的交通要冲，居于全国路网中心的重要位置上，素有"铁路心脏"之称。

由于位居路网中心，联贯各方，运输行车涉及的面十分广阔，分散。站场线路分布范围大，客货运量和办理车数很多。它在布局上有一个明显的特点，就是集中设置三个大站一个大型编组站（郑州北站），统一办理两大干线的列车编组和通过作业，一个客运站（郑州站）担当各线的旅客输送业务，一个货运站（郑州东站），担负以零担为主的货运业务。这就体现了郑州铁路枢纽集中作业的优点，可以减少折角交换车、中转旅客换乘、中转行包和中转零担货物等的重复作业。除以上 3 个大站外，枢纽内还有配合城市工业发展，担当工厂企业专用线取送车作业的工业站，以及中间站、会让站和线路所等。全枢纽由 18 个车站、分界点、相应的进站线路以及众多的联系线组成，线路各延长近 700 公里。

郑州铁路枢纽的客货运量和列车编解的作业量都很大，并以中转为主。2003 年 5 月 5 日，曾创造了单日办理和单班办理分别达到 31464 辆和 15968 辆的历史最高纪录。编组站改编作业的调车作业数量则居全路第一位。客运量也很大，每天上下旅客 60000 多人，居全路第四位，而中转旅客居全路第三位。每天办理中转行包，居全路第二位，零担的中转量居全路第一位。

郑州铁路枢纽中的郑州北编组站站型为双向纵列式三级六场，在下行调车场尾部设有辅助调车场。全站共有道岔 898 组，信号机 828 架，各种线路 228 条，线路总延长 454 公里。其中上发场五渡十交大型组合道岔是当时我国最为复杂的道岔，大大提高了列车编解能力。编组站规模庞大、布局紧凑、编解能力强，主要承担着南北京广线、东西陇海线 4 个方向货物列车和郑州铁路枢纽地区小运转列车的到达、解体、编组及出发作业任务，是名副其实的巨型"物流中转站"，也是亚洲最大的编组站。

郑州铁路枢纽内还有一座大型货运站，这就是郑州东站，负责办理整车货物到发、零担货物到发、中转及货物洗刷消毒等业务，而以办理零担货物中转为主，零担货物中转量居全国铁路第一位。

思考：（1）郑州铁路枢纽有哪些优势？

（2）郑州铁路枢纽有哪些功能？

模块三　水路运输网络

【项目导入】

人类与生俱来的好奇心使得人们总有越过江河、湖泊甚至大海去探索新天地的愿望。正是这些原因促使人类的祖先发明了木筏、独木舟等水上交通工具，并借助帆来利用丰富的风力资源。当然，仅仅靠风驱动是不够的。所以人们还发明了桨。把帆、桨装在独木舟上，就成了最原始的帆船。对于那些进行海上贸易的人们来说，对帆船的要求就更高了，因此，船的不断发展促进了水路运输的快速发展。

【项目知识】

水路运输是利用海洋、河流、湖泊或人工水体作为运输线路的一种运输方式。它具有载运量大、投资少、耗能少、成本低、不占或少占耕地等突出的优点，是交通运输业的一个重要组成部分。特别是对外贸易，水路运输已经成为重要的运输力量。随着我国对外贸易事业的日益发展，水路运输将有更加广阔的发展前景。

水路运输，一般是由港口、航道、船舶和修船厂四个环节构成。因此，这四个环节只有协调发展，才能充分发挥水路运输的能力。

一、发展水路运输的优越条件

我国是世界上水资源最为丰富的国家之一。在广阔的土地上，江河湖海广泛分布，使我国水运的条件十分优越。

1. 河湖众多，成为我国内河水运的基础条件

我国有流域面积在 100 平方公里以上的河流 5000 多条，河道总长度 43 万公里。目前已开辟的通航里程超过 11.08 万公里，其中可通机动船的航道有 4 万多公里。大小湖泊 2 万多个，不少湖泊有舟楫之利。在我国的河流中，有 2/3 的大河干流航道自西向东直接入海，如长江、珠江、淮河、黑龙江。支流航道则多南北流向，如大运河、岷江、嘉陵江、汉水、湘江、赣江等，与干流南北交汇，形成纵横交错，且内河与海洋相互联通的河道运输网，对发展水运、加强内外经济联系十分有利。

2. 海岸线绵长曲折，多天然良港，是发展海洋运输的优越条件

我国东部面临广阔的太平洋，海岸线绵延 1.8 万公里；沿海又分布着许多岛屿海岸线 1.4 万公里。长江口以南沿岸，以及长江口以北的山东半岛、辽东半岛和各岛屿，多属基岩海岸，有许多优良港湾和优越的建港条件。沿海地区人口稠密，工农业发达，

大宗物质流向与海岸线一致。

3. 河流水量丰富，为内河运输提供了保证条件

我国河流、湖泊都有比较充沛的水量。长江多年平均径流量高达 9793.5 亿立方米，仅次于南美的亚马孙河和非洲的刚果河，居世界第三位。我国秦岭—淮河以南的河流，常年不冻，冬季可以通航，历来是内河航运发达的地区。

我国北方的河流冬季有长短不一的结冰期，对航运不利；东北地区河流结冰虽达半年之久，但在河流结冰期间，可开展冰上运输。

4. 人工河道、运河对内河运输起着重要作用

我国人工河道、运河等数量不少，它们和天然河流共同组成稠密的河道运输网，对水运发展起着重要的作用。如我国南方的苏杭水乡，水运对经济发展起着重要的作用。

二、水路运输的特点

（一）水路运输的优点

1. 运输能力大

在海洋运输中，超巨型油船的载重 55 万吨，矿石般载重量达 35 万吨，集装箱船已达 7 万吨。海上运输利用天然航道，不像内河运输受航道限制较大，如果条件许可，可随时改造为最有利的航线，因此，海上运输的通过能力比较大。

内河运输中，美国最大的顶推船队运输能力超过 5 万~6 万吨。我国大型顶推船队的运载能力也已达 3 万吨，相当于铁路列车的 10 倍。在运输条件良好的航道，通过能力几乎不受限制。

2. 能源消耗低

运输 1 吨货物至同样距离而言，水运所消耗的能源最少。

3. 运输成本低

水上运输工具主要在自然水道上航行，航路是天然的，只需花少量资金对其进行整治，维护船标设施和管理，就可供船舶行驶。水运的运输成本约为铁路运输的 1/25~1/20，公路运输的 1/100。

4. 投资省

水上运输利用天然航道，投资省。海上运输航道的开发几乎不需要支付费用。内河虽然有时要花费一定的开支疏浚河道。但比修铁路的费用小得多。据初步测算，开发内河航道每公里投资仅为铁路旧线改造的 1/5，或新线建设的 1/8。

5. 劳动生产率高

水路因运载量大，其劳动生产率较高。一艘 20 万吨的油船只需配备 40 名船员，平均人均运送货物达 5000 吨。内河运输中，采用顶推分节船队运输，也提高了劳动生产率。

6. 海运具有国际性

一是商船有权和平航行于公海和各国领海而不受他国管辖和限制，有权进入各国对外开放的，可供安全系泊的港口，故使海运在国际交通中极为方便；二是各国的商船可在国际海运上进行竞争。当然，海运是世界性的商务活动，除必须遵守各国的海运法规外，也要尊重国际法律。

（二）水路运输的缺点

1. 水运的运输速度较其他运输方式要慢

一方面因为船舶航行于水中时的阻力较大；另一方面是因为要实现大运量运输，货物的集中和疏散所需时间也长。

2. 水运的外界营运条件复杂且变化无常

海运航线大都较长，要经过不同的地理区域和不同的气候地带，内河水道的水位和水流速度随季节不同变化很大，有些河段还有暗礁险滩，因而水运受自然因素的影响较大。而且水运具有多环节性，需要港口、船舶、供应、通信导航、船舶修造和代理等企业以及国家有关职能部门等多方面的密切配合才能顺利完成。因而，水运管理工作是较为复杂和严密的。

3. 水运在整个综合运输系统中通常是一个中间运输环节，它在两端港口必须依赖于其他运输方式的衔接和配合，为其聚集和疏运货物。

三、内河运输

（一）我国内河运输的发展

尽管我国内河航运的自然条件极为优越，水运历史悠久，但在旧中国发展极慢，船舶小，质量差，港口设备也极为落后，更为严重的是，新中国成立前夕，又遭受严重的破坏，一度陷入瘫痪状态。

新中国成立后，我国内河航运才得到了较快的发展，国家大力整治了长江、珠江、京杭大运河、松花江、淮河等航道。2004 年通航里程达 12.33 万公里；水深 1 米以上航道达 6.4 万公里，占全部通航里程的 58%，通航设施和通航条件有了极大的改善。运输工具不断改进，轮驳船的比重已由 50 年代的 8% 上升到 99.9%。港口建设大大加强。内河主要港口码头泊位数为 6938 个，万吨级以上的港口泊位有 150 个。港航能力的扩大，促进了内河客货运量的大幅度增长，成为我国重要的生产部门。然而，由于种种原因，优越的河运条件并没有得到充分合理的利用。目前我国大部分河道仍处于天然状态，主要水系互不相通，再加上水利建设中未考虑综合利用，人为地修建了碍航闸坝，造成不少河道分段通航。因此，就当前我国内河运输的技术经济总水平而言，与世界发达国家相比，还存在较大的差距。内河运输的优点是：通过能力大，成本低，节省能源，占地少。如一条密西西比河相当于 10 条铁路，一条莱茵河相当于 20 条铁路；消耗 4.5 升燃料运输 1 吨货的距离，航空为 8 公里，汽车为 80 公里，火车为 290

公里，而内河驳船则高达 531 公里；修建 1 公里铁路或公路约占地 50 亩，而内河则利用天然河道，极少占地；就运费而言，美国内河运费大约只及铁路的 1/4、公路的 1/15，而我国的内河运输成本却高于铁路。由于水运落后，运输成本较高，影响了各种运输方式的合理分工，不少物资弃水路走陆路。

（二）我国内河航线及主要港口

1. 长江航线

长江具有河道长、支流多、流域广、水量丰沛等特点，是我国通航里程最长、运输量最大的一条内河航道，素有"黄金水道"之称。它从发源地到入海口先后流经青、藏、川、滇、湘、赣、皖、苏、沪等 11 个省市区，全长 6300 公里。主要支流有雅砻江、岷江、嘉陵江、乌江、湘江、涪江、赣江、裕溪河等，达 700 多条。干支流总长达 10 万公里，通航里程近 8 万公里，占全国内河航道的 3/5。

长江干流从四川宜宾到吴淞口计 2820 公里，是全年可昼夜通航的航道。航道下游万吨轮可直达武汉（现因南京大桥、九江大桥的高度不够，影响了万吨轮的通航）。中游武汉到重庆，可通行 3000 吨级轮船。上游重庆到宜宾可行 1000 吨级轮船。干流航道又与洞庭湖、鄱阳湖、巢湖、太湖相连，并与成昆、川黔、成渝、焦柳、京广、淮南、皖赣、津沪、宁铜等铁路相交，构成我国运输量最大的水陆联运干线。

长江干流航运线上的主要港口有重庆、宜昌、沙市、武汉、黄石、九江、安庆、铜陵、芜湖、马鞍山、南京、南通、张家港、镇江、上海等。重庆是上游最大的港口，武汉是中游的第一大港，南京是下游的重要港口，上海是我国最大的河海港。为了适应对外贸易的需要，我国已把重庆、武汉、九江、芜湖、南京、南通、张家港等港口辟为对外贸易港，实行江海联运，轮船可直接装卸进出口货物。

长江流域面积达 180 多万平方公里，约占全国土地面积的 1/5。流域内资源丰富，每年都有大量物资通过干支流集散或铁路和海运发往各地。长江水运的货物结构，以原煤、石油、金属矿石、建筑材料、钢铁为主，农业、轻工业物资比重少。由于我国能源的地区分布不均，长期形成北煤南运、西煤东调和北油南运的状况，今后长江仍然是以运输能源和其他大宗散货为主的水运大动脉。

三峡水利工程和葛洲坝水运枢纽的修建，进一步改善了长江的航运条件，长江成为一条超级水上运输干线。

2. 珠江航线

珠江是西江、北江、东江汇合后的总称，是华南地区的最大水系，包括大小支流 300 多条，河道总长 3 万多公里，通航里程有 1.2 万公里，航运价值仅次于长江，是全国第二条主要内河航道。

西江是珠江流域的主流，全长 2167 公里，流域面积占珠江流域面积的 80% 以上，是两广的主要交通渠道。万吨轮可以从河口到广州，千吨轮可达广西的梧州。西江主要通航支流有郁江、贺江、南江、新兴江和绣江等。西江运输的物资有粮食、食盐、木材、建材、煤炭、石油和有色金属等。西江是贵州六盘水煤炭转运两广水陆联运线。

珠江流域最大的航运中心是广州和梧州。

北江是珠江水系三大主流之一，全长460公里（以滇水为源），干流通航258公里，可通机船，全年货运量500万吨左右。

东江是珠江水系的又一主流，全长500多公里，通航河段280公里，能通航50吨以上的船舶。

珠江三角洲河网，水道密集，现有通航河道823条，总通航里程5347公里。主要航道有东平水道、陈村水道、笔莲水道、沙客水道，航行条件优越，水运十分发达。河网区土地肥沃，是广东主要产粮区和经济作物区，轻工业发达，制糖工业居全国首位。广州和黄埔港是我国对外开放的外贸港口。珠海和深圳划为经济特区。直接对港澳运输的港口还有江门、石岐、太平、石湾、九江等处。因此，三角洲河网区承担了大量的城乡物资交流任务。

珠江水系是华南地区的水运动脉，珠江水系分别以梧州和广州为中心，对加强两广联系，促进对外贸易和城乡物资交流，均有极其重要的意义。但珠江通航里程仅及河长的1/3，其中通航轮船的仅占1/6，可见其发展通航的潜力还很大。根据珠江水运系分散、河流众多、分布面广、支流遍及山区农村等特点，今后珠江航运发展，应以彻底改善主要航道，大力开发支流为重点，同时改建港口，大力增加轮驳，进一步提高运输能力。

3. 淮河航运线

淮河位于我国腹地，干流发源于河南省桐柏山东麓，流经河南、安徽、江苏三省，全长1050公里，其中通航里程696公里。淮河流域支流很多，有航运价值的多达33条，总通航里程为3700公里。有洪河、史河、颍河、涡河等支流，流入江苏境内，又连接了大运河、通扬运河，并与苏北水网区相连，成为豫、皖、苏三省的水运干线，并连接京广、津沪、淮南等铁路。淮河流域也是我国经济较为发达的地区，其中煤炭资源丰富，有平顶山、淮南、淮北、徐州、枣庄等重要煤炭基地。流域内又盛产粮、棉及油料。淮河经过治理后，可将流域内的煤炭、农产品等由水路运往上海、江苏和浙江等省，对减轻津沪铁路货运的负担起着重要的作用。主要港口有蚌埠等。

4. 黑龙江、松花江航运线

黑龙江及其支流松花江，是我国东北地区重要的内河航线。黑龙江是我国与俄罗斯的界河，在我国境内干流长达3420公里，通航里程为2200多公里。全河水量充沛，能保持一定的水深，通航条件较好，可通行驳轮船。黑龙江流域内森林和矿产资源丰富，主要货物结构是粮食、煤炭、木材和林木产品。哈尔滨、佳木斯是黑龙江水系中最大的港口，年吞吐量600万吨，经批准对外开放的水上口岸有哈尔滨、佳木斯、大安、同江、富锦、漠河、呼玛、黑河、逊克港等，均是重要港口。

松花江是黑龙江最大的支流，航运价值较大。干流通航里程1500公里，航运量占我国境内黑龙江全流域的90%，是东北主要水运干线。它联结吉林、黑龙江两省。流域内石油、煤炭、森林资源十分丰富，沿岸工农业生产发达，但因通航期短，铁路网较密，航运潜力没有得到充分发挥。松花江主要港口有哈尔滨、佳木斯、牡丹江等。

齐齐哈尔是嫩江的重要港口。

松花江、黑龙江每年虽有 5～6 个月的冰封期，但可发展冰上运输，成为我国东北特有的运输方式。

5. 京杭大运河

京杭大运河在我国历史上是与长城并称的伟大工程，全长 1747 公里。它北起北京通县，经天津、河北、山东、江苏、浙江四省二市，南至杭州，沟通了海河、黄河、淮河、长江、钱塘江五大水系，构成了一条纵贯南北的人工水道，是世界上最长的人工水道之一。京杭大运河始凿于前 486 年，至今已有 2492 年的历史。

新中国成立后，大运河经过几次治理，目前，大运河通航里程已达 1044 公里，水深 1 米以上的通航里程达 978 公里，但各段状况差异很大。北京至天津段（称通惠河、北运河），除部分河段可季节通航小船外，其余河段不能通航。

天津至黄河以北，只能局部季节性通航 1～2 个月，最大的船为 100 吨级。梁山经徐州至邳县段，年通航期 6 个月，可通航 50～100 吨级船舶。邳县至扬州六圩段 300 多公里，全年可以通航 500 吨级驳船队。其中徐州至长江段，也称苏北大运河，是京杭运河中条件最好、地位最重要的一段。自长江南岸镇江市谏壁经丹阳、常州、无锡、苏州、平望至杭州段，又称江南运河。此段有东、中、西三条航线，以东线计，全长有 323.8 公里，水量丰富，沿河工厂多，货运量大，可通航 60～100 吨级驳船队，年货运量 2000 万吨，客运量达几百万人。

京杭运河是我国沿海地区唯一的一条南北河运干线，跨华北、华东两大区，腹地辽阔，货源丰富，人口密集，工农业生产十分发达，沿线主要运送货物有石油、建材、粮食、海盐等，货运量很大。

根据国家计划，结合南水北调东线工程，今后将重点整治京杭大运河济宁至杭州段 834 公里，使其能保证全年通航，将在分流京沪铁路货运量方面发挥其重要作用，并成为北煤南运的一条重要干线。

四、海上运输

（一）我国海洋运输业的现状

改革开放以来，我国海运事业得到迅速发展，海上运输船舶迅速增长，已达 2000 多万载重吨，沿海主要港口码头泊位 2849 个，其中，万吨泊位 687 个（沿海码头泊位数均为 2004 年生产用泊位数，以下同），港口吞吐量达 24.7 亿吨。已基本形成了以港口和船队为主体，港航监督、航道整治、船舶检验等门类比较配套的运输体系。

我国远洋船队从无到有，逐渐发展壮大，现已拥有 130 多家从事国际海运的公司，基本上建成了一条以中央骨干航运企业为主，地方航运企业为辅的远洋运输商船队。现在我国远洋商船航行于世界 150 多个国家和地区的 600 多个港口，完成货运量 3.95 亿多吨，是对外海运的主要力量，成为世界十大海运大国之一。

（二）我国主要海运航线及重要港口

1. 沿海航线

沿海航线是我国最东部的一条纵向运输线，是我国运输网的重要组成部分。我国沿海航线有北方航线和南方航线之分：厦门以北至鸭绿江口为北方航线；厦门以南至北仑河口为南方航线。

北方航线以上海、大连为中心。以上海为中心的有：上海—青岛—天津；上海—秦皇岛；上海—连云港。以大连为中心的有：大连—石岛—青岛；大连—秦皇岛—连云港；大连—烟台；大连—龙口；大连—威海；大连—天津等。

南方航线以广州为中心，主要航线有广州—汕头；广州—福州；广州—海口；广州—湛江；广州—北海等。

各港之间，也有互相往来的航线，在南北航线中，北方航线最主要。北方航线主要运输物资，以煤炭、石油的运输量最大，其次是钢铁、木材、食盐、金属矿石等。南方航线则以农产品运量大，其次为盐、煤和矿石等。它们大都先由各小港口运至广州和湛江集中，再转运内地。

2. 远洋航线

我国远洋航运线以上海、天津、秦皇岛、大连、广州、宁波、青岛、湛江、连云港、日照等为起点，分为东、西、南、北四条主要航线，同世界150多个国家和地区的重要港口有着航运联系。

（1）西行航线。由我国沿海各港南行至新加坡，再向西行，穿越马六甲海峡进入印度洋，出苏伊士运河，过地中海，进入大西洋；或者沿东非，绕过好望角，进入大西洋，可达南亚、西亚、非洲、欧洲等地港口。这条航线运输繁忙，进口物资有各种机械、电信器材、冶金和化工设备、化肥等；出口物资主要有机械设备、纺织品、罐头、茶叶、水果等。

（2）南行航线。由我国沿海各大港南行，通东南亚、大洋洲地区。随着我国与东南亚地区贸易的发展，这条航线的货运量不断增长。进口物资主要有橡胶、工业原料及其他土特产；出口物资主要有缝纫机、自行车、棉纺织品、钢材、水泥等。

（3）东行航线。由我国沿海各港口东行至日本，并经日本横渡太平洋，可抵北、南美洲各国。随着我国同日本和北、南美各国经济往来日渐频繁，这条航线的地位日益提高，货运量也在急剧增加。

（4）北行航线。由我国沿海各港口北行，可到朝鲜、韩国和俄罗斯远东的符拉迪沃斯托克（海参崴）等港口。

3. 主要港口

发展海上运输，需要优良的海港。海港是海陆运输的起运点和水陆联运的重要枢纽，是国内外物资交流的重要通道，也是港口城市的重要组成部分。

海港的建设是发展海运事业的重要环节。目前，我国有大、小港口150多个，吞吐量达24.6亿吨。主要港口有上海、秦皇岛、大连、广州、宁波、青岛、天津、湛江、连云港和日照等。

（1）上海港。位于我国东海之滨，长江下游的黄浦江和苏州河在此汇合，是我国最大的沿海港口航线的中心点，也是世界上著名的十大港口之一。港口的内泊位有197个，其中万吨级的泊位有74个，还有集装箱专用泊位。2004年吞吐量达3.79亿吨，居全国首位，外贸进出口量约占全国的50%，全年外轮出入达3000多艘，客货运输业务极为繁忙。开辟了到澳大利亚、日本、美国的集装箱航线。目前，上海港已同世界上140多个国家和地区建立了贸易往来关系。进出港主要物资有煤炭、石油、钢铁、金属矿石、粮食、木材、机器、化肥和其他杂货等。

随着我国国民经济的发展，内引外联，上海港的货物吞吐量还将进一步增长，为了分担货物的吞吐量，南通港和张家港正在建设中。

（2）秦皇岛港。位于河北省北部，渤海湾的西岸，背山面水，港阔水深，风平浪静，不淤不冻，是一著名的天然良港。此港地处华北和东北之间的辽西走廊，是联系关内外的必经之地和华北的出海口之一。同时，这里又有京沈、大秦铁路连接华北和东北地区，腹地广阔，有丰富的石油、煤炭等资源，集疏条件好，承担晋煤由铁路转海路南运的任务。进出港的物资除煤炭、石油外，还有钢铁、矿石、机械、化肥、粮食、建筑材料和杂货等。该港共有泊位57个，其中万吨级泊位33个，还建有5万吨级原油专用码头，使大庆油田的原油经管道在本港转运。目前，此港已和亚洲、非洲、欧洲等50多个国家有贸易往来，年吞吐量达15037多万吨。

（3）大连港。位于辽东半岛南端的大连湾内，港口外有大小三岛为屏障，是一个港阔水深、终年不冻的天然良港。现有泊位223个，其中万吨级泊位57个，最大泊位可停靠10万吨油轮。港口腹地广大，包括整个东北和内蒙古东部地区，资源丰富，经济发达，是东北区的门户和最大港口。港口与哈大铁路相连，集疏条件好，承担海运进出和水陆联运任务。2004年吞吐量达14516万吨，来往贸易关系已有140多个国家和地区。出港物资主要有石油、木材、煤炭、钢铁、机械、小麦、大米、大豆及其他土特产品；进港物资主要有矿石、日用百货、轻纺工业品等。

（4）广州港。位于珠江三角洲顶端，珠江水系汇合处。由广州内港和黄埔外港组成，既是河港，又是海港，京广、京深、广三等铁路在港口相交，因而吸引腹地广阔，为广东、湖南、湖北、广西部分地区外贸运输的综合港口。这里是全国最大的亚热带作物产区，又是现代工业发达地区，进出口运输十分繁忙，是我国南部沿海最大的交通枢纽和对外贸易的港口。现有泊位133个，其中万吨级泊位37个。目前出口商品销售的国家和地区有100多个，年外轮进出港达1000艘，其货物吞吐量居全国各港口的第三位，达2.15亿吨。进出港物资主要有煤炭、矿砂、化肥、粮食、五金、机械、有色金属等。

（5）宁波港。宁波港对外贸易历史悠久，远在前403年已成为我国沿海的重要港口。此港地处甬江上游奉化江、余姚江汇合处，位置适中，距温州218海里、上海136

海里、杭州 167 海里。目前已建成泊位 79 个，其中万吨级泊位 26 个，年吞吐量已达 2.26 亿吨，年吞吐量居全国各大海港第二位，是国内第一座现代化 10 万吨级的矿石中转码头，也是唯一能装卸并用的散装码头。

（6）青岛港。位于山东半岛的东部胶州湾内，是我国优良的海港之一。港内水域宽阔，港口航道水深超过 10 米，万吨级远洋轮船能自由进出。港内共有泊位 55 个，其中万吨级泊位 37 个，年吞吐量为 1.63 亿吨。目前，建有煤炭专用码头，成为阳泉至上海的"阳—青—申"煤炭水陆联运线的中转港，新建的黄岛 5 万吨级机械化原油码头，是胜利油田的主要输出港。进出港的物资除煤炭、石油外，还有盐、化肥、钢铁、矿石、矿建材料、水产品、农产品、杂货等。

（7）天津港。位于渤海湾西岸的海河入海处，是北京出海的门户，由天津、塘沽、新港三部分组成，主体新港为人工海港。腹地主要是海河流域、华北地区，且远至西北部分地区。天津是我国经济发达的综合性工业城市和外贸中心，同时又是华北地区最大的水陆交通枢纽，资源丰富，人口稠密，吞吐量大，港内有泊位 114 个，其中万吨级泊位 52 个。2004 年吞吐量为 2.06 亿吨，居全国大港吞吐量第四位。有 20 多条远洋航线通往世界各地，同世界 100 多个国家和地区有贸易往来，每年进出外轮多达 1600 多艘次。由于进港水道水深不足 8 米，故无深水大型泊位，影响重载船舶到港停靠。目前，进出港的主要物资有盐、粮食、化肥、钢铁和其他杂货等。

（8）湛江港。位于雷州半岛东北的广州湾内，黎湛铁路的终点。港内水域深阔，进港水深大于 9 米，外有东海岛、南三岛作屏障，是新中国成立后所建的深水良港，拥有泊位 80 个，其中万吨级泊位 29 个。2004 年吞吐量 3780 万吨，该港腹地囊括两广，西北延至云贵，是两广物资出海和云贵煤、磷资源出海外运的一条捷径，也是我国与东南亚、欧洲各国联系最近的港口。它对发展我国远洋航运事业和巩固南部海防具有重要的战略意义。进出港的主要物资有铁矿石、非金属矿石、石油、煤炭、化肥、蔗糖、杂货等。

（9）连云港。位于江苏北部，连云港市之东，临海州湾，有东西两岛为天然屏障，港内风平浪静，为一天然不冻港。港口航道深 7 米，共有 37 个泊位，其中万吨级泊位 27 个，与世界 70 多个港口通航，2004 年吞吐量 4352 万吨。该港与陇海铁路相接，成为欧亚大陆桥的"东方桥头堡"。太平洋西岸的货物将从这里沿陇海铁路、兰新—北疆铁路经俄罗斯运达西欧各国，是我国东部沿海的一个海陆转运的重要港口。

（10）日照港。它是我国新开辟的外贸口岸，位于山东省日照市，原称石臼港。日照港自然水深 11 米，全年不冻不淤，共有泊位 37 个，其中万吨级泊位 19 个，年吞吐量达 5108 万吨以上，有专建的煤码头，有两个 10 万吨级的泊位，年出运煤能力为 1500 万吨。现在每年有 900 多万吨的煤炭由此装船，运往宝钢、华东电网和出口海外。

我国沿海除上述各大港口外，还有营口港、烟台港、厦门港、北仑港、温州港、汕头港、北海港、防城港、海口港，以及台湾地区的高雄和基隆港等。这些港口随着我国国民经济的发展，在海运事业中将起到越来越大的作用。

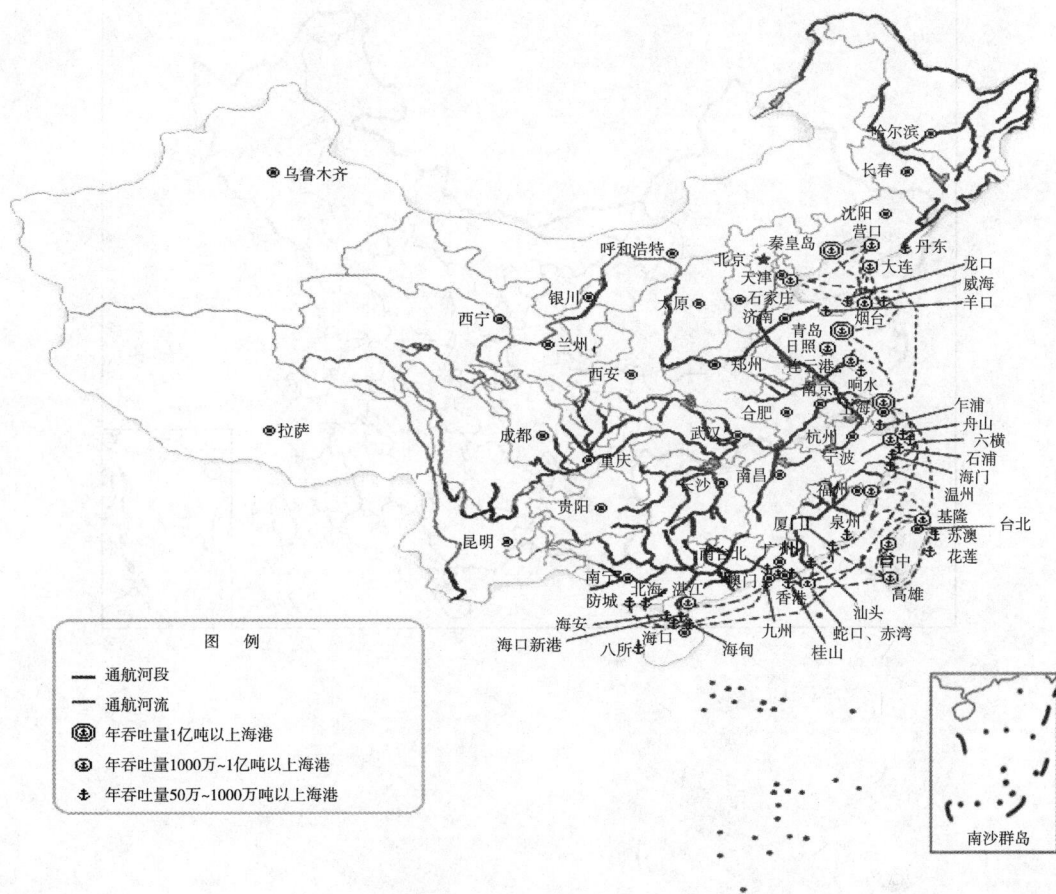

图 4－4　中国主要的水运及港口

【项目训练】

一、思考与练习

为什么上海港能成为我国最大的综合性港口？

二、活动建议

1. 活动内容

在 Internet 上或利用图书馆查询有关京杭大运河的航运资料。

2. 操作步骤

（1）将全班学生分为若干个小组，每个小组 4～6 名组员；

（2）各组讨论并提交一份报告。

3. 活动点评

学生互相点评，教师总结。

三、填图活动

在空白地图上标注我国主要的海港及我国近洋和远洋航线。

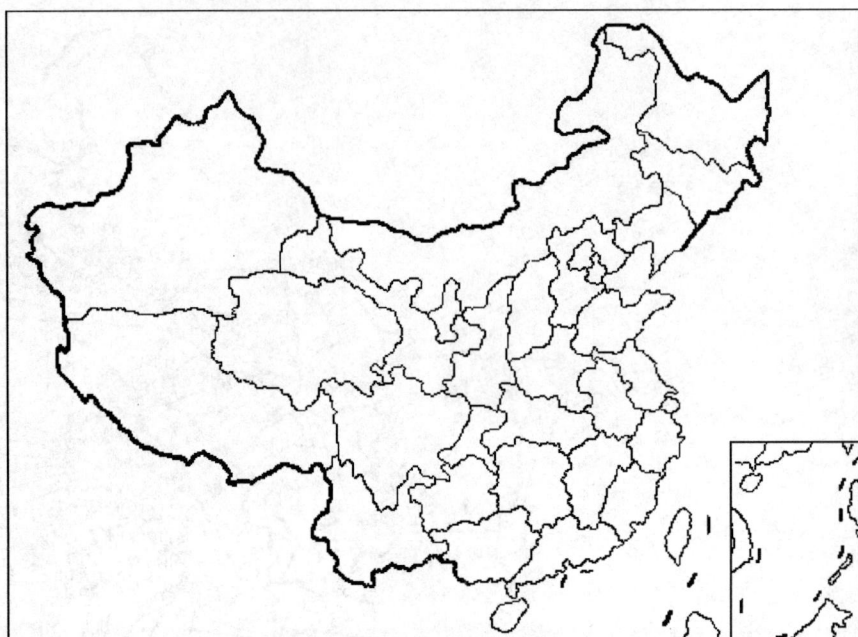

模块四　地下与空中运输网络

【项目导入】

国产大飞机拟在 2015 年年底首飞、2017 年或 2018 年交付，可能要在 2020 年后服役。

首型国产大飞机将命名为"C919"，第一个"9"的寓意是天长地久，"19"代表的是我国首型大型客机最大载客量为 190 座，"C919"之后未来的型号也可能命名为"C929"，其中"29"代表这一机型的最大载客量为 290 座。

【项目知识】

一、航空运输

（一）我国民航的发展

我国领土辽阔，沿海和内陆、南方和北方距离遥远，自然和经济条件差异很大，特别是现代化建设的飞跃发展和国际交往的日益频繁，这就要求有计划地建立起一个发达的航空运输网，以便更好地把中央和地方连成一体，密切国内和国外的联系。

60 多年来，我国民航事业不断发展壮大，在国民经济建设和国际交往及人民生活中，发挥着日益重要的作用。

中国民航机队，从小到大迅速发展。新中国成立初期，只有少量的活塞式小飞机，今天已经发展到拥有国际上较先进的空客 A380 等飞机。2012 年各省民用飞机 3589 架。中国民航经营的航线不断增加，2012 年有民用航空线 2457 条，其中，国际航线 381 条，港澳地区航线 99 条，国内航线 2076 条，合计航程 328 万公里。现在，除台湾外，各省区的省会首府都与首都北京开通有直达航线。目前，以北京为中心连接各省区重要城市的国内航空运输网已经基本形成。

（二）航空运输的特点

1. 航空运输的优点

（1）速度快。"快"是航空运输的最大特点和优势。现代喷气式客机，巡航速度为 800~900km/h，比汽车、火车快 5~10 倍，比轮船快 20~30 倍。距离越长，航空运输所能节约的时间越多，快速的特点也越显著。

（2）机动性大。飞机在空中飞行，受航线条件限制的程度比汽车、火车、轮船小得多。它可以将地面上任何距离的两个地方连接起来，可以定期或不定期飞行。尤其对灾区的救援、供应、边远地区的急救等紧急任务，航空运输已成为必不可少的手段。

（3）舒适、安全。喷气式客机的巡航高度一般在10000m左右，飞行不受低气流的影响，平稳舒适。现代民航客机的客舱宽畅，噪声小，机内有供膳、视听等设施，旅客乘坐的舒适程度较高。由于科学技术的进步和对民航客机适航性严格的要求，航空运输的安全性比以往已大大提高。

（4）基本建设周期短、投资小。要发展航空运输，从设备条件上讲，只要添置飞机和修建机场。这与修建铁路和公路相比，一般说来建设周期短、占地少、投资省、收效快。

据计算，在相距1000km的两个城市间建立交通线，若载客能力相同，修筑铁路的投资是开辟航线的1.6倍，开辟航线只需2年。

2. 航空运输的主要缺点

（1）运载能力低，运输成本高。

（2）受气候条件限制。

（3）可达性差。

通常情况下，航空运输难以实现客货的"门到门"运输，必须借助其他运输工具（主要为汽车）转运。

（三）我国民航的主要国内航线

主要航线有北京—上海，北京—广州，北京—昆明，北京—成都，北京—南昌—福州，北京—兰州—乌鲁木齐，北京—哈尔滨，北京—武汉，北京—西安，北京—贵阳，成都—拉萨，有飞机场133个，上海、广州、哈尔滨、乌鲁木齐、昆明、沈阳、成都等都是我国重要的航空运输中心。

为了进一步加强少数民族地区、边远地区与祖国内地的联系，改善西南、西北地区的交通状况，民航班机目前已成为通往西藏、新疆的重要交通工具。成都、西安、兰州到拉萨都有直达航班，北京到乌鲁木齐的直达航班，全程只需3个多小时，大大便利了边疆与首都的联系。

（四）我国民航的主要国际航线

随着我国国际地位的提高，国际交往的加强及旅游事业的发展，中国民航国际航线的国际业务发展很快，现有国际航线通往4大洲21个国家25个城市。中国与40多个国家签订了航空协定，中国民航与世界各国和地区的180多个航空公司建立了业务关系。目前，我国通往国外的主要航线有：中瑞（北京—德黑兰—布加勒斯特—贝尔格莱德—苏黎世），中巴（北京—上海—拉瓦尔品第—卡拉奇），中法（上海—仰光—卡拉奇—开罗—雅典—巴黎），中俄（北京—莫斯科），中朝（北京—平壤），中日（北京—上海—大阪—东京），中缅（昆明—仰光），中菲（北京—广州—马尼拉），中英（北京—法兰克福—伦敦），中美（北京—上海—旧金山—纽约）等航线。此外，通往香港的航线有京、津、沪、宁、杭、穗、昆明7个通航点，以及我国5个经济特区通往香港的航线。这些航线的开辟，对我国和各国人民及地区间的联系均起着重要作用。

我国四大航空港指的是：北京首都国际机场、上海浦东国际机场、广州白云国际机场和成都双流国际机场。

（五）我国民航的专业航空

中国民航积极发展为工农业生产和国防科技服务的专业航空。新中国成立前，专业航空几乎是空白。新中国成立后，专业航空迅速发展，成为我国整个民航事业的重要一翼。目前，中国民航有一个工业航空服务公司和20个专业大队，可以同时出动百架飞机进行航空摄影、航空探矿、航空调查、农业播种、施肥、除草灭虫、人工降雨、护林、防火、石油普查、侦察鱼群、海上服务等100多个作业项目。从事作业遍及全国（除台湾外）30个省、市、自治区，飞行量比新中国成立初期增长几十倍。

二、管道运输

管道运输指使用管道输送流体货物（石油、汽油、天然气等独体的气体货物）的一种运输方式。

（一）管道运输的特点

（1）输送能力大。

（2）最适合于输送易燃、易爆、易挥发的气体或流体燃料，且损耗少安全。

（3）管道多埋于地下，占地少。

（4）能耗低，运费低廉。

（5）便于管理，易于实现运程全自动监控。

（6）漏失污染少，噪声低。

（7）管道运输安全可靠、连续性强。

（8）灵活性差。

管道运输不如其他运输方式（如汽车运输）灵活，除承运的货物比较单一外，它也不容随便扩展管线。实现"门到门"的运输服务，对一般用户来说，管道运输常常要与铁路运输或汽车运输、水路运输配合才能完成全程输送。

（9）专用性强。运输对象受到限制，承运的货物比较单一。只适合运输诸如石油、天然气、化品、碎煤浆等气体和液体货物。

（10）专营性强。管道运输属于专用运输，其成产与运销混为一体，不提供给其他发货人使用。

（11）固定投资大。为了进行连续输送，还需要在各中间站建立储存库和加压站，以促进管道运输的畅通。

（二）我国管道运输布局状况

克拉玛依—乌鲁木齐的复线输油管道，是我国西北地区最重要的输油管道。克拉玛依油田的原油，通过这条管道运往乌鲁木齐，一部分在乌鲁木齐炼油厂加工，另一部分通过铁路运到兰州炼油厂加工。

茂名—湛江管道，是我国华南地区第一条输油管道，把来自大庆、胜利等油田的原油，从湛江港油码头运往茂名石油公司炼油厂。

中部地区的中原、南阳、江汉等油田，也分别有原油管道联结油田和炼油厂。

由于原油管道的迅速发展，我国原油运输结构发生了较大变化。1976 年原油运输总量中，铁路占 65%，管道占 25%，水运占 9%；到 1996 年，铁路下降到 10% 以下，管道上升到 60% 以上，水运上升到 30% 左右。这不仅大大减轻了铁路运输的压力，而且对保证油田生产，促进炼油厂布局接近消费地区，都起到了积极的作用。

我国第一条天然气管线是 1963 年修建的，从四川石油沟到重庆。2006 年年底，全国输油（气）管道里程为 48226 公里，其中输油管 24136 公里，输气管 24090 公里。2006 年年底，管道输油（气）能力为 66948 万吨／年，其中输油能力 57530 万吨／年，输气能力 9418 千万立方米／年。

2012 年，中国已建油气管道的总长度超过 9 万公里。中国已逐渐形成了跨区域的油气管网供应格局。随着中国石油企业"走出去"战略的实施，中国石油企业在海外的合作区块和油气产量不断增加，海外份额油田或合作区块的外输原油管道也得到了发展。

"十二五"期间，我国四大油气进口战略通道建设将进一步加速，中哈原油管道二期、中亚天然气管道二期即将建设，中俄天然气管道正在规划中；国内油气主干管网将建设西气东输三线、四线，西气东输、陕京线以及川气东送等骨干天然气管道及联络线进一步建成和完善。

预计到 2015 年，我国油气管道总长度将达 15 万公里左右。覆盖全国的油气管道将与进口战略通道一起，为满足我国油气需求搭建畅通的能源通道。

【项目训练】

一、思考与练习

1. 简述航空运输的优缺点。

2. 简述我国的主要国际航线。

二、活动建议

（1）查阅我国交通运输图，分析国内航空运输线的布局特点。

（2）组织学生参观机场，了解机场的设施及其作用；了解旅客如何办理登机手续、如何办理货运手续；了解机场显示屏的内容。

项目五　农业物流地理

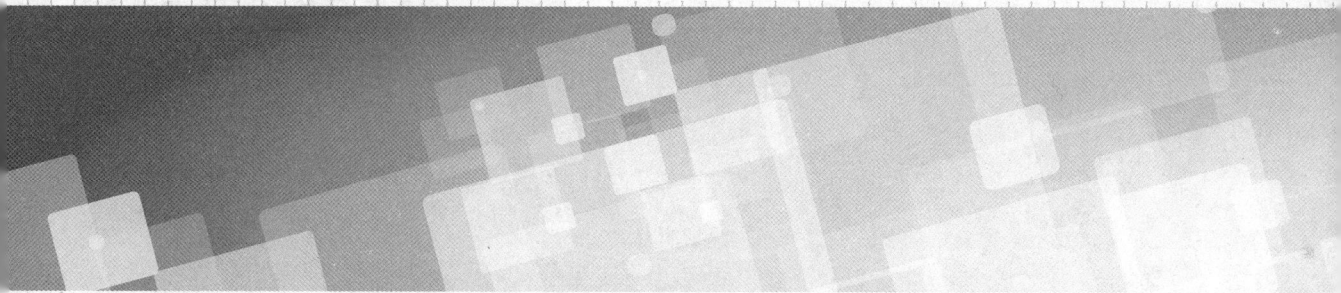

【项目目标】

    1. 了解我国农业生产的特点以及影响农业生产布局的因素

    2. 知晓农林牧渔业的主产地分布

    3. 掌握优势农产品区域布局状况

    4. 熟悉我国农产品物流的发展现状与趋势

模块一　农业生产布局

【项目导入】

    农业生产布局受自然、技术、社会、经济等多种因素的影响和制约，并经历着历史演变过程。

    封建社会因生产力水平低下，利用改造自然的能力很薄弱，故农业布局表现为分散性和自给自足性。

    资本主义时期，随社会生产力高度发展。利用改造自然的能力大大增强，交通运输发达，农业布局表现为农业生产地域专业化和商品化。

    在社会主义条件下，通过国家计划和市场调节，农业布局趋向合理的地区分工和农业各部门的合理结合，并逐步由自给、半自给性生产转向较大规模地商品性生产，由单一农业经营转向农工商相结合的综合经营。

【项目知识】

一、农业生产的认知

    1. 农业生产的定义

    农业生产是利用动植物和生物的生物机能，经过人工种植、培育、饲养等生产活动，以获得各种农产品的生产部门。它包括种植业、林业、畜牧业和水产业等部门，亦称第一产业。

    2. 农业生产的作用

    农业是人类社会最基本的物质生产部门，是国民经济的基础产业。其基础作用主要表现在以下几个方面：

（1）农业是人类赖以生存的衣食之源、生存之本。

（2）农业可为工业尤其是轻工业提供丰富的原料来源，同时可为工业的发展开拓广阔的市场。

（3）农业可为国民经济其他部门的发展提供充足的劳动力。

（4）农业是实现社会主义现代化建设所需资金的重要来源。

（5）发展农业物流是现代物流业的重要内容。

3. 农业生产的特点

作为自然再生产过程，动植物的生长、发育要受到自然环境条件，尤其是光、热、水、土、肥等自然因素的影响和制约；作为经济再生产过程，农业生产自始至终都受到人类劳动的定向干预，这是农业生产最本质的特征。与其他物质生产部门相比，农业生产还具有四个显著特点：

（1）不稳定性。

农业生产对自然条件的依赖性较大，容易受自然因素的影响，特别是在动植物生长、发育的关键时刻，若受到灾害性天气的影响，农业生产将会减产歉收，这就导致了农业生产的不稳定性。

（2）季节性。

农业生产与太阳能、热量、水分等自然因素的关系非常密切，而这些因素是随季节的变化而变化的，并且呈现出一定的周期性。因此，在不同的季节里，农作物处于不同的生长过程。而农作物各生长阶段时间短促，这就要求从事农业生产活动时，要不违农时，在一定季节内，按时完成应该完成的农事活动。

（3）地域性。

农业生产的一切活动都是在一定的区域内进行的，而各地的自然条件、社会经济条件和技术条件都各不相同，致使农业生产在地理分布上呈现出明显的地域差异。这种差异使农业表现出强烈的地域性，这就要求不同地区的农业生产必须因地制宜，合理布局。

（4）综合性。

农业是由农、林、牧、渔四业组成的多部门产业，其内部各业之间存在着极其密切的联系。种植业可为畜牧业和水产业提供饲料；畜牧业和水产业又可为种植业和林业提供肥料；而林业又可为种植业、畜牧业、水产业提供良好的生态环境等，各部门相辅相成、互相促进。这就要求农业生产各部门必须有机结合，综合经营，共同发展。

二、农业生产布局

（一）农业生产布局定义

农业生产布局又称农业生产配置。是农业各部门（农、林、牧、渔业）和各部门内部各种生产门类及其种类和数量在地域空间上的分布和组合。农业布局和农业结构既有联系又有区别。农业结构指在一定区域范围内，农业的各部门和各生产门类相互之间的比例关系及其结合形式。在安排各部门、各门类地区布局时，必须考虑到它们之间的相互关系，建立合理的农业结构；在建立一个地区的农业结构时，必须以组成这个结构的各部门、各门类的合理地区布局为前提。因此，不能把布局和结构割裂开来，孤立地、主观地安排某一生产部门或某一生产门类的发展。

（二）影响农业生产布局的主要因素

1. 自然因素

自然因素是农业生产布局的基础，主要通过地形、气候、土壤、水文、生物等因子及其相互间的内在联系，综合影响农业生产布局。

（1）地形。

地形对农业生产布局的影响主要表现在海拔高度、地势起伏和坡度、坡向等方面。如海拔升高引起气候的垂直变化，会导致农业生产的垂直分布；坡向不一、光照不同，会造成农业产量和农产品质量的差异；地势高、坡度陡，易发生水土流失；地势低洼、排水不畅，会诱发盐碱化等。

（2）气候。

在环境诸因子中，气候条件对农业地域特色的形成影响最大，作用最明显。一个地区气温的高低、光照的强弱、降水的多少及季节分配状况，直接影响该地区农业生产发展方向及部门结构。

（3）陆地水。

水是农业的命脉，农业生产的布局与水资源的关系极为密切。在寸草不生的戈壁荒滩，只要解决好灌溉水源，就能长草、植树、种庄稼，形成生机蓬勃的绿洲农业区。我国陆地水资源绝对数量大，相对数量小，时空分布差异大，是导致我国农业生产地域分异的又一重要原因。充分合理地利用和开发陆地水资源，迅速实现农业水利化，是我国农业生产进一步发展和合理布局的先决条件之一。

2. 科学技术条件

科学技术条件在农业中占有重要地位，在现代农业发展中更是如此。随着农业科学技术水平的不断提高，农业生产对自然条件的依赖性及农业生产的不稳定性将降低，农业生产布局空间将不断扩大，农业内部经济结构将不断合理化。从绿色革命到白色革命、蓝色革命，所有的一切早已证实了科技的威力。我国人多地少，资源有限，必须依靠科学技术提高农业生产力，优化产业结构，促进农业现代化，走出一条具有中国特色的高产、高效、优质、低耗的农业发展道路，确保农业持续、稳定发展。

3. 社会经济因素

社会经济因素对农业的影响主要表现在以下几个方面：

（1）国民经济发展的需要。

国民经济对农产品的需求，决定了农业生产的基本特征。农业生产布局，必须以各方面需要为前提。社会对农产品的要求是多方面的：人口增长与消费水平的提高对农副产品的需要；发展工业生产对各种农业产品原料的需要；各种土特产还是重要的出口创汇物资。而各种需求在不同时期、不同地区有所不同，这就决定了农业生产布局在不同时期和不同地区具有不同特征。

（2）劳动力资源。

劳动力资源是发展农业生产的重要条件。劳动力的数量、密度、利用状况、部门分配、季节平衡及劳动力素质等均影响农业的生产率和生产的专业化程度、发展方向，以及农产品产量和质量。在市场经济条件下，对农业劳动力的文化素质提出了更高、更新的要求。目前，我国的农业经营方式大多是家庭联产承包责任制条件下的单个农户分散、独立经营，农民如果没有较高的文化素养就很难完成从市场预测到计划落实、生产管理直至将产品有效推向市场的整个劳动过程和管理程序。

（3）历史条件。

农业生产的发展和布局有一定的历史继承性。在现行农业发展和布局中，要合理地利用历史基础中对农业生产有利的因素，使农业生产布局更趋合理。

另外，工业及城市布局、交通运输条件、市场等，对农业生产及布局都有重大影响。

（三）农业生产布局原则

农业生产布局应遵循以下原则：

（1）按自然、经济规律，因地制宜，发挥地区优势；充分、有效、合理地开发利用农业资源；综合考虑经济、社会、生态效益。

（2）有利于促进农业各部门的合理结合和共同发展。

（3）农业布局应与农产品加工工业布局适应。

（4）考虑市场和交通条件，以利于促进商品农业发展。

（5）全面考虑国家、地方和农民生产与生活的需要。

【项目训练】

一、思考与练习

1. 简述农业生产的特点。

2. 农业生产布局原则。

二、活动建议

1. 活动内容

Internet 上查询我国农业发展的历史及现状。

2. 操作步骤

（1）将全班学生分为若干个小组，每个小组 4～6 名组员；

（2）各组讨论并提交一份报告。

3. 活动点评

学生互相点评，教师总结。

模块二　种植业生产布局

【项目导入】

种植业是农业的主要组成部分，是大农业的重要基础，不仅是人类赖以生存的食物与生活资料的主要来源，还为轻纺工业、食品工业提供原料，为畜牧业和渔业提供饲料。同时，种植业的分布和发展对国民经济各部门有直接影响。中国种植业历史悠久，中国农业中种植业的比重较大，其产值一般占农业总产值的50%以上，它的稳定发展，特别是其中粮食作物生产的发展对畜牧业、工业的发展和人民生活水平的提高，对中国国民经济的发展和人民生活的改善均有重要意义。

【项目知识】

一、种植业认知

1. 种植业定义

种植业又称种植栽培业，是指栽培各种农作物以及取得植物性产品的农业生产部门，种植业是农业的主要组成部分之一。利用植物的生活机能，通过人工培育以取得粮食、副食品、饲料和工业原料的社会生产部门。包括各种农作物、林木、果树、药用和观赏等植物的栽培。有粮食作物、经济作物、蔬菜作物、绿肥作物、饲料作物、牧草、花卉等园艺作物。在中国通常指粮、棉、油、糖、麻、丝、烟、茶、果、药、杂等作物的生产。

2. 种植业生产布局

种植业主要分布在我国东部，又分南方和北方，南方以水田为主，北方以旱田为主。

根据发展种植业的条件、种植制度、作物结构、生产布局和商品化程度，以及发展种植业生产的方向、措施，按照区内相似性与区间差异性，并保持一定行政区界完整性的原则，中国农作物种植业区域划分为10个一级区和31个二级区。其中，一级区分别为：东北大豆、春麦、玉米、甜菜区；北部高原小杂粮、甜菜区；黄淮海棉、麦、油、烟、果区；长江中下游稻、棉、油、桑、茶区；南方丘陵双季稻、茶、柑橘区；华南双季稻、热带作物、甘蔗区；川陕盆地稻、玉米、薯类、柑橘、桑区；云贵高原稻、玉米、烟草区；西北绿州麦、棉、甜菜、葡萄区；青藏高原青稞、小麦、甜菜区。中国主要种植业区及主要农作物分布如图5-1所示。

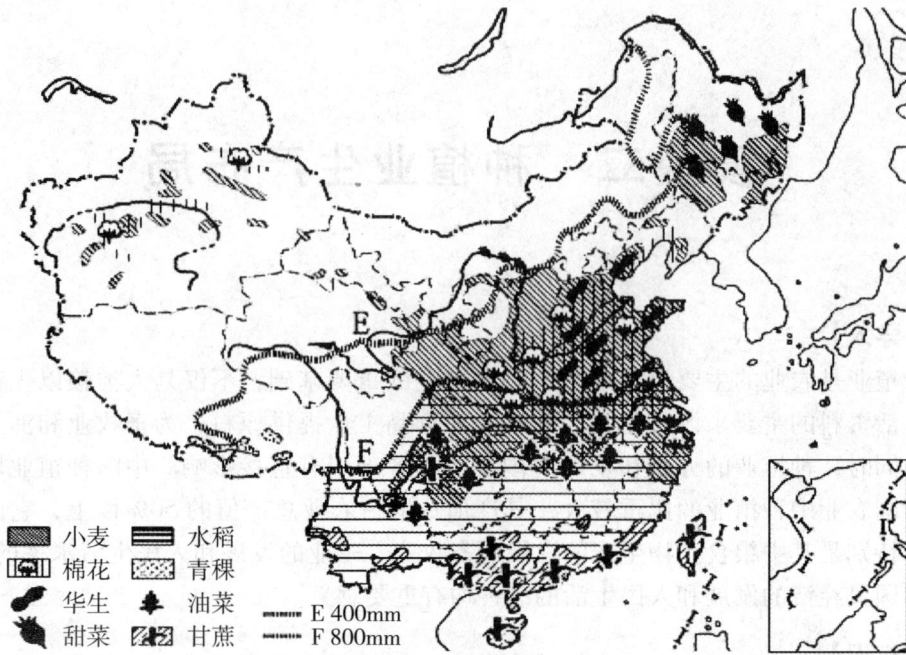

图5-1 中国主要种植业区及主要农作物分布

二、粮食作物生产布局

粮食作物又称食用作物,包括谷类作物、薯类作物和豆类作物。主要有:稻谷、小麦、玉米、高粱、谷子、甘薯、马铃薯。稻谷和小麦通常称为主粮或细粮,其他均称为杂粮或粗粮。我国粮食生产以细粮为主。

我国粮食作物种类较多,其分布广泛而又相对集中。秦岭—淮河以南,青藏高原以东的广大地区,以稻谷生产为主;秦岭—淮河以北,长城以南,六盘山以东的广大北方地区以种植小麦、玉米、谷子为主;东北地区以大豆、高粱、春小麦为主;西北灌溉农业区以春小麦为主;青藏高原以青稞为主。粮食作物分布如图5-2所示。

(一) 稻谷

我国是世界上生产稻谷最早、产量最多的国家。目前,我国稻谷的播种面积和产量均居各种粮食作物之首。稻谷按其品种可分为籼稻、粳稻和糯稻;按其成熟期可分为早稻、中稻和晚稻;按其对土壤和水分的适应性大小可分为水稻和旱稻,我国以种植水稻为主。水稻是喜温喜湿作物,适宜分布于热量充足、雨水多或灌溉便利的地区。在我国,除了高寒地区或水源缺乏的干旱区外都有分布,但分布不均,南方多而集中,北方少而分散,大致可分为两大产区。稻谷分布区如图5-3所示。

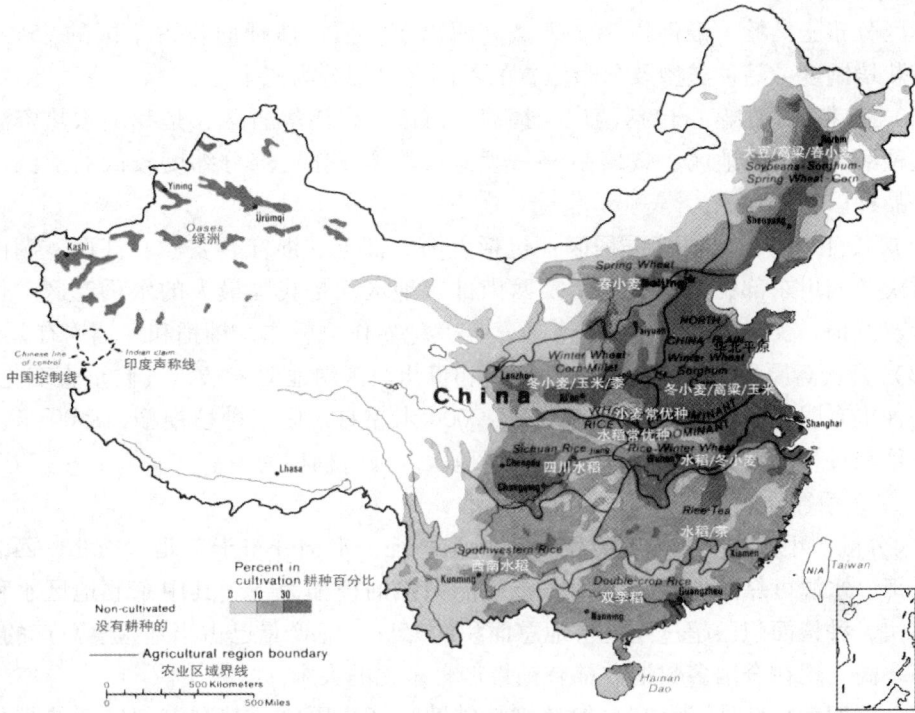

图 5-2 粮食作物分布

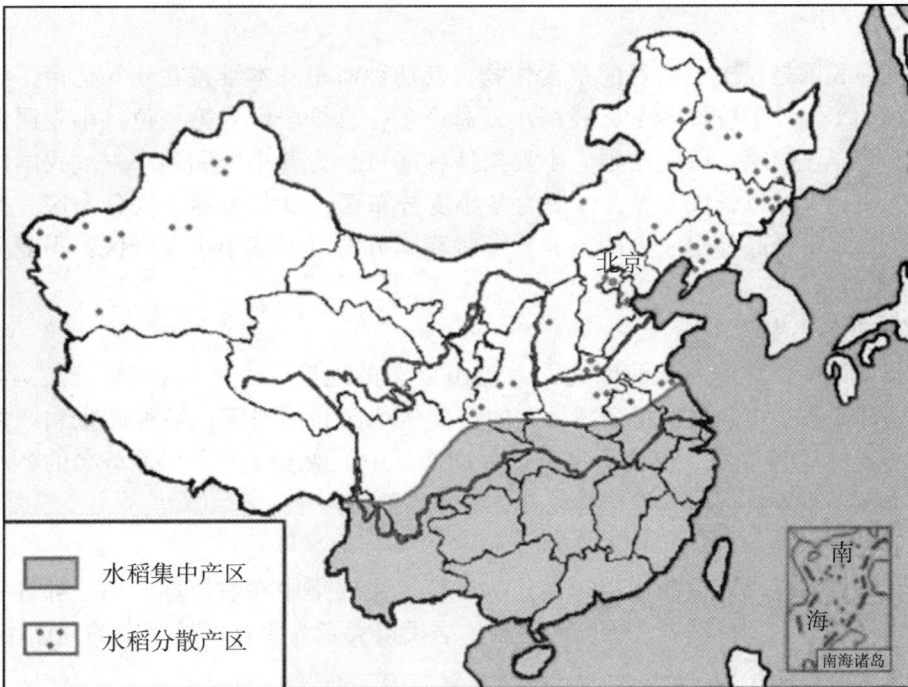

图 5-3 稻谷分布区

1. 南方稻谷集中区

本区分布于秦岭—淮河以南，青藏高原以东，稻谷播种面积占全国的 95% 左右。根据其栽培制度、品种类型及分布位置的不同又可细分为三个区：

（1）华南双季稻区：包括两广、福建、海南、台湾等省区，是我国水热资源最丰富、复种潜力最大的地区。栽培制度一般为双季稻连作，部分纬度较低的地区可一年三季，品种以籼稻为主。

（2）长江中下游单、双季稻区：包括上海、江苏、浙江、安徽、江西、湖南、湖北、重庆及四川东部、河南南部、陕西南部等地区，是我国最大的水稻产区。长江以南多种双季稻，长江以北大多实行单季稻与其他农作物轮作，籼稻和粳稻均有分布。

（3）云贵高原稻谷区：主要包括云南和贵州。区内地形复杂，气候垂直变化显著，水稻品种也有明显的垂直分布特点：海拔 2000 米左右地区多种植粳稻，1500 米左右地区是粳稻和籼稻交错分布，1200 米以下地区以种植籼稻为主。

2. 北方稻谷分散产区

"大分散，小集中"是本区稻谷分布的总特征。水稻分布于东北、华北、西北一些地势平坦、水源可靠的地区，以种植抗寒能力强的粳稻为主。其中东北地区水稻生产发展很快，种植面积已超过当地耕地总面积的 15%，总产量已占当地粮食总产的 30%，且商品率高。现在全国多数地方都有销售产自东北的大米。

除上述两大区域外，尚有自然环境特殊的青藏高原区。其东南部属亚热带的河谷地区，因气候条件适宜，也有水稻种植。

（二）小麦

小麦在我国是仅次于稻谷的粮食作物，其播种面积基本维持在 4.6 亿亩，约占粮食总面积的 1/4。自 1990 年起，我国小麦总产量一直雄居世界第一位。小麦属温带旱地作物，耐旱、耐寒，适应性强。小麦按播种期可分为春小麦和冬小麦。我国以种植冬小麦为主，大致以长城为界，以南为冬小麦分布区，以北为春小麦分布区。按耕作制度、生产水平及品种构成上的差异，可将我国分为以下三个小麦产区：小麦分布区如图 5-4 所示。

1. 北方冬小麦区

指长城以南，秦岭—淮河以北，六盘山以东的地区，主要包括鲁、豫、冀、晋、陕、京、津 5 省 2 市。这里是全国最大的小麦生产区和消费区，播种面积和产量均占全国冬小麦的 70% 左右，但商品率有待提高。其中，豫、鲁是全国最著名的冬小麦生产省。本区冬小麦实行与其他作物轮作，一年二熟或两年三熟。

2. 南方冬小麦区

指秦岭淮河以南，横断山以东的广大地区，主要集中在皖、苏、川、鄂等省。本区以种水稻为主，实行稻麦、棉麦两熟制。居民以大米为主食，故小麦的商品率很高，是我国重要的商品小麦产区。

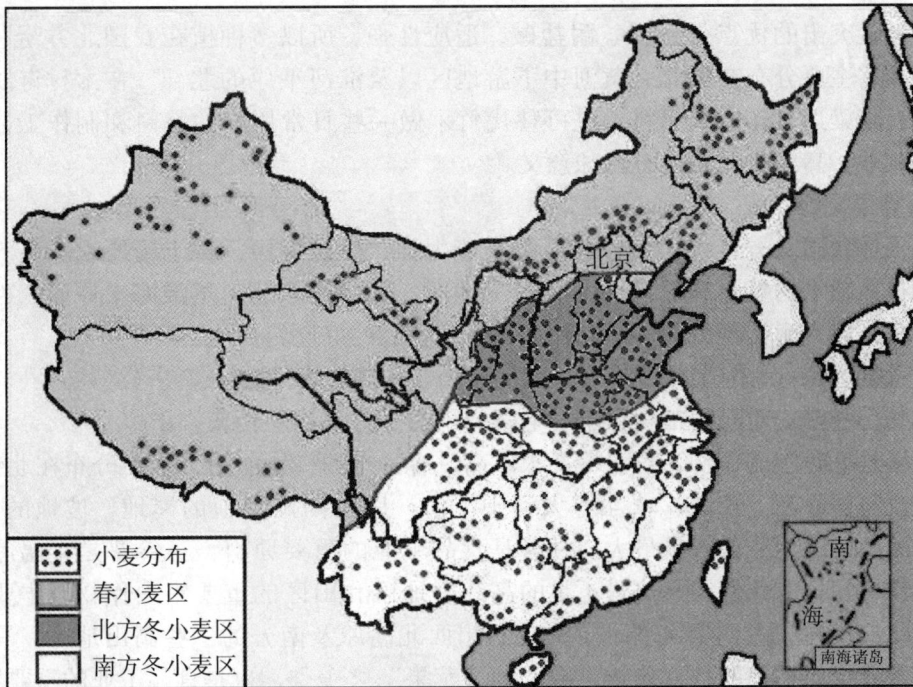

图 5 - 4 小麦分布区

3. 春小麦区

指长城以北，六盘山、横断山以西的地区，以黑、内蒙、甘、新四省区的产量最高。本区冬季寒冷漫长，绝大部分地区一年一熟。

（三）玉米

玉米在粮食作物构成中仅次于稻、麦，而居杂粮之首，约占粮食总产量 21.69%，主要集中栽培区是从黑龙江省大兴安岭，经辽南、冀北、晋东南、陕南、鄂北、豫西、四川盆地四周及黔、桂西部至滇西南，面积占全国玉米面积的 80% 左右，其中东北多于西南。

北方春播玉米区，以东北三省、内蒙古为主，种植面积稳定在 650 多万公顷，占全国 36% 左右，总产 2700 多万吨，占全国 40% 左右。黄淮海平原夏播玉米区，以鲁、豫为主，种植面积约 600 多万公顷，约占全国 32%，总产约 2200 万吨，占全国 34% 左右。西南山地玉米区，以川、云、贵为主，面积约占全国的 22%，总产占 18% 左右。

（四）杂粮作物

杂粮主要有高粱、谷子、薯类、各种豆类等。其中，播种面积较大和产量较高的有以下几种：

1. 高粱

高粱最突出的优点是耐涝、耐盐碱，适应性强，所以多种植在我国北方涝、洼盐碱地区。它主要分布在东北、黄河中下游地区以及淮河平原的北部。在木材奇缺的华北地区，高粱还可作造纸原料，也可替代竹木做一些日常用具的材料和制作工艺品的原料。此外，高粱对酿酒也有特殊意义。

2. 谷子

谷子是我国北方传统粮食作物，抗旱能力强，生长期短，对土壤要求不高。谷子主要分布在缺水的黄土高原及西北各干旱地区，其次为东北、黄淮海平原区。谷子营养价值高，特别耐储藏，而且是制作多种传统食品的好原料。

3. 薯类

薯类品种多，对我国粮食供求影响较突出的是甘薯和马铃薯。

甘薯是喜暖湿的作物，对土壤要求不高，有一定的抗旱能力，主要分布在北纬42°以南的黄河、淮河、长江、珠江等大河中下游，以及四川盆地的岗地、坡地的沙土、沙壤土地区，以川、鲁产量最大。甘薯是食品工业的重要原料。马铃薯是喜温凉的作物，生长期短，成熟快，是热量不足的高纬度地区和山区的重要粮食作物，主要分布于东北北部、内蒙古西部、晋北、冀北、川西北高原及南方的一些高山地区。马铃薯是一种营养全而平衡的粮食作物，有"地下苹果"之美誉，也是食品工业的重要原料。

（五）商品粮基地

商品粮基地即"粮食生产基地"。历来以产粮为主，粮食商品率较高，能稳定地提供大量余粮的农业生产地区。一般具有较好的粮食生产条件和基础，有较高的人均粮食占有量和较大的粮食增产潜力。

1. 建立商品粮基地的条件

鉴于我国人口、粮食、耕地的对比关系及严峻的粮食供应形势，在商品农业还不发达、农业现代化水平还不高的现实情况下，集中力量选择条件适宜的地区作为商品粮生产基地，是保障粮食稳定增长的有力措施。商品粮基地是地区生产专业化的代表形式，是实现农业现代化的一个重要方面。选建商品粮基地，应依照以下条件：

（1）选择有充足余粮、粮食生产水平高的地区。

（2）选择人均耕地面积多、人均粮食产量高、增产潜力大、投资省、见效快的地区。

（3）既要考虑到自然条件和生产条件的类似性，也要照顾到行政区划上的集中连片，以统一规划、统一管理。一般以县为单位，集中力量，短期见效。

（4）与粮食生产争地矛盾突出的林、牧业基地或经济作物生产基地等，一般不宜建立商品粮基地。

2. 主要商品粮基地

依据客观条件，从国民经济发展需要，各地粮食作物生产条件和现状特点，及国家现有经济力量出发，全国拟规划选建13片大面积的商品粮基地。这13片商品粮基地的地区范围包括 247 个县、市，耕地有 1644 万公顷，占全国耕地面积的 16.5%，农业人口有 1.13 亿人，年产粮食约 600 多亿千克，占全国粮食总产量的 18%，粮食商品率为 27.6%，高于全国平均水平。这 13 片商品粮基地，按照其条件、特点、发展潜力和方向途径，大体如下：

（1）南方高产商品粮基地。它包括江淮平原、江汉平原、洞庭湖平原、鄱阳湖平原、成都平原等五片自然区域。这些地区自然条件和社会经济条件优越，大多属我国传统的产粮区。人均耕地虽不多，但精耕细作，复种指数高，粮食商品率高，每年为国家提供的商品粮占全国总量的 60%。原来本区还包括粮食生产集约化水平高的长江三角洲和珠江三角洲地区，但近年来受市场因素牵动，另有发展，已成为粮食调入区。

（2）东北高纬度地带商品粮区。它包括三江平原、松嫩平原两片自然区。

本区土地辽阔，土质肥沃，地多人少，粮食生产发展速度快，增产潜力大，且多产优质粮。该区每年向国家提供占总量 20% 的商品粮。东北新粮仓的崛起，改变了我国传统"南粮北运"的格局。

（3）西北干旱区商品粮基地。它包括河西走廊、河套平原、银川平原和新疆的部分地区。这几片产粮区过去粮食生产仅具地方意义，如今已有数量可观的粮食调往区外。我国干旱区大多热量充足，如果有可靠水源，就会使农田稳产、高产。开发新的水源、发展节水型农业，将给本区粮食生产带来美好前景。

（4）黄淮海平原商品粮基地。该区地跨冀、苏、鲁、豫、皖各省，虽然粮食生产水平不高，但区内分布广而多的中低产田，近几年通过改造，粮食增长迅速，为国家提供的商品粮接近全国总量的 20%。加强水土治理，提高集约化程度是本区的发展方向。

三、经济作物生产布局

（一）经济作物的认知

1. 经济作物的定义

经济作物，又称技术作物、原料作物、商品作物。几乎每种称呼，都是对经济作物某一方面生产特点的概括。

经济作物在我国种植业中的地位仅次于粮食作物。它包括除粮食、饲料、绿肥作物以外的多种农作物。经济作物的生产，关系到人民的吃、穿、用，关系到国家工业建设、国际建设及对外贸易等方面。在农业现代化过程中，经济作物的地位越来越重要。在市场经济体制下，经济作物的生产越来越显现出独特的活力。

2. 经济作物的特点

（1）对技术条件要求高，占用资金多。

种植经济作物一般需要专门而精湛的生产技术，既需要精耕细作，进行集约化经营，也需要较多的资金投入。总之，对经济和技术条件要求均较高。

（2）产品的商品化程度高，生产与市场联系紧密。

经济作物是轻工业的原料和重要的出口物资。它与市场的联系比粮食生产更直接、更紧密。其播种面积和生产水平随市场行情而变动；其品种构成和生产规模，因轻工业的发展而发展。

（二）经济作物的分类

种类繁多的经济作物，按其用途可分为纤维作物、糖料作物、油料作物、其他作物等。

1. 纤维作物

纤维作物是纺织工业的原料，在我国主要有棉花、麻类和蚕茧。

2. 油料作物

我国栽培的油料作物种类繁多，其中花生、油菜、芝麻、胡麻、向日葵生产规模大，商品率高，统称五大油料作物，是我国主要食用油源。此外，生产意义较大的还有大豆、棉籽、油茶等。

3. 糖料作物

我国糖料的生产特点是"南蔗北菜"，即南方种植甘蔗，北方种植甜菜，其中以甘蔗生产规模较大。

4. 其他作物

其他经济作物包括烟草、茶叶、水果、热带经济作物。

（三）主要经济作物的分布（如图 5－5 所示）

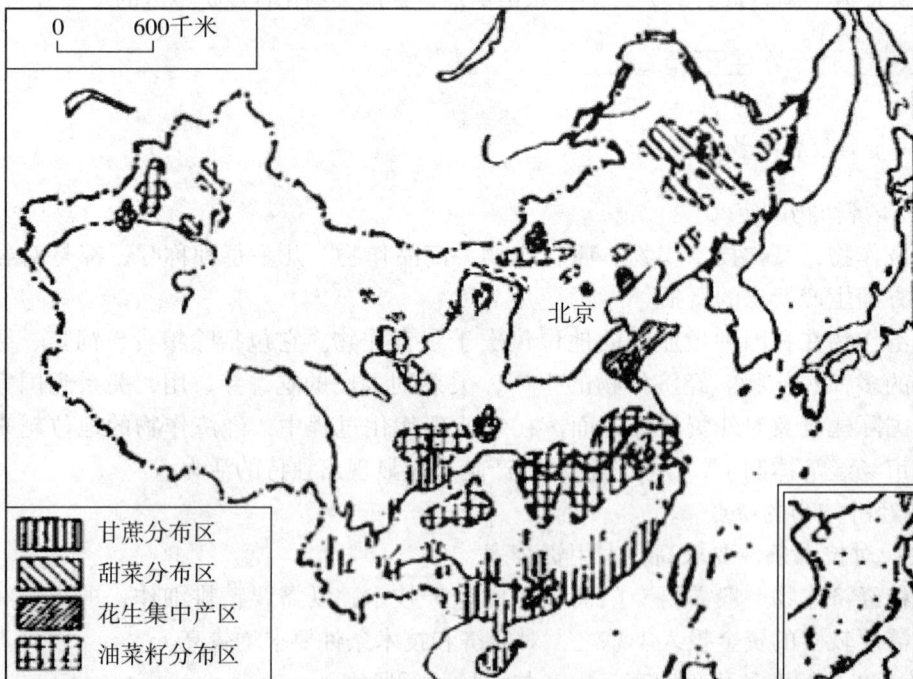

图 5－5　中国经济作物分布

1. 棉花

我国是世界主要产棉国之一。棉花原产亚热带，是喜温好光、生长期长、对土壤条件要求高的深耕作物。在我国，棉花种植虽广，但最适宜的种植区域有以下三个地区：

（1）西北内陆棉区。本区包括新、甘两省区，棉花生产集中于天山南北和河西走廊，重点是新疆的天山地区。该区光照足，温差大，气候干燥，病虫害少，属灌溉农区。区内荒地资源多，只要灌溉水源有保证，扩大棉花生产潜力大。该区是我国唯一的长绒棉产区。

（2）黄河流域棉区。本区主要包括鲁、豫、冀、晋、陕、京、津等省市，也是通常所指的黄河中下游5省2市。这里种植棉花历史悠久，水、土、光、热条件有利于棉花的生长，是较理想的地区，曾是最重要的产棉区，至今在我国棉花生产与供应中仍发挥重要作用。但本区粮棉争地矛盾突出，频繁发生的春旱和秋季有时发生的早霜，均影响棉花的产量和质量。

（3）长江流域棉区。本区包括苏、鄂、皖、湘、川、渝、浙、赣、沪7省2市，是我国老棉区之一。这里地处亚热带，热量条件好，无霜期长，降水充沛，诸方面条件都对棉花生产有利。但秋雨多，湿度大，光照弱，病虫害严重，偶尔有伏旱发生，使本区总体自然条件不如黄河流域棉区，所产棉花质量欠佳。但区内棉花生产发达，单产高，总产足，棉花播种面积稳定，纺织工业发达，劳动力文化素质较高，发展棉花生产的社会经济条件比黄河流域好。

2. 蚕茧

蚕茧按蚕的食料不同可分为桑蚕茧、柞蚕茧和蓖麻蚕茧等，其中桑蚕茧和柞蚕茧的产量最多。

（1）桑蚕茧（又名家蚕茧）：集中分布于太湖流域、四川盆地和珠江流域。

（2）柞蚕茧（又名野蚕茧）：辽东半岛、山东半岛和河南伏牛山地区是我国三大柞蚕产地，以辽东半岛生产规模最大。

3. 麻类

麻类种类很多，主要有黄麻、红麻、苎麻和亚麻。我国是世界上主要产麻国，主要生产黄麻、红麻、苎麻、亚麻。

（1）黄麻。集中分布于华南沿海和长江流域，如浙、苏、粤、桂、湘、皖等省，以浙江产量最大。

（2）红麻。红麻适应性强，分布范围十分广泛。

（3）苎麻是中国特产，在国际上有"中国草"之称，集中分布于长江以南的湘、赣、川等地，以湖南最多。

（4）亚麻。在我国集中分布于高纬度的黑、吉两省交界地带，以黑龙江最多。

4. 花生

花生原产于热带地区，是喜温、耐瘠作物，对土壤要求不高，但以排水良好的沙质土最好。花生是我国的第一大油料作物，花生原产于热带地区，对土壤要求不高。

花生是我国播种面积和总产量仅次于大豆的油料作物。

花生种植主要集中在两个地区：

（1）沿渤海湾周围的丘陵及沿河沙土地区是我国最大的花生生产基地和出口基地。主要有山东烟台、昌潍、泰安和济宁地区，辽宁的大连、锦州地区，河北的唐山地区。

（2）华南、粤、桂、闽、台、琼等地的丘陵及沿海沙土地区。

5. 油菜

油菜是我国播种面积较大的油料作物，产量仅次于花生，居第二位，油菜喜温凉，稍耐旱，土壤适应性较强，种植油菜对后茬作物有明显的增产效果，是我国南北方农民喜种的油料作物。根据播种期的不同，可分为春油菜和冬油菜。两者的分布区域基本与北方稻谷分散产区和长江流域单双季稻区相对应，只是春油菜的分布区域比北方稻谷分散产区范围略少，越过长城后，逐渐减少，让位于冬油菜。冬油菜的集中产区在长江流域单双季稻区的范围上再加上贵州省。我国以种植冬油菜为主，其中四川省的产量和面积均居全国第一位。

6. 芝麻

芝麻是一种优质的油料作物，生长期短，耐旱、耐瘠薄，但单产不高。我国芝麻种植规模不大，相当分散，著名产地有豫、鲁、鄂、皖等省，以河南最有名。

7. 大豆

我国是大豆的故乡，有数千年的栽培历史，也曾是世界著名的大豆生产国和出口国。目前，大豆总产量仅次于美国和巴西，居世界第三位，居全国各类油料作物之首。大豆含有丰富的蛋白质，既是油料作物，也是制作多种副食的重要原料，在农作物中地位特殊。我国大豆种植广泛，最集中的产区是东北的松辽平原和华北的黄淮平原。松辽平原大豆生产历史最久，质优个大。东北的大豆生产集中于辽河两岸和哈大铁路沿线。哈尔滨、辽源、长春，人称"三大大豆仓库"。

8. 其他油料作物

（1）胡麻，即油用亚麻，分布于西北和华北北部。

（2）向日葵，分布于三北地区各处。向日葵生产发展很快，是一种新兴的高产油料作物，以内蒙古地区产量最高。

9. 甘蔗

甘蔗是热带和亚热带经济作物，具喜温、喜湿、喜肥等特点，生长期长。我国甘蔗主要分布于北纬24°以南的台、桂、粤、闽、滇、琼等省区。四川生产规模也较大，过去广东省一直是甘蔗产量最大的省区（台湾地区除外），珠江三角洲则是我国最著名的甘蔗产地。但改革开放以后，甘蔗生产逐渐西移和南下，西向广西发展，南向雷州半岛转移。其结果，广西甘蔗生产已取代广东，稳居全国第一位。

10. 甜菜

甜菜喜温凉气候，具耐寒、耐旱、耐碱等品性。主要分布于北纬40°以北的黑、吉、内蒙、新等省区，以黑龙江产量最大。

11. 烟草

烟草原产于南美洲，喜温、喜光、好肥，怕旱涝，易染病虫害，较难侍弄，生长期间对热量、水分等条件要求较高，我国适合烟草生产的区域范围广。

烟草按其品种及初制加工方法不同可分为烤烟、晒烟、晾烟，我国以产烤烟为主。滇、豫、鲁、贵、湘五省为我国烤烟集中产地。云南省烤烟产量最大、质量最好，分布于曲靖、玉溪、昭通等地；河南省原先一直是烤烟生产第一大省，近年来让位于云、贵两省，居第三位，省内以许昌、南阳、周口三地生产最集中。山东是我国烤烟种植历史最久的地区，以益都、临朐生产较为集中。贵州烤烟生产条件与云南接近，所产烤烟质量亦属上乘，集中分布于遵义、贵定等地。湖南烤烟生产集中在常德、郴州等地。

12. 茶叶

茶叶为风靡世界的饮料原料，原产于我国，属热带、亚热带常绿树种，性喜高温多雨，相对湿度大，日光散射、漫射并多云雾的环境，宜南方酸性土壤。我国茶区辽阔，广泛分布于秦淮以南的低山、丘陵地带。浙、湘、皖、川、闽为我国五大产茶省，其次是云、粤、鄂等省。

13. 水果

我国地理环境复杂多样，果树多达 300 多种，1000 多个品种，居世界首位。水果生产相对集中于三个区域——暖温带、亚热带和热带地区。

近年来，水果生产以前所未有的速度发展，总产量由改革开放之前的世界第八位上升为第一位，我国主要水果生产及布局如下：

（1）苹果。

苹果是我国产量和消费量名列第一的大宗水果，苹果适应性强，平地、坡地、沙地、盐碱地都可以栽培，但主要分布于渤海沿岸、黄河中下游，以及苏北、皖北和新疆伊犁等地。云贵高原、川西山地及青海、西藏等地也有少量栽培。山东是我国最大的苹果产地，生产集中于山东半岛，著名的烟台苹果有口皆碑。改革开放以来，陕西省苹果生产快速发展，种植面积和产量仅次于山东，居全国第二位，而质量和人均产量居全国第一位。

（2）梨。

梨也是我国的大宗水果，总产量居世界第一位，在国内仅次于苹果，梨的产地与苹果相近，只是适应性更强，比苹果更耐瘠薄，种植更广，以冀、鲁、辽产量最多，其次有京、津、晋、皖、苏、新等省区。著名品种有冀、津的鸭梨，山东的莱阳梨、马梨，北京的京白梨，安徽的砀山酥梨和新疆库尔勒的香梨等。

（3）葡萄。

葡萄能在各种类型的土壤中生长，世界种植广泛。葡萄的分布区与苹果、梨大致相同，近年来有南延趋势，集中产区有新、鲁、冀、陕、吉、辽、豫、京等省市区。新疆吐鲁番为我国最著名的葡萄产地，其次为山东烟台，河北张家口、沙城、怀来，北京昌平，吉林吉林、通化，辽东半岛，河南民权等地。吐鲁番无核葡萄在国内外市场久负盛名，制成葡萄干，远销海内外。

（4）其他水果。还有柑橘、柿、香蕉、荔枝、龙眼、菠萝、红枣、核桃、板栗等。柑橘主产于川、浙、粤、桂、湘、闽等省区。香蕉、荔枝、龙眼、菠萝等以粤、桂、闽等省区为主产区。干果以冀、鲁、鄂、豫、贵等地为主，其中板栗是重要的出口创汇产品，名扬国内外。

14. 热带经济作物

热带经济作物主要包括橡胶、剑麻、油棕、咖啡、胡椒等。这些作物集中分布于我国琼、台、云南的西双版纳及粤、桂的局部地区。目前，在琼、云等省均建有大规模的天然橡胶和胡椒生产基地。云南和海南的咖啡生产也有发展，但规模不大。

【项目训练】

一、思考与练习

1. 我国长江流域主要发展哪些优势农产品？

2. 简述中国粮食作物和经济作物的生产布局。

二、活动建议

1. 活动内容

在空白地图上填写我国粮食作物、主要经济作物的分布区域。

2. 操作步骤

（1）将全班学生分为若干个小组，每个小组 4~6 名组员；

（2）各组讨论并填好空白地图。

3. 活动点评

学生互相点评，教师总结。

模块三 林业生产布局

【项目导入】

林业是以森林植物为主要劳动对象的生产部门，是大农业的重要组成部分。林业生产可分为护林、造林、育林、采伐、运输、加工、制造等一系列环节。此外，狩猎、各种野生动物的驯养等，也是林业的重要组成部分。森林不仅为人类提供各种特有的物质产品，而且对人类生存环境有不可替代的保护作用，因此被称为地球的呼吸系统。

【项目知识】

一、森林资源的特点

（一）树种丰富

由于自然地理环境复杂独特，我国是世界上树种最多的国家之一，仅乔木树种就有 2800 多种，其中木质优良、经济价值高的有 1000 多种。水杉、银杏、桫椤、银杉、珙桐、金花茶、秃杉、望天树等树木或是我国特有，或是世界罕见，与草本植物人参齐属国家一级保护的八大国宝植物。而经长期培育、改良作为经济树种的油茶、油桐、漆树和名目繁多的果树，以及形态各异的观赏树种更是应有尽有。

（二）森林面积小，覆盖率低，木材蓄积量少

我国森林总面积 1.58 亿公顷，占世界 4.6%。位居世界第 5 位。世界人均占有森林面积 0.6 公顷。我国人均占有森林面积仅相当于世界平均水平的 11.7%，在世界 179 个国家中居第 119 位。我国森林总蓄积量 97.89 亿立方米，占世界森林总蓄积量 3840 亿立方米的 2.55%。我国森林每公顷平均蓄积量为 96 立方米，远低于世界平均每公顷蓄积量 114 立方米。森林覆盖率为 20.63%，低于 22% 的世界平均水平。

（三）森林资源分布不平衡

我国森林资源特别是天然林集中于边远地区，主要分布在东北和西南地区。黑、吉、蒙、川、滇五省区森林面积和木材蓄积量分别占全国的 41.3% 和 52.4%。国土的大部分属少林区或无林区。西北甘、青、宁、新等省区土地面积占国土总面积的 30.1%，而森林覆盖率不足 5%，其中青海省只有 0.43%。

（四）防护林、特种林比重低，用材林后备资源不足

按森林不同的功能和效益，可将森林资源划为用材林、经济林、防护林、薪炭林、特种林、竹林等。我国目前用材林占80%以上，其他累计不足20%，其中防护林比重小。这足以说明我国木材结构不合理，森林在生态保护中作用微弱。然而，在用材林中，由于多年来走的是一条重采、轻养、轻育的路子，采育比严重失衡，后备可采资源严重不足，许多国有林区的林业采伐企业已无林可采，可见林业的转型势在必行。我国现已把林业发展目标确立为：以采伐利用天然林为主转向以营林为基础，重视人工营造用材林基地和建设防护林体系。

二、林业生产布局

我国现有林区以东北、西南两个以天然林为主的地区最为重要。此外，南方林区、各防护林区也是我国重要林区。我国森林分布如图5-6所示。

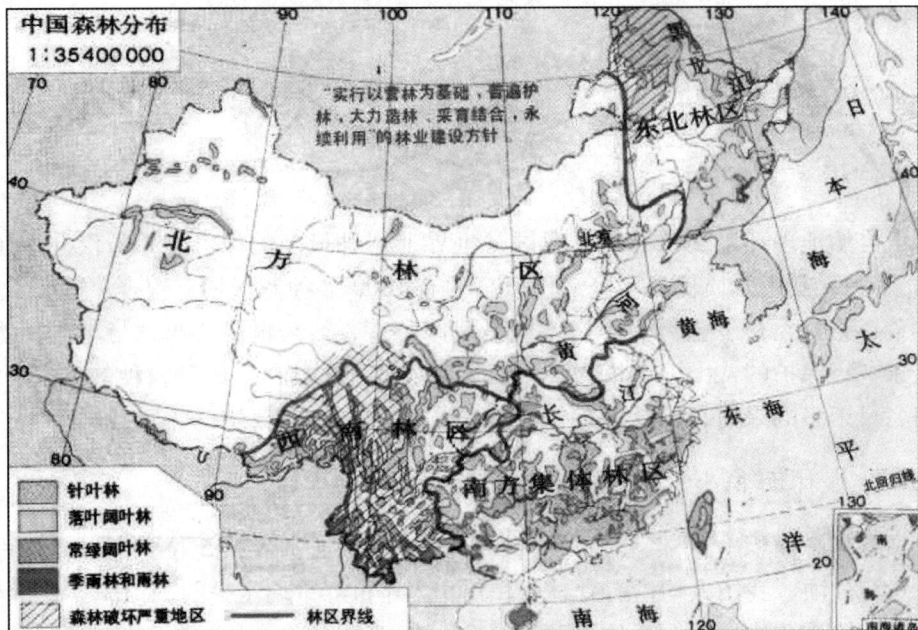

图5-6 我国森林分布

（一）东北林区

东北林区是我国最大的天然林区，森林主要分布在大、小兴安岭和长白山等自然区域，涉及内蒙古自治区和东北三省。这里森林集中连片，绵延不断，素有"东北林海"之称。现有森林面积和木材蓄积量远高于全国其他地区。东北林区交通便利，铁路运输发达，林业生产基础好，机械化水平高。长期以来，这里既是全国建筑用材、坑木、枕木、造纸用材的重要供应地，也是全国森林工业最发达的地区。

所产木材既有亚寒带针叶林红松、云杉、兴安落叶松等，也有温带落叶阔叶林桦木、黄菠萝、胡桃楸等。由于交通发达，开采便利，过量采伐问题也最突出。1998 年实施"天保工程"以来，木材产量已由 1997 年的 1824 万立方米减少到 2003 年的 1094.1 万立方米，约占全国木材产量的 1/4。今后，本区应坚持营林、育林、护林为主，发展综合经营，开发多种多样的林区经济，走出新形势下林业发展的新路子，继续发挥排头兵的作用。

（二）西南林区

西南林区是我国第二大天然林区。森林主要集中在藏南山地、横断山脉、滇南、川西及云贵高原地区，行政区涉及云、贵、川、渝、藏五省区。该区纬度低，山高谷深，植物垂直分布明显，植被类型齐全，是我国树种最丰富的林区，主要树种有耐寒的针叶林冷杉、云杉、铁杉，也有亚热带的马尾松及热带、亚热带阔叶名贵林木樟、楠等。本区还有多种多样的热带、亚热带特有的经济林和人工林，如杜仲、天然橡胶、油棕、金鸡纳等。

本区林木利用及资源状况分异明显，因此发展方向不同。藏南及横断山区地处边远，且地形高差大，交通阻塞，开发较晚，成熟林、过熟林比重大，因此，发展交通运输是促进本区林业发展的当务之急。云、贵、川、渝大部分地区邻近木材消费区，资源利用出现与东北林区相同的采育失衡问题。这些地区的林木多集中分布于大江大河源头，山高坡陡，过量采伐已经造成该地区及河流中下游地区生态环境的严重恶化，山崩滑坡、泥石流、洪水等灾害不断给人民的生命财产带来损失。1998 年，四川省在全国各大林区中率先明令禁伐天然林。

（三）南方林区

南方林区指秦淮以南、云贵高原以东的广大山地、丘陵区。这里林木分散，相对集中成小片林区，各地森林资源差别很大，既有覆盖率占全国各省区之首的福建省，也有林木资源相当稀缺的江苏省。本区林木以人工林和次生林为主。林种除用材林外，各种经济林木所占比重大，是我国最重要的人工林和经济林区。

南方林区地处亚热带和热带，气候温暖、湿润，植物种类多，生长快。本区开发早，交通便利，接近经济发达地区，是我国重要的木材及林副产品供应地。由于纬度与西南林区相当，所以树种构成有很大相似性，主要用材林有松、杉、毛竹、樟、楠、檫等；经济林木有油茶、油桐、漆树、茶树、各类果树等。

（四）防护林

为了改善农业生产条件和生存环境，多年来，尤其是 20 世纪 70 年代末以来，我国进行大规模的国土整治，其重要内容之一就是兴建十大林业生态工程。我国防护林分布如图 5-7 所示。

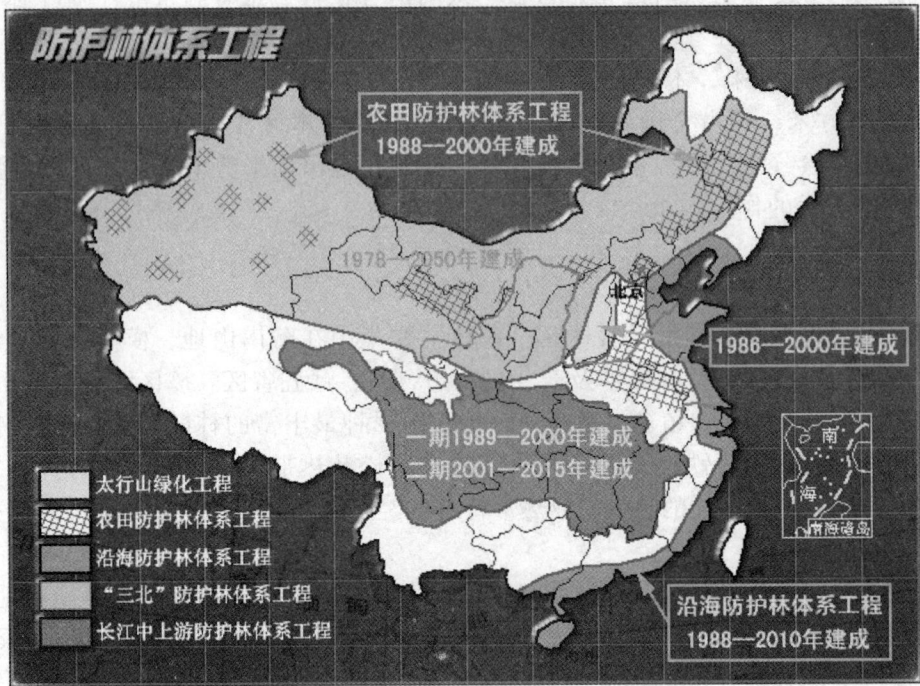

图 5 - 7　我国防护林分布

1. "三北"防护林

这是一项被称为世界生态工程之最、规划期长达 73 年的浩大工程。1978 年启动，面积涉及西北、华北北部、东北西部 13 个省（市、区）的 500 余个县（市、旗）。计划从新疆乌兹别克山口至黑龙江宾县这个 7000 千米的地段营造一个宽 400～1700 千米的绿化带。它将成为一座绿色的万里长城，保护占国土总面积 42% 的地域。目前该工程已进入第三期，早期工程已进入收益阶段。

2. 长江中上游防护林体系

自 1989 年起，我国开始在长江中上游地区营造防护林。该工程横跨青藏高原、四川盆地、江汉平原、湘赣丘陵直到两湖平原，涉及沿途的青、甘、陕、云、川、渝、贵、湘、鄂、赣等 10 省市 140 多个县。工程建设 10 年来，已完成营林 460 万公顷，使森林覆盖率由造林前的 28.3% 提高到 35%，有效地控制了水土流失。这一绵延于中华腹地的绿色林带将保护创全国工业产值 40% 的长江流域经济带。

3. 沿海防护林体系

它北起鸭绿江口南至北仑河口，营林面积为 355 万公顷，是国家 1989 年同期在万里海疆展开的又一大生态工程。20 世纪已完成一期工程，为 249 万公顷，使区内森林覆盖率由 24.9% 提高到 34.8%。二期工程计划在 21 世纪前 10 年完成。

4. 太行山绿化工程

该工程南起黄河，北接恒山、燕山山脉，绵亘于 400 多千米的太行山区，包括晋、冀、豫、京省市的 100 多个县（区）。建成后，它将从生态上屏障以北京为中心的华北平原，而且还能帮助山区群众脱贫致富。

5. 广袤的平原农区、农田防护林体系

该工程是在新中国成立后陆续营造的防护林基础上进行的，目前，已使全国 795 个县基本实现了平原绿化网，使平原地区的有林面积增加了 2.9 亿亩。据专家测算，生态环境的改善已使粮食增产 15% ~ 20%。

十大生态工程中还有 1996 年之后开始启动的珠江流域、黄河中游、辽河流域和淮河及太湖流域生态工程；天然林资源保护工程（即"天保工程"）；退耕还林工程；野生动植物及自然保护区建设工程；重点地区速生丰产用材林基地建设工程。这些跨世纪的生态工程，构筑、完善了中华大地的绿色防护林网络。此外，遍及全国各地的"绿色通道"还在有计划的建设中。

【项目训练】

一、思考与练习

1. 简述我国森林资源的特点。

2. 简述我国防护林分布区域。

二、活动建议

1. 活动内容

在空白地图上标出我国的四大林区。

2. 操作步骤

（1）将全班学生分为若干个小组，每个小组 4 ~ 6 名组员；

（2）各组讨论并填好空白地图。

3. 活动点评

学生互相点评，教师总结。

模块四　畜牧业生产布局

【项目导入】

畜牧业又称饲养业，是利用动物的生活机能来获取各种物质产品的部门，是农业生产的重要组成部分。改革开放以来，我国畜牧业发展迅速。1985 年以来，我国禽蛋产量一直居世界首位；1990 年以来，肉类产量荣登世界榜首，其他畜产品如奶类、羊毛等都快速增长，有效地保障了供给，为全国人民解决温饱、实现小康提供了物质保证。同时，畜牧业在农业中所占比重逐年上升，畜牧业内部结构也向更合理的方向发展。但是与发达国家相比，我国尚有一定差距，存在一系列问题。如草原畜牧业经营方式粗放，自然经济色彩重，生态质量下降；农区畜禽良种化程度不高；现代化畜禽饲养业所占比重低等。

【项目知识】

一、畜牧业生产布局

由于自然环境和社会经济条件的地域差异，我国畜牧业在空间分布上，首先是由东南向西北有规律地分为农区畜牧业、半农半牧区畜牧业和草原牧区畜牧业。其次，在各区域之内又有呈点状分布的现代化水平较高的城郊畜牧业。中国主要牧区、家禽产品分布如图 5 - 8 所示。

（一）草原牧区畜牧业

草原牧区畜牧业是指分布于我国西部和北部干旱、半干旱地区的草原畜牧业。这一区域有全国著名的内蒙古、新疆和青藏牧区，其产值占全区农业总产值 70% 以上。经营方式主要靠天然草场放牧，多为逐水草而居的游牧方式。

草原牧区畜牧业主要有牛、马、羊、骆驼等食草的大牲畜，本区众多的优良牲畜品种是未来畜牧业发展的宝贵资源库，主要有新疆细毛羊、伊犁马、内蒙古三河牛以及西藏和青海的藏绵羊及牦牛。

（二）农区畜牧业

我国东南部广大农耕区，虽面积不到国土的 1/2，但耕地和人口占全国绝对多数；虽以耕作业为主，畜牧业仅居从属地位，但却在全国畜牧业中占重要地位。牲畜总量占全国 70% 以上，所提供的肉、奶、禽蛋等占全国的 80% 左右。

图5-8　中国主要牧区、家禽产品分布

农区畜牧业的发展是建立在种植业发展基础之上的，其特点是与种植业紧密结合、互相促进。畜牧业为种植业提供肥料和役畜，种植业为畜牧业提供饲料。大部分地区的饲料以农作物秸秆、各种农副产品及饲料作物为主，经营方式以舍饲为主。畜产品种类齐全，猪、牛、羊、马、骡、驴及各种家禽都有，以养猪最普遍。以秦淮一线为界，北方广大地区大牲畜较多，由于邻近草原牧区，牲畜构成复杂，以黄牛、马、驴、骡为主，羊也不少，养猪也很普遍，家禽以鸡为主。南方地区，由于受水田耕作的影响，大牲畜虽数量不少但构成简单，以牛为主，且多水牛，基本无骡、马，少有驴，局部地区有山羊饲养。本区是传统产粮区，养猪和家禽饲养业很发达，商品化程度高。

（三）半农半牧区畜牧业

沿长城南北呈狭长的带状分布，是农区役畜和肉食牲畜主要供应基地之一。本区历史上曾是农牧业交替发展变化较大的地区，以具有汉族经营纯农业与蒙古族经营纯牧业的生产方式为特色。区内旱作农业与放牧畜牧业交错分布，畜牧业兼有纯牧区放牧与农区舍饲的特点。区内科尔沁草原和坝上高原等天然草场以放牧牛、马、羊为主，是肉、乳、细毛的重要生产基地。此外，宁夏的盐池、山东汇农牧业、同心及内蒙古毗邻地区，历来以发展滩羊为主，所产二毛裘皮尤负盛名。今后发展的主要方向首先是要在生态严重恶化的地区植树种草，保持水土，整治生态环境，摆脱贫困；改农牧业粗放经营为集约经营，宜林则林，宜牧则牧；发展自给性种植业、保护性林业和商品性畜牧业。少数自然和经济状况良好，农牧业有机结合、良性发展的地区，如四川盆地，发展方向应与东部农耕区基本一致。

（四）城郊畜牧业

主要分布于城市和大型工矿区周围，以饲养猪、鸡、奶牛等畜禽为主，为城市、工矿区直接提供肉、蛋、乳等畜产品。除郊区农村集体与个人舍养畜禽外，还有奶牛饲养场、大型机械化养猪、养鸡场，形成技术水平和商品率均较高的城市、工矿区副食品基地。

随着市场经济的发展，城郊畜牧业正在向集中、大型、专业化方向发展，并带动所在地区畜牧业的发展。

二、主要畜牧业基地

经过长期发展，我国逐步形成了一些畜牧业生产优势区域，它们是新形势下我国畜牧业发展的依托。目前重点建设的畜牧业基地有以下几处：

（一）大兴安岭两侧肉、乳和皮毛生产基地

本基地包括黑龙江与吉林西部、内蒙古东部。这里为草甸草原区，大面积分布着天然草场，是我国重要的肉、乳、皮毛生产基地，着重发展乳、肉兼用牛和细毛羊与半细毛羊。

（二）新疆北部细毛羊、肉用牛和马生产基地

这里是我国荒漠草原发展畜牧业条件较好的地区。阿尔泰山与天山垂直分布的山地草场，饲草类型多，可供细毛羊、肉用牛及马匹的发展；山间盆地和谷地具有生产饲草、饲料的良好条件，新疆细毛羊、阿尔泰肥臀羊、伊犁马等优良畜种都分布在这里。该基地冬季牧草不足，今后需加强天然草场的管理，并合理发展为牧业服务的种植业，生产优质饲草、饲料，以便充分发挥其生产潜力。

（三）青藏高原东部牛羊肉、乳、毛生产基地

这里的天然牧场是亚高山和高山草甸。其牧区条件虽不如上述两个基地，但却是青藏高原上畜牧业发展条件最好的地区，目前以绵羊、山羊、牦牛和马等各种牲畜为主。牦牛和藏绵羊是这里的特有畜种。该区技术力量薄弱，今后应着手提高生产技术和管理水平，逐步提高商品率，并适当发展畜产品加工业。

（四）华北和西北农牧交错区牛羊肉、毛生产基地

本基地包括河北承德、张家口地区，晋西北和陕甘的黄土高原。这里自然条件较牧区好，临近畜产品消费地，为发展畜牧业提供了一定条件，但目前生产水平很低。

今后可实行草、粮轮作制，以牧为主，农、林、牧相结合，发展饲草、饲料生产，致力扩大肉用牛及细毛羊饲养规模，加快建设具有地域特色的畜牧业基地。

（五）东部平原地区以养猪、禽为主的肉、蛋生产基地

这些地区是我国主要产粮区，是猪、禽集中产区。今后要提高生产专业化、集约化程度，加强饲料工业建设，改良畜禽品种，进一步提高肉、禽产量和商品率。重点建设区域有：东北平原牛、羊、猪饲养基地，四川盆地肉猪供应基地，长江三角洲、珠江三角洲商品畜禽生产基地，黄淮海平原黄牛、猪生产基地。

【项目训练】

一、思考与练习

我国畜牧业有哪几种类型？

二、活动建议

1. 活动内容

在空白地图上标示出我国的主要畜牧业基地及主要品种。

2. 操作步骤

（1）将全班学生分为若干个小组，每个小组 4~6 名组员；

（2）各组讨论，在空白地图上标示主要畜牧业基地及主要品种。

3. 活动点评

小组代表课堂展示填写地图，教师点评。

模块五　水产业生产布局

【项目导入】

水产业是指水生动植物的捕捞、养殖、保鲜、加工、运输等生产环节的总称。我国发展水产业的条件十分优越，无论是淡水水产还是海洋水产，资源条件均属世界一流，养殖产量占世界总产的70%，水产品人均占有量高于世界平均水平。我国水产业已发展成为由养殖、捕捞、加工、流通、渔业工业及科研教育相互配套、比较完整的产业体系。

【项目知识】

一、海洋水产业

海洋水产业主要是指对海洋中的鱼、虾、蟹、贝等海产资源进行人工繁殖、合理捕捞和加工利用的生产活动。我国发展海洋水产业条件十分优越，大陆海岸线长1.8万千米，沿海分布着众多的港湾、岬角、岛屿和广阔的沿海滩涂。

沿海渔场总面积81.8万公顷，已利用的仅占1/5，潜力巨大。我国领海跨温带、亚热带和热带，沿岸有寒暖流交汇，陆上有江河注入，饵料丰富，是多种鱼类觅食、产卵、巡游的好场所。我国海洋水产在国内渔业统计和市场列名的有200余种，获渔量超过1万吨的有40多种。在世界上，我国海水养殖和海水捕捞分别居世界第一位和第三位。海水养殖比重已超过天然捕捞。为避免"竭泽而渔"，1999年农业部提出海洋捕捞要实行零增长，这是具长远意义的重大举措。

（一）渤海海区

渤海位于我国北部，是三面环绕陆地的内海，总面积7.7万多平方千米，平均水深18米，有辽东湾、渤海湾和莱州湾三大海湾，有辽河、滦河、海河和黄河流入。沿海浮游生物丰富、天然饵料多，成为鱼类天然的产卵场所和重要渔场。海底比较平坦，泥沙层厚，有利于拖网作业。该海区主要水产有鳓鱼、对虾、毛虾及海蟹等。渤海水浅坡缓、水域封闭，发展养殖业潜力很大，已成为我国海水水产养殖规模最大的海域。"海洋牧场"等新技术，在此普遍可获高效益。但因遭受严重污染，生态质量下降，有的海域已无鱼可捕，有的鱼种已濒临灭绝，有的水产养殖场频受赤潮侵扰，急需加大治理力度。

（二）黄海海区

黄海位于我国大陆和朝鲜半岛之间，为半封闭性浅海，总面积约 38 万平方千米。本海域北部水域较深，有一冷水团，是我国冷水鱼类如鳕鱼等分布的海域。南部则受台湾暖流的影响形成外海高盐水体与低盐水体的混合区，饵料为来自两种水域的生物群体，这为各种鱼类的生存提供了有利条件。黄海海区主要经济鱼类有大小黄鱼、带鱼、乌贼、鳕鱼、鱿鱼、鲐鱼、鲽鱼等。黄海沿岸水产养殖业发展较快。自 20 世纪 80 年代起，山东省陆续在黄海近海海域实施对虾"人工放牧"等养殖技术，收效可观。对虾和鲍鱼是这里海水养殖的主要对象。本区水产资源也呈衰退趋势，现已普遍采取措施禁止滥捕，实行季节性休渔制，以保护资源。

（三）东海海区

东海包括广东省南澳岛至台湾鹅銮一线以北、黄海以南的大片水域，总面积达 77 万多平方千米，其中大陆架面积近 52 万平方千米。入海河流有长江、钱塘江、甬江、瓯江、闽江，这一海域饵料极为丰富，鱼种以暖水性鱼为主，这里是沿海四大经济鱼类即大小黄鱼、带鱼、墨鱼的重点产区。近年来，还在大陆架外缘和大陆坡深海发现一些新的渔业资源。东海的水产养殖也同样得到了发展。东海海区的舟山渔场是全国最大的海洋渔业基地，但舟山渔场由于污染及滥捕，经济鱼类的作业季节现已不复存在，渔场正在向更远的洋面上移动。捕鱼时日比以前缩短，众多鱼种濒临灭绝，四大经济鱼类总产量持续下降，以往普遍上市的大小黄鱼，尤其是天然大黄鱼已成为餐桌上的罕见之物。

（四）南海海区

南海是我国仅次于东海的第二大海洋水产区，总面积约 350 万平方千米，大小岛屿 800 多个。海水洋面宽广，多大洋性水产品，主产蓝圆鲹、鲷鱼、沙丁鱼、鲨鱼、海蛇等，也产四大经济鱼类等近海鱼种。海龟、玳瑁、龙虾是南海特产。南海珍珠举世闻名，合浦、北海、东光被称为"珍珠之乡"，所产"南珠"扬名国际市场。北部湾为我国重要渔场之一，雷州半岛、海南岛一带有发达的水产养殖业。

除上述边缘海区的水产业之外，我国还积极参与海洋渔业竞争，发展远洋捕捞。自 1985 年中国第一支远洋渔船队出征远航至今，远洋渔业生产经营活动已遍及世界三大洋 20 多个国家和地区，形成一定规模。

二、淡水水产业

我国淡水水产业主要集中在降水丰沛、地表水域宽广的东部季风区。根据自然条件、资源状况和生产水平方面的差异，可分为四大淡水水产区。

（一）长江、淮河流域淡水水产区

本区主要包括秦淮一线以南、南岭以北的长江中下游平原、盆地和丘陵区。本区位于亚热带，雨量充沛，水域宽广，占全国水域的50%，水质肥沃，水产资源极为丰富。本区水产业历史悠久，基础良好，是我国最大的淡水水产基地。淡水水产占全国60%以上，淡水鱼苗占全国70%以上。区内鱼种多，特种水产品多，主要经济鱼类有被称为"四大家鱼"的青鱼、草鱼、鲢鱼、鳙鱼；有鲤鱼、鲫鱼、鳊鱼、淡水虾、甲鱼、河蟹等家养、野生皆宜的多种水产品；有鳗鱼、江鲚等洄游鱼类；还有巢湖与太湖的特产银鱼。本区水产养殖和天然捕捞并举，养殖业发达，水产商品率高。区内的太湖片、洪泽湖里下河片、江淮片、洞庭湖平原片及鄱阳湖平原片是国家"八五"以来重点发展的商品鱼基地。本区的淡水珍珠养殖全国闻名，20世纪70年代末"温咸水河蟹苗人工繁殖培育技术"问世以来，河蟹人工养殖在区内蓬勃发展。这里也是全国著名的"稻田养鱼"技术推广区和普及区。

（二）珠江、闽江流域淡水水产区

本区主要包括闽江流域及珠江三角洲、西江、东江、北江、农村池塘等水面，以水域面积约占全国18%的珠江三角洲地区为重点。这里鱼种虽不如长江流域丰富，但纬度低，热量足，生长期长，鱼类生产迅速，是全国淡水鱼单产最高的地区。本区水产养殖业历来居全国重要地位。西江为全国重要鱼苗产地，珠江三角洲为全国重点商品鱼基地。珠江三角洲地区历史形成的"基塘渔业"技术，在新的科学技术条件下得到发扬光大。改革开放以来，水产养殖品种除传统的"四大家鱼"外，还大量养殖鳗鱼、加州鲈鱼等优质鱼，产品除充分满足本地消费外，还大量输往港澳和内地。

（三）黄河、海河流域淡水水产区

本区包括秦淮以北、长城以南、六盘山以东的大片地区，属暖温带半湿润、半干旱地区。区内的黄土高原区严重缺水，水产业落后。黄河下游水系、海河水系、淮河及北部支流、白洋淀、微山湖等天然水域及众多的人工库塘和沿河洼地，为水产养殖及天然捕捞提供了一定基础。本区主要有鲤、鲫、鳊鱼等水产。黄河鲤鱼天下闻名，由于自然条件限制，水产业一向不受重视，轻养重捕，经营粗放。改革开放以来，随着农业内部产业结构调整和市场经济发展，库塘、洼地的淡水人工养殖业也发展较快。

（四）黑龙江、辽河流域水产区

本区水域大多分布在北纬40°以北地区，气候寒冷，结冰期长，是我国重要的冷水性鱼类产区。本区主要河流有黑龙江、乌苏里江、松花江、嫩江；大型湖泊有兴凯湖、镜泊湖、松花湖等。本区的水土条件特别，鱼类生长缓慢，脂肪等营养丰富，肉味鲜香。名产有镜泊湖鲫鱼、兴凯湖大白鱼、嫩江上游的哲罗鱼，特别是大马哈鱼、鲑鱼、鲟鱼和鳇鱼，是全国稀有的名贵鱼类。

云、贵、川、渝各地为大江大河上游地区，少淡水湖泊，多急流活水，水域较广，饵料丰富，特有鱼种颇多，但水流湍急，难以开发利用，水产业在全国的地位较低。但区内库塘养鱼、稻田养鱼、活水网箱养鱼等已有一定发展。

【项目训练】

一、思考与练习

1. 简述海洋水产业。

2. 我国的主要淡水鱼种有哪些?

二、活动建议

1. 活动内容

在地图上标出我国的"四大渔场"。

2. 操作步骤

(1) 将全班学生分为若干个小组,每个小组 4 ~ 6 名组员;

(2) 各组讨论,在空白地图上标示我国的"四大渔场"。

3. 活动点评

小组代表课堂展示填写地图,教师点评。

模块六　优势农产品区域布局

【项目导入】

当前，我国农业农村经济发展面临着资源约束日益趋紧、农产品需求刚性增长、市场竞争更加激烈的新形势，对保障农产品总量平衡、结构平衡和质量提升提出了更为严峻的挑战。适应形势的发展变化，立足资源禀赋，继续深入推进优势农产品区域布局规划实施，显得尤为迫切。必须进一步充实优势农产品品种，优化农业区域布局，调整区域功能定位和主攻方向，进一步发挥好农业区域比较优势；必须进一步适应农产品产业带发展规律，明确优势农产品产业带建设的阶段性要求，积极推进产业集聚和提升，进一步发挥好规划的导向作用，推进农业区域化、专业化发展，促进中国特色农业现代化建设。

【项目知识】

一、优势农产品区域布局认知

（一）优势农产品定义

优势农产品是指在我国的资源和生产条件较好、商品量大、市场前景广阔，在国内市场与国外产品竞争有优势，能够抵御进口冲击的农产品，或在国际市场上具有竞争优势，能够进一步扩大出口的农产品。

（二）优势农产品布局基本原则

2003年我国提出优势农产品布局，制定了《优势农产品区域布局规划（2003—2007年)》，实施五年来，在党中央、国务院的正确领导和有关部门的大力支持下，我国农业生产区域布局和优势农产品产业带建设取得了明显的阶段性成效，为应对"入世"挑战，促进农业稳定发展和农民持续增收作出了重要贡献，有力地支撑了国民经济平稳快速发展。在此基础上2008年国家在总结上一轮规划实施情况的基础上，制定了《优势农产品区域布局规划（2008—2015年)》，明确了优势农产品布局基本原则。

1. 坚持以市场为导向

遵循市场经济规律，充分发挥市场在资源配置中的基础性作用，从区域资源优势出发，面向国内国际市场，瞄准现实和潜在需求，进一步优化品种结构和品质结构，引导标准化、专业化生产，促进优势农产品量的增长和质的提升。同时，围绕保障主要农产品基本供给，切实加强政府宏观调控，通过科学调整布局，政策扶持引导，强化科技支撑，全面增强优势农产品产出能力，促进农产品总量平衡、结构平衡和质量提升。

2. 坚持区域合理分工

按照全国主体功能区规划有关要求，以发挥比较优势为出发点，立足区域资源禀赋，综合考虑产业基础、市场条件以及生态环境等方面因素，打破行政区域界限，根据不同农业地区的主体功能定位，进一步明确农产品优势区域的布局和产业发展目标，在严格保护耕地和重点生态功能区的基础上，促进生产要素在空间和产业上的优化配置，引导农业结构调整向有利于保护耕地的方向进行，加快形成区域特色鲜明、产业分工合理、产业体系完备的农业发展新格局。

3. 坚持产业整体构建

立足优势品种和优势区域基础，促进产业集聚和提升，促使优势区域资源禀赋与优势品种布局相匹配，优势区域种养业与加工、流通等环节相衔接，主导产业与农村服务业等相关产业相协调，加快优势产业生产、加工、流通一体化进程，着力培育专业合作组织，加速构建现代农业产业体系和优势产业集群，不断提高产业整体素质、效益和竞争力。

4. 坚持统筹协调推进

借鉴发达国家的建设经验，充分认识优势农产品产业带建设的长期性、复杂性、艰巨性，切实发挥规划和政策的引导、调控作用，加强部门间、区域间联合协作，调动各方积极性，统筹利用资金、技术、人才等各类资源，建立分工明确、行动协调、持之以恒的良好机制，努力形成推动优势农产品区域布局工作的合力。

5. 坚持尊重农民意愿

始终坚持农村基本经营制度，稳定和完善土地承包关系，充分尊重农民生产经营自主权，保障农民的市场主体地位。通过政策引导、市场带动、信息服务等途径，调动农民自觉自愿发展优势农产品生产的积极性，不搞违背农民意愿的强迫命令和"一刀切"。

（三）总体目标

力争经过 8 年的努力，使优势农产品区域布局更加优化，优势农产品质量、效益和竞争力明显提高，优势区域对保障农产品基本供给、促进农民增收的能力进一步增强。到 2015 年，重点培育 16 个关系国计民生、具有重要战略地位、对农民增收带动作用明显的优势农产品，形成一批国内外有一定影响的优势农产品产业带，建设一大批高产、优质、高效、生态、安全的优势农产品生产重点县（市、区、旗、团、场，以下简称县），形成一批规模化、标准化、设施化、品牌化的现代农业产业示范区。通过区域布局的优化，推动优势农产品产业带建设在 5 个方面得到强化。

1. 农产品基本供给能力得到强化

优势区域内农业基础设施进一步改善，综合机械化水平不断提高，科技支撑能力显著增强，农产品单产水平不断提升。优势区域粮食在全国总产量中的比重保持在90%左右，棉油糖比重分别达到99%、95%、84%，柑橘和苹果比重分别达到80%左右，牛羊肉比重分别达到45%和48%以上，牛奶达到83%，水产品达到85%以上。

2. 农产品质量安全得到强化

优势农产品质量标准体系日益完善，标准化生产水平显著提高，质量安全检测能力整体提升，质量追溯制度基本建立，全程监管能力不断加强，市场法规更加健全，市场秩序更加规范，市场美誉度、知名度稳步提高，确保人民群众吃上、用上健康营养、质量安全的放心农产品，满足市场消费升级换代的新需求。

3. 资源高效利用得到强化

优势区域内农村沼气、秸秆利用、农渔机具节能、农业主要投入品有效利用等农业节能减排技术得到广泛应用，化肥、农药、水资源、农用能源利用效率显著提高，农业废弃物综合利用水平进一步提升。农产品加工企业节能减排技改步伐不断加快。循环农业发展模式初步形成，农业面源污染得到有效控制，农业生态环境明显改善。

4. 现代农业产业体系构建得到强化

优势区域内现代经营理念深入人心，主导产业不断壮大，农产品加工业规模化、集团化水平显著提升，现代农业农村服务业加速发展，优势农产品产加销、贸工农一体化程度明显提高。农村公共产品和服务供给实现跨越发展，聚集各类生产要素能力明显增强。

二、优势农产品区域布局

1. 水稻

着力建设东北平原、长江流域和东南沿海3个优势区。

（1）东北平原水稻优势区主要位于三江平原、松嫩平原、辽河平原，主要包括黑龙江、吉林、辽宁3个省，着力发展优质粳稻。

（2）长江流域水稻优势区主要位于四川盆地、云贵高原丘陵平坝地区、洞庭湖平原、江汉平原、河南南部地区、鄱阳湖平原、沿淮和沿江平原与丘陵地区，主要包括四川、重庆、云南、贵州、湖南、湖北、河南、安徽、江西、江苏10个省（市），着力稳定双季稻面积，逐步扩大江淮粳稻生产，提高单季稻产量水平。

（3）东南沿海水稻优势区主要位于杭嘉湖平原、闽江流域、珠江三角洲、潮汕平原、广西及海南的平原地区，主要包括上海、浙江、福建、广东、广西、海南6个省（区、市），稳定水稻面积，着力发展优质高档籼稻。

2. 小麦

着力建设黄淮海、长江中下游、西南、西北、东北5个优势区。其中，黄淮海小麦优势区包括河北、山东、北京、天津全部，河南中北部、江苏和安徽北部、山西中南部以及陕西关中地区，着力发展优质强筋、中强筋和中筋小麦；长江中下游小麦优势区包括江苏、安徽两省淮河以南、湖北北部、河南南部等地区，主要包括73个重点县，着力发展优质弱筋和中筋小麦；西南小麦优势区包括四川、重庆、云南、贵州等省（市），着力发展优质中筋小麦；西北小麦优势区包括甘肃、宁夏、青海、新疆，陕西北部及内蒙古河套土默川地区，着力发展优质强筋、中筋小麦；东北小麦优势区包括黑龙江、吉林、辽宁全部及内蒙古东部，着力发展优质强筋、中筋小麦。

3. 玉米

着力建设北方、黄淮海和西南3个优势区。其中，北方玉米优势区包括黑龙江、吉林、辽宁、内蒙古、宁夏、甘肃、新疆，陕西北部、山西中北部、北京和河北北部及太行山沿线的玉米种植区，着力发展籽粒与青储兼用型玉米；黄淮海玉米优势区包括河南、山东、天津，河北、北京大部，山西、陕西中南部和江苏、安徽淮河以北的玉米种植区，着力发展籽粒玉米，积极发展籽粒与青储兼用和青储专用玉米，适度发展鲜食玉米；西南玉米优势区包括重庆、四川、云南、贵州、广西及湖北、湖南西部的玉米种植区，着力发展青储专用和籽粒与青储兼用玉米。

4. 大豆

着力建设东北高油大豆、东北中南部兼用大豆和黄淮海高蛋白大豆3个优势区，其中，东北高油大豆优势区包括内蒙古东四盟和黑龙江的三江平原、松嫩平原第二积温带以北地区，东北中南部兼用大豆优势区包括黑龙江南部、内蒙古的通辽、赤峰及吉林、辽宁大部；黄淮海高蛋白大豆优势区包括河北、山东、河南、江苏和安徽两省的沿淮及淮河以北、山西西南地区。

5. 马铃薯

着力建设东北、华北、西北、西南、南方5个优势区。

（1）东北马铃薯优势区包括东北地区的黑龙江和吉林2省、辽宁北部和西部、内蒙古东部地区，着力发展种用、加工用和鲜食用马铃薯。

（2）华北马铃薯优势区包括内蒙古中西部、河北北部、山西中北部和山东西南部地区，着力发展种用、加工用和鲜食用马铃薯。

（3）西北马铃薯优势区包括甘肃、宁夏、陕西西北部和青海东部地区，着力发展鲜食用、加工用和种用马铃薯。

（4）西南马铃薯优势区包括云南、贵州、四川、重庆4省（市）和湖北、湖南2省的西部山区、陕西的安康地区，着力发展鲜食用、加工用和种用马铃薯。

（5）南方马铃薯优势区包括广东、广西、福建3省，江西南部、湖北和湖南中东部地区，着力发展鲜食用薯和出口鲜薯品种。

6. 棉花

着力建设黄河流域、长江流域、西北内陆3个优势区。其中，黄河流域棉花优势区包括天津、冀东、冀中、冀南、鲁西南、鲁西北、鲁北、苏北、豫东、豫北、皖北、晋南、陕西关中东部地区，长江流域棉花优势区包括江汉平原、洞庭湖、鄱阳湖、南襄盆地、安徽沿江棉区、苏北灌溉总渠以南地区；黄河流域和长江流域两个优势区着力提高棉花品质一致性，有效控制异性纤维混入。西北内陆棉花优势区包括南疆、东疆、北疆和甘肃河西走廊地区，稳定发展海岛棉，着重提高纤维强力和原棉一致性，扩大异性纤维治理成效。

7. 油菜

着力建设长江上游、中游、下游和北方 4 个优势区。其中，长江上游油菜优势区包括四川、贵州、云南、重庆和陕西 5 省市，着力发展高产、高含油量、耐湿、抗病"双低"油菜；长江中游油菜优势区包括湖北、湖南、江西、安徽 4 省及河南信阳地区，着力发展早熟、多抗、高含油量的"双低"优质油菜；长江下游油菜优势区包括江苏、浙江两省，着力发展高含油量、抗病、中早熟、耐裂角和耐渍优质油菜；北方油菜优势区包括青海、内蒙古、甘肃 3 省区，着力发展抗旱、抗冻的优质甘蓝型特早熟春油菜。

8. 甘蔗

着力建设桂中南、滇西南、粤西琼北 3 个优势区。其中，桂中南甘蔗优势区着力发展高产高糖品种；滇西南甘蔗优势区着力发展耐旱高产高糖品种；粤西琼北甘蔗优势区着力发展高糖高抗性品种。

9. 苹果

着力建设渤海湾和黄土高原 2 个优势区。其中，渤海湾苹果优势区位于胶东半岛、泰沂山区、辽南及辽西部分地区、燕山、太行山浅山丘陵区，包括山东、辽宁、河北 3 省，着力发展鲜食品种；黄土高原苹果优势区位于陕西渭北和陕北南部地区、山西晋南和晋中、河南三门峡地区和甘肃的陇东及陇南地区，包括陕西、甘肃、山西、河南 4 省，着力发展鲜食品种，加快发展加工鲜食兼用品种。

10. 柑橘

着力建设长江上中游、赣南—湘南—桂北、浙—闽—粤、鄂西—湘西、特色柑橘生产基地 5 个优势区。其中，长江上中游柑橘优势区位于湖北秭归以西、四川宜宾以东、以重庆三峡库区为核心的长江上中游沿江区域，着力发展鲜食加工兼用柑橘、橙汁原料柑橘和早、晚熟柑橘；赣南—湘南—桂北柑橘优势区位于江西赣州、湖南郴州、永州、邵阳和广西桂林、贺州等地，着力发展优质鲜食脐橙；浙—闽—粤柑橘优势区位于东南沿海地区，着力发展宽皮柑橘、柚类和杂柑类；鄂西—湘西柑橘优势区包括湖北西部、湖南西部地区，着力发展早熟、极早熟宽皮柑橘；特色柑橘生产基地包括南丰蜜橘基地、岭南晚熟宽皮橘基地、云南特早熟柑橘基地、丹江库区北缘柑橘基地和云南、四川柠檬基地，着力发展极早熟、早熟宽皮柑橘等特色品种。

11. 天然橡胶

着力建设海南、云南、广东 3 个优势区。其中，海南天然橡胶优势区，着力发展高产抗风优良品种；云南天然橡胶优势区，着力发展抗寒高产新品种；广东天然橡胶优势区着力发展抗风、抗寒高产速生品种。

12. 肉牛

着力建设中原、东北、西北、西南 4 个优势区。其中，中原肉牛优势区包括山东、河南、河北、安徽 4 省的 51 个县，着力满足京津冀都市圈、环渤海经济圈和长三角地区优质牛肉需求；东北肉牛优势区包括吉林、黑龙江、辽宁、内蒙古、河北 5 省（区），在满足本区域优质牛肉需求同时，着力开拓东北亚市场；西北肉牛优势区包括新疆、甘肃、陕西、宁夏4省（区），在满足本区域优质牛肉需求同时，着力开拓中亚、中东市场；西南肉牛优势区包括四川、重庆、云南、贵州、广西5省（区、市），着力满足本区域和华南地区优质牛肉需求。

13. 肉羊

着力建设中原、中东部农牧交错带、西北和西南4个优势区。其中，中原肉羊优势区包括山东、河北南部、湖北、山西东部、河南、江苏和安徽7省，着力发展秸秆舍饲肉羊养殖；中东部农牧交错带肉羊优势区包括山西、河北北部、内蒙古、辽宁、吉林、黑龙江6省（区），着力发展高档肉羊养殖；西北肉羊优势区包括甘肃、宁夏、新疆、陕西4省（区），着力发展无污染优质肉羊养殖；西南肉羊优势区包括四川、云南、贵州、重庆、湖南5省，着力发展山羊养殖。

14. 奶牛

着力建设京津沪郊区、东北内蒙古、中原、西北4个奶牛优势区。其中，京津沪郊区奶牛优势区包括北京、上海、天津3市，着力提高奶业现代化水平，加快产加销一体化进程，保障市场供给；东北内蒙古奶牛优势区包括黑龙江、辽宁和内蒙古3省（区），着力发展规模化、标准化奶牛养殖；中原奶牛优势区包括河北、山西、河南、山东4省，着力发展专业化养殖场和规模化小区，大力提高奶牛单产；西北奶牛优势区包括新疆、陕西、宁夏3省（区），着力发展舍饲、半舍饲规模化养殖，大力提高饲养管理水平。

15. 生猪

着力建设沿海、东北、中部和西南4个生猪优势区。其中，沿海生猪优势区包括江苏、浙江、广东、福建4省，着力发展现代化养殖，确保一定的自给率；东北生猪优势区包括吉林、辽宁、黑龙江3省，着力发展规模化养殖，确保京、津等大中城市市场供应；中部生猪优势区包括河北、山东、安徽、江西、河南、湖北、湖南7省，着力发展健康养殖，稳定提高调出能力；西南生猪优势区包括广西、四川、重庆、云南、贵州5省（区、市），着力发展各种类型的生态养殖，提高规模化养殖水平，拓宽市场空间。

16. 出口水产品

着力建设黄渤海出口水产品优势养殖带、东南沿海出口水产品优势养殖带、长江流域出口水产品优势养殖区3个优势区。其中，黄渤海出口水产品优势养殖带包括天津、河北、辽宁、山东4省（市），着力发展对虾、贝类、河蟹、海藻；东南沿海出口水产品优势养殖带包括浙江、福建、广东、广西、海南5省（区），着力发展鳗鲡、对虾、贝类、大黄鱼、罗非鱼、海藻；长江流域出口水产品优势养殖区包括江苏、安徽、江西、湖北、湖南、重庆、四川7省（市），着力发展河蟹、斑点叉尾鮰、鳗鲡、海藻。

【项目训练】

一、思考与练习

1. 我国长江流域主要发展哪些优势农产品？

2. 简述优势农产品布局基本原则。

二、活动建议

1. 活动内容

在 Internet 上查询你所在地区主产哪些农产品，有哪些特产？能否满足当地的消费？

2. 操作步骤

（1）将全班学生分为若干个小组，每个小组 4~6 名组员；

（2）各组讨论并提交一份报告。

3. 活动点评

学生互相点评，教师总结。

模块七 农产品物流

【项目导入】

北京八里桥农产品中心批发市场是京东最大的综合性农产品集散地。市场辟有农副产品、建材和日用百货 3 个营业区，主要经营粮油、果菜、水产品、肉禽蛋、副食、酒水饮料、调料、建材和百货等 10 大类 2 万多个品种的产品，每日进场交易的机动车流量达到 5000 多辆，商品主供北京并辐射全国 20 多个省、市、自治区。

【项目知识】

一、农产品物流的认知

1. 农产品物流的定义

农产品物流是物流业的一个分支，指的是为了满足消费者需求而进行的农产品物质实体及相关信息从生产者到消费者之间的物理性流动。就是以农业产出物为对象，通过农产品产后加工、包装、储存、运输和配送等物流环节，做到农产品保值增值，最终送到消费者手中的活动。农产品物流的发展目标是增加农产品附加值，节约流通费用，提高流通效率，降低不必要的损耗，从某种程度上规避市场风险。农产品物流的方向主要是从农村到城市，原因是商品化农产品的主要消费群体是在城市。

2. 农产品物流的特点

农产品物流是以农业产出物为对象，通过农产品产后加工、包装、储存、运输和配送等物流环节，做到农产品保值增值，最终送到消费者手中。

（1）农产品物流数量特别大，品种特别多。

（2）农产品物流要求高。

①由于农产品与工业品不同，它是有生命的动物性与植物性产品。所以，农产品的物流特别要求"绿色物流"，在物流过程中做到不污染、不变质。

②由于农产品价格较低，一定要做到低成本运行。

③由于农产品流通涉及保证与提高农民的收入。因此，在物流过程中，一定要做到服务增值，即农产品加工转化、农产品加工配送。

（3）农产品物流难度大。一是包装难，二是运输难，三是仓储难。虽然我国农产品物流活动出现得比较早，但无论是在农产品物流理论研究还是在实际操作上，我国农产品物流的发展都很缓慢。

二、我国农产品物流的现状

与发达国家的农业物流相比，我国的农产品物流还处于一个初级阶段，无论在硬件还是在软件方面我们都有相当大的差距。

我国农产品中的粮、油、棉、糖等大宗品种将处于比较劣势，生产成本明显高于国际市场价格；而劳动密集型的农副产品则有相当大的数量和价格比较优势，这些品种包括果蔬、肉类、禽蛋和水产品等，农产品物流贯穿于农产品产业链。农产品产业链如图 5 - 9 所示。

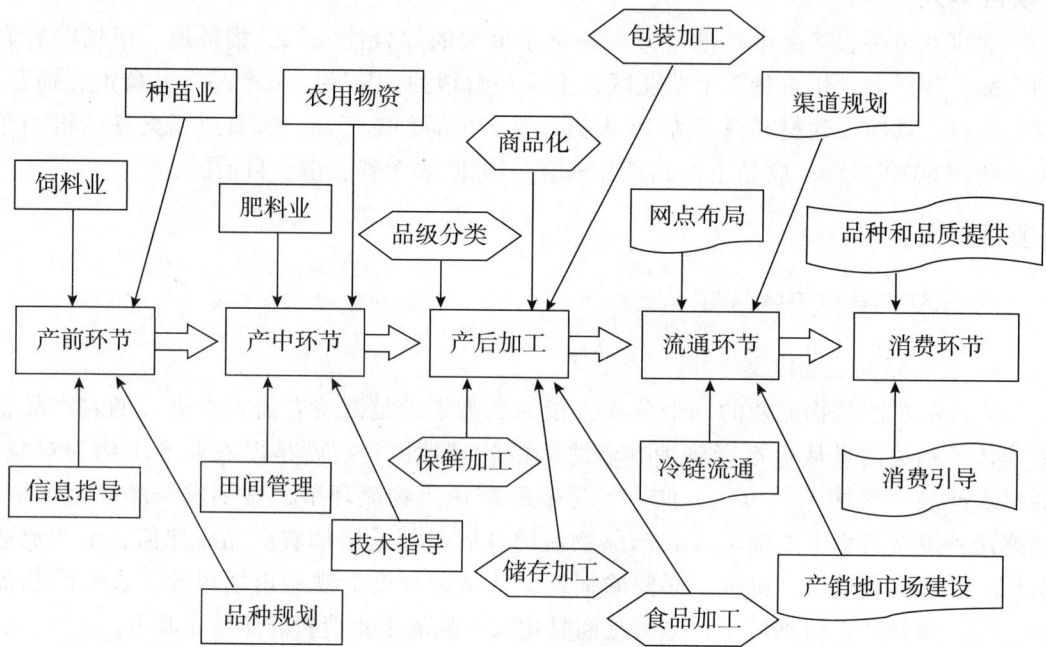

图 5 - 9　农产品产业链

农产品产业链包括农产品从种苗培育到大田管理、农畜产品加工、保鲜直至流通、市场销售等所有环节和整个流程。在农业产业链主线上的各个环节都与其他许多产业相关联，而农业科技、农业信息和标准化等基本要素又影响着农业产业链的始终，最终形成了一个以农业生产为主线的网状分布。

1. 农产品物流市场体系逐步完善

全国各地坚持以市场为导向，大力培育农副产品市场如大型批发市场、专业市场和集贸市场，为促进农产品流通、农村产业结构调整和农民收入增加起到了积极作用。基本上形成了从生产、收购、流通加工、运输、储存、装卸、搬运、包装、配送到销售一整套组织环节。

农产品物流市场体系体现区域发展不平衡性。由于经济发展的不平衡性，城乡、地区在经济、消费、观念等诸多方面存在着很大的差距，物流企业、物流设施、物流活动高度集中在交通极为发达的地区，而在乡村物流业的发展较缓慢。东部沿海省份由于经济发达程度高，农产品物流市场发展迅速，流通体制完善，而西部地区由于经济基础差，农产品物流市场发育滞后。

农产品批发市场和农产品流通中心发展较快，但市场交易法规建设薄弱，交易规范化程度有待提高。农产品在流通过程中的中介环节过多，流通成本趋高。虽然农产品储藏加工业有所发展，但规模小、水平低。

2. 农产品物流形成主体多元化和组织形式多样化的局面

我国的农产品物流主体有：国有商业企业、供销社、民营企业、股份制企业等各类企业，农村生产经营大户、专业协会、专业场（站）、专业合作经济组织等。其中，农业产业化龙头企业在发展农产品物流方面起到了积极作用。虽然我国农产品物流从业主体绝对数量大，但是众多的参与个体和组织规模小、层次低、离散性强、联合性差，组织化程度低，缺乏竞争力。

3. 显示出农产品交易主体多样化和交易方式多元化的良好势头

除了传统的交易方式外，还相继出现了期货、拍卖、订单等新型交易方式。农产品的流通手段也有所更新，连锁经营、配送和网上销售等现代方式也有所发展。有些农产品已进入大型商业销售网络。总体来说，国内的物流企业很多还是粗放式经营。

农产品交易主体主要有自产自销农民、农业企业和流通中介体（如流通协会、村级集体组织、专业协会等）。我国农产品交易环节形式多样，有生产直接进入零售的，也有生产、交易、一级、二级批发等多环节的。

4. 呈现出传统流通渠道为主且新型流通业形态逐步形成的态势

从县城到集镇、乡村，县城商业网—集镇商业网—乡村商业网的流通网络基本形成。集中分布固定网点，并以流动网点作为补充，以中小型网点为主，以县城为中心，集镇网络为骨干，联系乡村分散网点并与农产品采购网络结合起来的新型流通格局已逐步形成。随着农产品零售市场渠道的不断拓宽和规范化，特别是超市农产品销售等新型农产品销售业态的出现及规模的扩大，使农产品企业化经营得到快速发展。

三、我国农产品物流存在的问题

1. 农产品流通渠道疲乏不畅

我国的农产品流通还处在时间长、消耗大、效率低、效益差的低层次上，流通渠道不畅，物流缓慢。农产品的大宗物流一般都会经过这样几个主要环节：生产者—产地市场—运销批发商—销地市场—零售商—消费者。在整个物流链条上，由于农产品未经加工的鲜销产品占了绝大部分，而多环节的流通链条，无论是在时间和流通效率上，还是现有的保鲜手段都无法适应农产品的鲜销形式，因此，相当一部分新鲜产品由于运价、运力、交通基础状况和产品保鲜技术原因而损失巨大。当农产品集中上市时，物流不畅，加工能力不足，产销脱节严重，损耗情况则更为突出。据有关部门统计，广东每年因水果、蔬菜等鲜活商品腐烂而造成的损失达 7.5 亿元。农产品流通渠道比较单一，尚未形成多渠道的营销体系。

2. 物流设施手段相对落后

首先主要是交通运力不足，其次是农产品批发市场、农产品的仓储、交通运输条件和工具等环节较为薄弱。发达国家农产品产值与农产品加工产值之比为1:3或1:4，而我国为1:0.8，差距很大。

3. 信息化手段不能适应需要

农业信息网络不健全，农户居住分散，沟通渠道不畅，许多农产品信息难以收集、传递，信息化体系建设明显滞后。

4. 农产品标准化程度低

不少产品的分类、分级、分等大都是凭人工感觉，误差过大，产品包装从材料到包装管理都没有统一标准，这给农产品的储存、运输和加工造成一定困难。同时，各物流职能部门又难以协调，不能形成一个具有内在联系的物流大系统，从而降低了物流效益。

5. 物流技术落后

"新鲜"是鲜销农产品的生命和价值所在，但由于鲜活农产品存在含水量高，保鲜期短、极易腐烂变质等问题，这就大大限制了运输半径和交易时间，因此，对运输效率和流通保鲜条件就提出了很高的要求。有数据表明，我国水果蔬菜等农副产品在采摘、运输、储存等物流环节上的损失率在25%～30%，也就是说，有25%的农产品在物流环节中被消耗掉了。而发达国家的果蔬损失率则控制在5%以下。例如美国蔬菜水果物流，产品可以一直处于采后生理需要的低温状态并形成一条冷链：田间采后预冷—冷库—冷藏车运输—批发站冷库—超市冷柜—消费者冰箱，水果蔬菜在物流环节上的损耗率仅有1%～2%。目前我国农产品的冷链物流尚未形成，其仍是以常温物流或自然物流为主，在整个物流链条上，未经加工的鲜销农产品占了绝大部分，而这些农产品大多数因运价、运力、交通基础状况和产品保鲜技术造成腐烂、变质，损失巨大。因此，我国农产品冷链物流的薄弱状况造成了我国农产品在物流过程中的资源浪费。

6. 投资结构单一、不合理

美国农业的生产环节投入比例为30%，产后投入比例为70%；生产环节的人员少，采后加工服务的人员多。国外水果经过采后储藏加工，增值比例为1:3.8，而我国是1:1.8，其原因在于我国的农产品绝大多数是由产地以原始产品（采摘后的初级状态）的形式销售，而农产品附加价值的真正实现是在非产地，所以，我国农产品鲜销的方式限制了农产品的增值。此外，我国采后商品化处理为1%，保鲜储藏比例不足20%，加工比例不到10%。

7. 物流成本过高

农产品供应链中产销结合差是农产品采购和经营的"瓶颈"之一。我国农产品的物流成本仍然偏高，而且很不稳定，运销成本的波动较大。尽管一些地方在当地开辟了农副产品运销"绿色通道"，但地方保护主义的现象仍然在不少地区不同程度地存在着，农副产品的跨地区外销障碍重重，这无形间增加了流通成本，加大了农产品大宗物流环节的经营风险，造成了大量积压和损失，挫伤了业主和农民的生产积极性。

8. 农产品交易方式落后

我国农产品的交易多采取"协商买卖"即"对手交易"的方式。"协商买卖"交易方式存在着明显的缺点：一是协商买卖是买卖双方私下议价达成交易，不是竞价成交，透明度较低，竞争性相对较弱，不能充分体现公开、公平原则；二是一对一的议价需要寻找多个对手，不利于节约交易时间，不利于提高流通效率；三是对农产品的规格化、标准化要求低，商品档次不高。

四、农产品物流的发展趋势

1. 农产品物流公共设施发达，流通网点布局合理

由于农产品保鲜期短，便利快捷的运输、合理的流通网点分布对于降低农产品损耗、提高农产品流通交易效率至关重要，如荷兰的蔬菜、水果的损耗率仅为5%，而中国却高达25%。因此，在促进农产品流通过程中，各国政府都十分注重发挥公共设施服务功能的作用，不断完善基础设施的改造，优化网点布局。如荷兰拥有包括欧洲第三大航空港谢尔伯机场在内的6个航空港和鹿特丹港，其中鹿特丹港靠近重要的蔬菜和水果的种植地区，港区四周高速公路纵横交错和通往内地的水路运输网络非常发达，而且靠近欧盟国家水果进出口中心所在地巴伦德雷赫，可以迅速便捷地将荷兰58%以上的蔬菜与切花等鲜活植物运往巴黎、伦敦、香港和东京等世界各大城市。通过充分利用其交通设施便利的优势，荷兰的花卉产业已占领了全球65%的花卉市场。

2. 农产品物流信息化程度高

世界各发达国家的农产品物流信息化程度较高。在欧洲的荷兰花卉和园艺中心，安装有最先进的拍卖系统、新式电子交换式信息和订货系统，从而使荷兰也可以向全球许多国家的广大客户和消费者提供服务。

3. 农产品物流组织化、专业化、规模化程度高

为提高农产品交易水平和交易效率，国外从事农产品物流都有专门的组织协助，其组织化、专业化、规模化程度较高，如美国的行业协会、荷兰的花卉拍卖协会（VBN）、瑞典的合作社都是一些很有影响力的组织，他们在加快农产品流通中所起的作用至关重要。

4. 农产品物流标准化程度高

推行农产品物流标准化对于提高流通效率，降低流通损耗具有非常重要的作用，主要有农产品流通工具的标准化和检测体系的标准化，其中，流通工具标准化是现代物流的重要基础。如日本经过多年努力，已实现从农产品净化到包装标准化的变革，形成了从集装箱、小包装箱、托盘到运输设备、库房、搬运机械的一系列标准化系统，为现代化农产品流通提供了条件。而在美国，通过使用条码技术建立的追踪系统，不仅可以使企业知道自己食品供应链的物流流出状况，而且还能对供应链上游流入农产品的质量安全进行回溯，从而使美国农产品流通的效率相当高。

5. 农产品物流有完备的法律法规及市场条例指导

为使农产品流通能够保持协调、灵活、高效的运转状态，提高农产品交易的效率，各国都建立了完备的法律法规及市场条例对农产品流通进行规范。在美国也制定了一套《商品交易法案》对商品流通的每一个环节进行规范，随着经济的发展，在 1974 年美国又对该法案进行了较大的修改，到 1992 年又 4 次进行了修订补充，其中，把靠不公开情报进行内幕交易定为重罪。由于这些国家有法可依和执法严谨，有效地保护了正常贸易者的利益，维护了公平竞争高效率的自由流通秩序。

【项目训练】

一、思考与练习

1. 什么是农产品物流？

2. 农产品物流发展趋势是什么？

二、活动建议

1. 活动内容

课后考察农产品市场，记录各种不同农产品物流的流向，找出它们的特点。

2. 操作步骤

（1）将全班学生分为若干个小组，每个小组 4~6 名组员；

（2）各组讨论并提交一份报告。

3. 活动点评

学生互相点评，教师总结。

项目六　工业物流地理

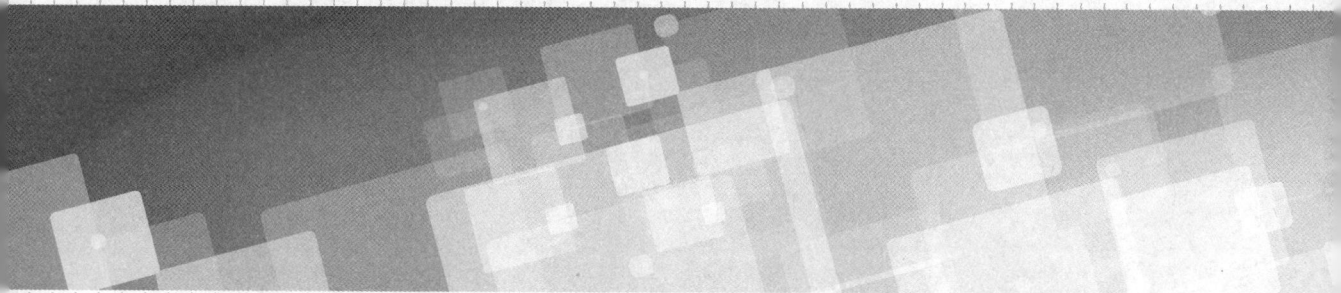

【项目目标】

1. 了解工业部门结构及其工业布局现状
2. 熟悉能源工业结构及其布局状况
3. 熟悉冶金化学工业结构及其布局状况
4. 熟悉机电、建材工业结构及其布局状况
5. 熟悉纺织工业结构及其布局状况
6. 熟悉食品工业结构及其布局状况
7. 熟悉造纸工业结构及其布局状况
8. 熟悉日用品、手工艺品工业结构及其布局状况
9. 认识工业与物流的关系

模块一　工业物流地理概述

【项目导入】

海尔集团创立于1984年，经过30年的艰苦努力，已发展成为在海内外享有较高美誉的大型国际化企业集团，成为中国家电第一品牌。

海尔首席执行官张瑞敏说，在网络经济时代，一个现代企业如果不搞现代物流，就没有生路。海尔现代物流的出发点是使企业每时每刻都对市场做出最快反应。为此，对企业的整个流程进行了"革命"，即"业务流程再造"。

现在，海尔构建了一个快速反应的现代物流体系，这个体系的一头面对消费者（全球用户资源网），另一头面对供方（全球供应链资源网）。

目前，海尔接到客户的订单，在10天内即可完成从采购、制造到配送的全过程。海尔通过三个JIT，即JIT采购（需要多少，采购多少）、JIT送料（海尔立体仓库的零部件直接送到生产线，送料时间不超过4小时）、JIT配送（海尔在全国建立物流中心系统，无论在全国什么地方，都可以送货）摸索出一套海尔独有的物流管理模式，创立海尔独特的物流体系。

目前，海尔已经具备整合全球资源的能力，发展第三方物流是海尔公司的发展战略之一。海尔的第三方物流已经起步，发展空间极为广阔。海尔物流服务也要向海尔产品那样走向世界。

思考：海尔成功的关键因素是什么？

【项目知识】

一、工业部门结构及经济地位

(一) 工业部门结构

工业部门结构是产业结构的重要组成部分。工业部门结构的状况反映一个国家工业发展的水平和发展的方向。合理的工业部门结构是工业高速度发展和提高经济效益的必要条件。

从整体上看，我国工业可分为传统工业和高新技术工业两种。传统工业包括 11 个大类，它们分别是冶金工业、电力工业、燃料工业、化学工业、机械工业、建筑材料工业、森林工业、食品工业、纺织缝纫及皮革工业、造纸及文教用品工业等。高新技术工业包括微电子工业、航空航天工业、新材料工业、机电一体化工业、光电子和信息技术工业、新能源工业、生物工程工业、生态科学及环保工业、生物医学工程工业、海洋工程技术工业等。

我国传统工业部门最重要的分类是按各部门产品的经济用途进行分类，整个传统工业可以分为生产生产资料的工业（即重工业）和生产消费资料的工业（即轻工业）。另一种分类是依据工业原料的供求关系和劳动对象的性质，我国工业又可分为采掘工业和加工工业两大类。采掘工业的劳动对象是自然资源，它直接从自然界取得加工工业所需要的原料和燃料，如能源采掘业、矿产采掘业、伐木业等；加工工业对采掘工业的产品进行加工，它的劳动对象已经花费过劳动，如冶金工业、机械制造工业、化学工业、纺织工业、食品工业、服装工业等。

高新技术工业是现代化工业发展的必然，已成为衡量生产力水平高低的关键。根据不同的经济用途可以划分为 12 大部门，即电子信息、现代化通信、激光技术、机电一体化、核技术应用、航空航天、生物工程、海洋工程、精细化工、新型材料、新能源和高效节能、环保设施和技术等。我国目前以航空航天业、电子信息业、新型材料业、机电一体化、生物工程、新能源和高效节能等高新技术工业最为重点。

(二) 工业部门的经济地位

工业是国民经济的主导产业部门，是带动国民经济发展的动力。现代工业以大机器生产为主要劳动形式，是人们提高物质、文化生活水平的保证，是实现"四化"建设的基础。一系列的高新技术推动了能源动力和生产工具的变革，给工业注入新的活力，新的现代化工业部门不断涌现。与其他产业相比，工业具有劳动生产率高、单位面积内产值大等特点。中国工业在新中国成立以后发展很快，1949 年工农业比值为1:2.3，到 1957 年则成为 1.3:1，1996 年则达到 2.8:1，工业已处于绝对优势地位，成为我国经济的中坚力量。工业是经济地域的主要专门化部门，是地域专门化的核心，在经济地域内居于十分重要的地位。一个地域的工业部门结构，往往是该地域产业部门结构的骨架，在我国尤其典型。工业集中性强，生产周期短，劳动效率高，增值高，很容易形成专业化部门。例如，鞍山的专门化部门是钢铁工业，长春的专门化部门是运输机械，沈阳的专门化部门是重型机械等。

工业布局主要采取集中形式，形成工业点、工业区、工业中心、工业地带，这是由工业性质决定的。工业生产要与能源、原料、消费地紧密结合，集中布局有利于对资料的利用，有利于消费。工业需要大量运输，各车间、各工厂、各大型企业间需要快捷的运输沟通，集中布局有利于工业生产与联系，节约运输成本。工业需要较高的技术和优良的管理，集中布局便于技术推广及管理经验的交流。集中布局使工业产生较强的经济内聚力和对外辐射力，使工业成为地域的经济核心。某些主导工业部门则成为工业核心，形成有特色的工业地域，并在一个经济地域内发挥着领导作用。

二、工业生产特点

1. 生产的连续性

工业生产不同于农业生产，它不受或少受自然条件、自然灾害的制约，是一种机械的、物理的、化学的生产过程。工业的生产过程易于分解，生产周期短，移动性强，地域选择灵活度大。在原料、燃料及其他条件（人员、设备）能充分保证的情况下，工业可以全年连续生产，并能保证年年高速度稳定增长。

2. 协作的广泛性

工业生产的趋势是分工越来越细，工艺越来越统一、精细、专业，这就使工业各部门分工协作关系日益加强，越来越广泛。为了提高劳动生产率，各类工业企业都设法实现生产的专业化。各种通用件、标准件的推广，为企业专业化协作提供了可能。例如，长春、十堰等大型汽车制造公司往往由上百家分厂组成，同时还要与公司以外的如橡胶厂、家具厂、仪表厂、电器厂、轴承厂、塑料厂、纺织厂、油漆厂等几十种企业进行协作。在我国，以协作方式获得汽车零部件的价值要占汽车成本的40%以上。

3. 管理的科学性

一个工业企业是由许多分厂、许多车间、许多班组构成。企业又要与许多相关的外部企业相互协作，它们相互依赖、互为条件。生产的社会化程度越高，工业分工则越深刻，企业间的相互依赖关系则越紧密。工业管理的实质就是要保证各工业部门再生产过程的客观经济联系得到实现，从而保证工业生产的正常进行。在现代工业中，生产的社会化是与先进的科学技术相伴随的，必须采用科学的管理手段和方法，按照科学原理进行管理。管理的科学性主要表现在管理要有科学的预见，要根据工业品的社会需要和市场需求，要根据自然资源和人力技术条件，作出准确预测，合理地组织生产。在生产过程中，管理必须把整个工业作为一个整体，作为一个系统，要考虑系统中的各部门间的比例关系。使工业产品的生产在时间、空间上相互衔接，在品种、数量、质量上成比例，协调工业生产全过程（包括流通、消费）的各种关系。

4. 产品的精优性

工业生产对产品质量要求很高，质量就是一个企业的生命。产品低劣的企业注定要被淘汰。工业越发达，工业生产的技术性越强，对产品的精密度要求则越高。现代社会，工业生产日益走向专业化和自动化。长期生产单一产品，比较容易掌握和提高生产工艺，进而提高产品质量。高质量的产品最受消费者喜爱，也是每个工业企业所追求的目标。

三、中国工业布局的现状

中国工业是在极其落后的基础上发展起来的。经过 50 多年的建设，已具有相当的基础和规模。主要工业品产量增长很快，工业产值迅速上升。现在，中国工业已形成了部门齐全、结构合理、地区布局相对均衡的独立而完整的工业体系。

1980 年 8 月我国设置了四大经济特区，1984 年 5 月我国又开放了 14 个沿海港口城市，1985 年 2 月又设置长江三角洲、珠江三角洲、闽南厦漳泉三角地区、胶东半岛、辽东半岛等为经济开放区，1988 年 4 月兴建海南经济特区，1992 年又批准了一批沿长江和内地省会城市为享受优惠政策的城市，并进一步开放沿边城市，到 1993 年年底，我国有 1000 多个市县对外开放。现在我国已实现了全方位、多元化开放格局，"四沿"（沿海、沿边、沿路、沿江）开放格局与工业建设格局已初成规模。

改革开放后，地区工业布局为了适应对外开放、对内搞活的经济政策，规划如下。"六五"时期工业布局特点是：增加东部沿海地带（辽中南、京津唐、长江三角洲、珠江三角洲）的投资比重；中部地带投资的重点是能源基地、有色金属基地的建设；西部地带在条件好的地方重点投资，并兴建一批大型水、火电站。"七五"时期工业布局特点是：投资重点仍在东部沿海地带，并继续加强能源和原材料工业的投资比重，至此三大经济地带工业经济效益存在明显差异，投资效益、劳动生产率、资金利税率、成本利润率都呈现出自东向西逐步降低的趋势，但在能源工业中，中西部经济效益比东部高。这一时期投资重点和工业布局均比较合理，收益很大，致使国民经济迅猛发展。进入 20 世纪 90 年代，"八五"时期东部地带工业结构调整，投资重点转向高科技和深加工产业，中西部则重点建设煤炭、电力、有色金属、建材、重型机械、轻纺产业等。

现在，我国正逐步形成七大区域经济集团，即华北煤炭、石油、电子、轻工集团；华东机械、纺织、电子、化工、轻工集团；华中钢铁、机械、有色金属、汽车集团；华南电子、轻工、食品、石油集团；东北钢铁、石油、重型机械、汽车、航空集团；西北石油、化工、有色金属、纺织集团；西南军工、有色金属、汽车集团。工业布局已呈现出相对平衡的格局。东、中、西三大地带的主导工业部门已明确：它们分别是东部轻工业发达，纺织、食品、制造业所占比重大；中部煤炭、石油所占比重高；西部食品、冶金、机械所占比重高。

【项目训练】

一、思考与练习

1. 我国有哪几类工业部门？
2. 简述我国工业的基本布局。

二、活动建议

1. 活动内容

了解当地工业布局的基本情况。

2. 操作步骤

（1）将全班学生分为若干个小组，每个小组 4～6 名组员；

（2）各组通过网上搜集资料和实地调查，了解当地工业布局的基本情况；

（3）提交报告并向全班作简要介绍。

3. 活动点评

教师点评，并展示优秀作品。

模块二　能源工业结构

【项目导入】

作为世界上最大的发展中国家，中国是一个能源生产和消费大国。能源生产量仅次于美国和俄罗斯，居世界第三位；基本能源消费占世界总消费量的1/10，仅次于美国，居世界第二位。中国又是一个以煤炭为主要能源的国家，发展经济与环境污染的矛盾比较突出。自1993年起，中国由能源净出口国变成净进口国，能源总消费已大于总供给，能源需求的对外依存度迅速增大。煤炭、电力、石油和天然气等能源在中国都存在缺口，其中，石油需求量的大增以及由其引起的结构性矛盾日益成为中国能源安全所面临的最大难题。

【项目知识】

能源工业是从事能源资源开发、生产、加工、储运、转换等过程的生产部门，主要包括煤炭、石油（天然气）、电力三大部门。在自然界中，凡能提供某种形式能量的物质资源，统称为能源。以现成形式存在于自然界的能源，即未经加工就可直接开采利用的能源，如煤、石油、天然气等化石燃料，称为一次能源；由一次能源经过加工直接或间接转换成其他形式的，符合人们生产生活使用条件的能源产品，称为二次能源，如电力、煤气、焦炭、汽油等。在各种能源中，已被人类广泛利用的能源，如煤炭、石油、天然气、水能等，称为常规能源；而正在开发尚未被人类大规模利用的能源，称为新能源。目前，世界上重点开发的新能源有太阳能、风能、地热能、海洋能、氢能等。

一、我国能源的结构

（一）资源结构

我国能源资源丰富，种类齐全，但勘探程度低，人均拥有量少。常规能源储量占世界总储量的6%，而人均量仅相当于世界平均的1/2、俄罗斯的1/7、美国的1/10。能源资源结构如下：

（1）煤炭是中国能源的主体。全国已知含煤面积约55万平方千米，占全国陆地的5.7%，总储量5.07亿吨，居世界第二位。但探明储量低，只有9700亿吨，占总储量的19%，而可供近期建井的精查储量更少，不到3000亿吨。

（2）石油和天然气资源丰富，潜力较大。全国2/5以上的陆地为未变质的沉积盆地，加上近海水深 200 米的大陆架面积 130 万平方千米，适宜进行油气勘探的沉积盆地面积合为 550 万平方千米。据 1994 年公布的全国第二次油气资源评价，石油总资源量 890 亿吨，天然气总资源量为 40 万亿立方米，居于世界前列，但人均拥有量仅为世界的 1/9。由于勘探程度不高，发展潜力较大。

（3）水能资源得天独厚。我国河流众多，流域面积大于 100 平方千米的河流有 5000 多条，加上地形西高东低有近 4000 米的自然落差，水能蕴藏极为丰富。其中水能大于 1000 万千瓦的河流有 3000 多条，其理论蕴藏量 6.8 亿千瓦，年发电量 5.9 万亿千瓦时，其中可开发水能 3.8 亿千瓦，年可利用电量 1.9 万亿千瓦时（均未包括台湾地区），居世界第一位。

（4）中国太阳能、风能、地热能、潮汐能等新能源与生物质能资源的可采数量近 4000 亿吨标准煤，其中，太阳能数量最大，其次是地热能（如表 6-1 所示）。

表 6-1　　　　　　　　　中国新能源及生物质能可采资源量及其比重

能源种类	资源量（万吨标准煤）	比重（%）
太阳能	39642137	99.43
风能	8015	0.02
地热能	200000	0.50
潮汐能	2358	0.01
生物质能	17569	0.04
合计	39870079	100.00

（二）生产结构

常规能源是我国的主体能源，产量占 90% 以上。中国是世界能源生产大国之一，按标准煤折算，中国能源生产总量已由 1980 年的 63735 万吨增加到 2004 年的 184600 万吨，翻了一番多。我国能源生产结构现状是：原煤占 75.6%，原油占 13.5%，天然气占 3.0%，水电占 7.9%（如表 6-2 所示）。

表 6-2　　　　　　　　　中国能源生产总量及构成

年份	能源生产总量（万吨标准煤）	占能源生产总量的比重（%）			
		原煤	原油	天然气	水电、核电、风电
1978	62770	70.3	23.7	2.9	3.1
1980	63735	69.4	23.8	3.0	3.8
1985	85546	72.8	20.9	2.0	4.3
1990	103922	74.2	19.0	2.0	4.8
1991	104844	74.1	19.2	2.0	4.7
1992	107256	74.3	18.9	2.0	4.8

年份	能源生产总量（万吨标准煤）	占能源生产总量的比重（%）			
		原煤	原油	天然气	水电、核电、风电
1993	111059	74.0	18.7	2.0	5.3
1994	118729	74.6	17.6	1.9	5.9
1995	129034	75.3	16.6	1.9	6.2
1996	133032	75.0	16.9	2.0	6.1
1997	133460	74.3	17.2	2.1	6.5
1998	129834	73.3	17.7	2.2	6.8
1999	131935	73.9	17.3	2.5	6.3
2000	135048	73.2	17.2	2.7	6.9
2001	143875	73.0	16.3	2.8	7.9
2002	150656	73.5	15.8	2.9	7.8
2003	171906	76.2	14.1	2.7	7.0
2004	196648	77.1	12.8	2.8	7.3
2005	216219	77.6	12.0	3.0	7.4
2006	232167	77.8	11.3	3.4	7.5
2007	217279	77.7	10.8	3.7	7.8
2008	260552	76.8	10.5	4.1	8.6
2009	274619	77.3	9.9	4.1	8.7
2010	296916	76.5	9.8	4.3	9.4
2011	317987	77.8	9.1	4.3	8.8
2012	331848	76.5	8.9	4.3	10.3

与能源资源构成相比较，我国煤炭占主导地位是合适的，但水电生产比重偏小，水力资源开发利用率很低，太阳能、地热能、潮汐能等新能源在生产中的比重更小。

（三）消费结构

我国能源消费的构成主要是煤炭、石油、天然气和水电（如表6-3所示）。

表6-3　　　　　　　　2001—2011年我国能源消费及总量及构成

年份	能源消费总量（万吨标准煤）	占能源消费总量的比重（%）			
		原煤	原油	天然气	水电、核电、风电
2001	150406	68.3	21.8	2.4	7.5
2002	159431	68.0	22.3.	2.4	7.3

年份	能源消费总量（万吨标准煤）	占能源消费总量的比重（%）			
		原煤	原油	天然气	水电、核电、风电
2003	183792	69.8	21.2	2.5	6.5
2004	213456	69.5	21.3	2.5	6.7
2005	235997	70.8	19.8	2.6	6.8
2006	258676	71.1	19.3	2.9	6.7
2007	280508	71.1	18.8	3.3	6.8
2008	291448	70.3	18.3	3.7	7.7
2009	306647	70.4	17.9	3.9	7.8
2010	324939	68.0	19.0	4.4	8.6
2011	348002	68.4	18.6	5.0	8.0

注：电力折算标准煤的系数根据当年平均发电煤耗计算。

由表可知，全国能源消费总量逐年增加，由 2001 年的 150406 万吨上升到 2011 年的 348002 万吨，翻了近两番。在常规能源的消费结构中，煤炭所占比重均保持在 75% 左右，居主导地位。这种消费结构与世界主要工业国家以石油为主的消费结构很不相同。另外，与世界发达国家相比，我国能源消费的行业分布不均，工业耗能比重偏大，多年来占 2/3 以上，农业、交通、邮电与民用耗能比重过小。同时，能源消费的地区分布不合理，东部沿海地区一次消费量占全国的 40% 以上，而能源保有量却不及全国的 5%，所以消费量与资源赋存量严重背离，给能源的开采、运输、加工、使用、环境等方面带来很大的压力。

二、煤炭工业

煤炭工业是以开采煤炭资源为主的能源工业生产部门。煤炭素有"工业粮食"之称，是中国能源的主体，广泛应用于国民经济各部门，它既是工业的燃料，又是重要的化工原料，还是人民生活的基本燃料。因此，加速煤炭工业发展，对国民经济具有十分重要的作用。

（一）资源评价

1. 资源量丰富，分布广而又相对集中

中国煤炭资源丰富，总储量 5.07 万亿吨，居世界前列。就面积而言分布广泛，全国有半数以上县（市）蕴藏有煤炭，多数省份拥有自己大型和较大型煤田。从数量上看，相对集中，全国 93.6% 的煤炭资源量高度集中在秦岭—大别山一线以北地区，其中，山西、陕西、内蒙古三省区的储量占全国的 64%，是最丰富的地区；太行山—雪峰山以西的 11 个省（区）占全国资源总量的 89%，以东占 11%，整个东部和长江中下游以南地区极少。煤炭资源北多南少、东欠西丰的特点，与我国经济发展布局不相适应，东部、南部经济发达，耗能多，却是缺煤区。因此，这就必然形成北煤南运、西煤东运的运输格局。

2. 种类齐全，品质优良

我国煤炭资源种类比较齐全，在探明储量中，用途广、热值高的烟煤占75%，无烟煤占12%，褐煤占13%。从工业利用上看，炼焦用煤占全国总储量的1/3以上，为化学、冶金工业的发展提供了比较充足的原料。

3. 储存条件较好，地理位置适中

我国煤炭埋藏较浅，埋深小于300米的约占保有储量的35%，300～400米的占45%。西部山区埋藏较浅，东部平原埋藏较深。另外，我国许多煤田分布在交通便利的地区，经济地理位置优越。例如，山西煤炭基地，拥有四通八达的铁路运输网，既可出海，又可沟通缺煤的东北、华东、中南地区。还有部分煤田与其他矿产资源组合在一起，为煤炭资源的迅速开发创造了优越条件。

（二）主要基地布局

中国是世界上最早开采利用煤炭的国家，但在旧中国，煤炭工业发展慢、规模小、产量低、技术落后、地理分布不平衡。新中国成立后，煤炭工业迅速发展，原煤产量逐年上升，机械化操作有了很大发展，安全生产进一步加强。同时，通过对老矿区的改扩建与挖潜，特别是新建了一批煤炭工业基地，煤炭工业向西扩展，改变了偏集于东部沿海的状况。在全国范围内现已形成统配、地方、乡镇、个体矿相结合，大、中、小型相结合的布局较合理的煤炭工业体系，各大区内已建成不同规模的煤炭工业基地（如图6-1所示）。

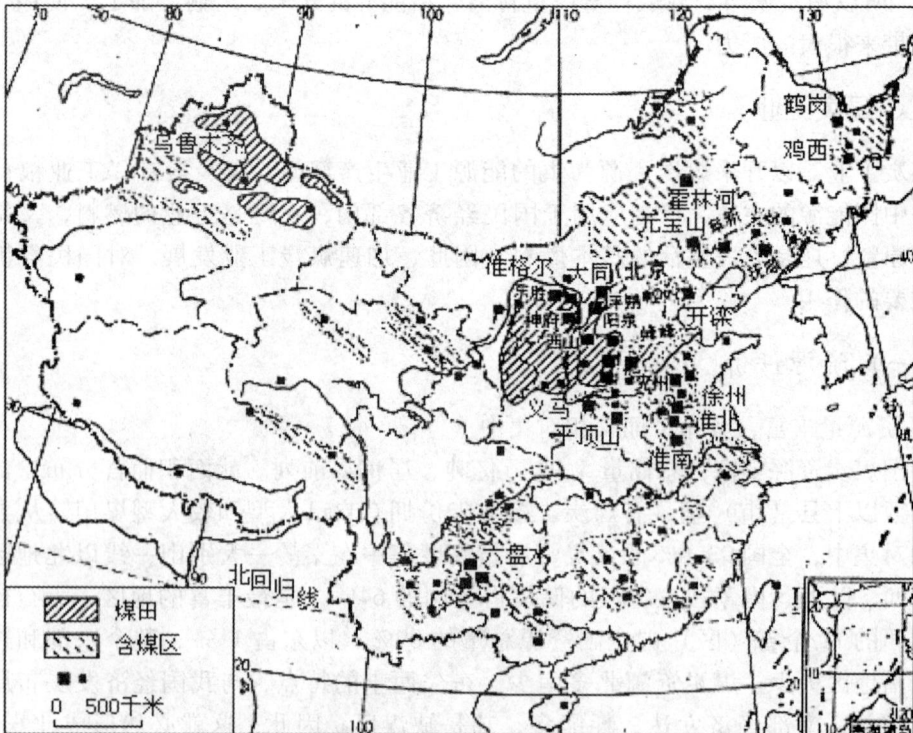

图6-1　中国煤炭资源分布

1. 华北区煤炭基地

本区煤炭储量与产量均居全国第一，且煤种齐全、质量好，是中国最大的煤炭工业基地。

山西省素有"煤海"之称，探明储量、原煤产量和净调出量分别占全国的31%、26%和75%。2004年全省原煤产量达3.72亿吨，居全国之首。煤种齐全，煤质好，地理位置适中，交通便利，可就近支援缺煤的华东、东北、中南等地区。大同、阳泉、西山、汾西、潞安、晋城、轩岗、霍县是山西著名的大煤矿，其中大同是全国最大的优质动力煤基地，阳泉是最大的无烟煤基地，西山是我国炼焦煤的重要产地。另外，平朔安太堡煤矿是我国最大的现代化露天煤矿，也是世界上最大的露天煤矿之一。

河北省煤炭主要分布在燕山南麓和太行山东侧，其煤质好，多为优质动力煤，集中分布在铁矿和工业中心附近，交通方便，利于开发。2004年全省原煤产量达0.72亿吨，居全国第八位。年产1000万吨以上的大煤矿有开滦、峰峰，其中开滦煤矿开采历史悠久，过去长期是仅次于山西大同的全国第二大煤矿，洗选能力全国第一。此外，还有邯郸、井陉、兴隆等重要煤矿。

内蒙古煤炭资源丰富，探明储量仅次于山西，居全国第二位。境内煤炭主要分布在西部，特别是西南部的鄂尔多斯大煤田，探明储量1496亿吨，约占全国探明总储量的22%，属世界级特大煤田。由于经济发展和地理位置关系，现开发程度不高，2004年内蒙古自治区原煤产量1.72亿吨，主要供应包钢和东北地区。重要煤矿有准格尔、乌海等，此外还有在建的霍林河、伊敏河、元宝山三大露天煤矿。

2. 东北区煤炭基地

本区煤炭探明储量合计273亿吨，占全国不足3%。由于本区重工业发达，能源消耗量大，煤炭工业发展较为迅速，产量较大，但仍不能实现自给，需从内蒙古与关内调入大量。2004年全区原煤产量达1.58亿吨，其中黑龙江省为0.72亿吨，居全国第八位。现年产1000万吨以上的煤矿有抚顺、阜新、鹤岗、鸡西等，其他还有双鸭山、七台河、通化、辽源、铁源、北票等，其中鸡（鸡西）、鸭（双鸭山）、鹤（鹤岗）煤矿群是东北最大的焦煤基地，对东北冶金工业发展十分重要。

3. 华东区煤炭基地

本区位处东南沿海，经济发达，煤炭消耗量大，但资源蕴藏量少，长期以来是我国最大的缺煤区。区内煤炭集中分布在苏北、皖北与鲁西南毗邻地区。为适应需要，煤炭生产发展迅速，开发强度很大。2004年全区原煤产量达4.61亿吨，其中山东省为1.46亿吨，占31%，居全国第三位。安徽省煤产量居第七位，年产0.79亿吨。年产大于1000万吨的矿区有新汶、兖州、徐州、淮北、淮南，大中型煤矿还有淄博、枣庄、肥城、大屯、萍乡、丰城等。

4. 中南区煤炭基地

本区煤炭资源集中于河南省，保有储量达200多亿吨。中南区经济发达，但除河南外均严重缺煤。2004年全区原煤产量1.85亿吨，其中河南为1.44亿吨，仅次于山东，居全国第四位。平顶山煤矿是区内最大，也是全国大型煤炭生产基地，年产原煤

1800 多万吨，是中南、华东用煤提供基地，被誉为"中原煤仓"。江南各省区中只有湖南煤炭生产才具有一定规模，资兴、涟邵年产均达 200 万吨以上。

5. 西南区煤炭基地

本区煤炭资源以云、贵两省为丰富，其中贵州储量最多，占全区的 2/3，仅次于山西、内蒙古、陕西，居全国第四位。2004 年全区原煤产量 1.77 亿吨，其中贵州占 55%以上，居全国第五位，次于山西、内蒙古、山东、河南四省。六（枝）盘（县）水（城）已建成我国西南区一个大型煤炭基地，设计能力达 1000 万吨以上，为国家重点建设的煤炭基地之一，发展潜力大。此外，还有芙蓉、南桐、渡口、宝鼎、华蓥山、松藻、一平浪、小龙潭、昌都、拉萨等中型煤矿。

6. 西北区煤炭基地

本区煤炭资源丰富，特别是地质储量居全国第一。但因位置远离消费区，因此生产规模有限，以自给为主，在全国尚不占重要地位。2004 年全区原煤产量 1.71 亿吨，其中陕西省产量最大，为 0.84 亿吨，居全国第六位。但今后随着我国经济建设重点的逐步西移，本区煤炭工业必将有更大的发展。现已建成的主要煤矿有：陕西的铜川、韩城、澄城，宁夏的石炭井、石嘴山，甘肃的靖远、窑街，新疆的乌鲁木齐、哈密等。

三、石油、天然气工业

石油和天然气具有可燃性好、热值高、污染少、运输方便、用途广泛等特点，被称为现代经济的"血液"。一个国家对石油的拥有量和使用量已成为综合国力的重要标志，其供需状况能影响国家的经济稳定乃至全球的政治经济秩序。因此，重视和加速中国石油工业的发展，意义十分重大。

（一）资源评价

1. 储量丰富，但勘探程度低

石油是在漫长的地质年代中经过复杂的生物化学和物理化学作用而生成的能源。它主要分布在沉积岩地层中，其丰富程度取决于沉积岩分布的面积、体积、有机质含量及储油地质条件等方面。我国陆上和近海大陆架共有新生界和古生界的沉积盆地 150个，据测算，石油总资源量超过 10 亿吨的盆地有 14 个，天然气总资源量大于 10000 亿立方米的盆地有 13 个。全国石油总资源量 890 亿吨，天然气为 40 万亿立方米，但勘探程度低。至 2004 年年底，全国石油保有储量为 24.9 亿吨，天然气累计探明储量为25293 亿立方米。所以，从总体上看，中国油气资源潜力很大。

2. 分布普遍，但东、西部多，中部少

从东北平原到西北内陆，从渤海湾到莺歌海都有油气资源的蕴藏，但主要集中在西部和东部。东部主要集中在松辽、华北、南襄、江汉及苏北等陆上含油盆地和远海大陆架的油气盆地；西部主要分布在塔里木、柴达木和准噶尔三大盆地及吐鲁番—哈密盆地。根据目前勘探表明，塔里木盆地是中国陆上最大的含油气盆地，石油储量约占全国的 1/7，天然气占全国的 1/4，有望成为中国油气接替基地。

3. 质量好，含硫低，但重质原油比重较大

中国石油与天然气含硫率普遍较低，如大庆、冀中、胜利和克拉玛依等油田的含硫率仅为中东原油的 10%～20%，这有利于原油加工，减少设备腐蚀。但另一方面资源储量的 95% 是蜡状重质原油，低温时易凝固，给输送和炼制带来很多不便。

（二）主要油、气田布局

中国是世界上最早发现和利用石油、天然气的国家之一。但旧中国采油工业发展缓慢，到 1949 年原油产量只有 12 万吨，天然气产量 1117 万立方米，探明储量不足 3000 万吨。

新中国石油工业发展迅速。自 1959 年大庆油田开发以来，相继在辽、冀、津、鲁等地区发现了重要油田。1978 年原油产量突破亿吨，跃居世界石油大国行列。目前，全国拥有炼油厂 2000 多家，平均加工能力约为 470 万吨。天然气工业保持健康发展势头，近几年探明了陆上陕甘宁、川东、新疆三大气区，海上发现了南海油气田。1982—1995 年，天然气产量年均增长率为 3%，1996 年达到 201.1 千亿立方米。我国主要油气田如下：

（1）大庆油田——位于东北松嫩平原的中部，是中国最大的原油生产与供应基地，也是世界上年产 5000 万吨以上少数几个大油田之一。自 1976 年以来，已连续 30 年稳产在 5000 万吨以上。其原油运输主要途径是小部分经让湖路—通辽铁路自北而南，大部分经输油管道直接输往东北、北京炼油厂和秦皇岛、大连码头装船外运。

（2）胜利油田——位于山东省黄河入海口两岸，为中国第二大油田。自 1987 年以来，原油产量已连续 19 年保持在 3000 万吨以上，为便于原油外运与出口，减轻胶济铁路负担，先后铺设三条主要输油管道：一是东营至辛店，供齐鲁石化总厂加工；二是东营到青岛黄岛油港转海南下；三是经由鲁宁输油管道，直接输送南京，然后运往长江沿岸炼油厂。

（3）辽河油田——位于辽河三角洲和辽东湾铁路之间。其油气蕴藏类型多，油层厚，含硫低，轻质油成分多。自 20 世纪 80 年代中期以来，年产原油、天然气分别在 1000 万吨、15 亿立方米以上，1995 年原油产量达到 1552 万吨。辽河油气田生产对于巩固和提高工业基地的地位与作用有着积极意义。

（4）华北油田——位于河北省冀中平原中北部，包括冀中任丘油田与天津大港油田。其油层厚，含硫率低，经济价值高。目前年产原油在 1000 万吨以上，天然气 7 亿立方米以上。油气主要供应北京、天津、沧州等石油加工基地。

（5）中原油田——地处山东、河南、河北三省交界的"东濮凹陷"，面积约 7000 平方千米，目前年产量 500 万吨左右，大部分原油输往洛阳炼油。

（6）塔里木油田——为我国最大的陆上沉积盆地，具有良好的生油条件，发展前景良好。据国家资源评价，全盆地油气总资源 191 亿吨，其中石油资源量 107.8 亿吨，天然气约 84 亿立方米，分别占全国总量的 1/7 和 1/4。1995 年产原油 253 万吨，天然气 1.43 亿立方米。

（7）克拉玛依油田——位于新疆准噶尔盆地西部，是我国 20 世纪 50 年代重点开发的油田。1995 年原油产量为 790 万吨。部分原油经输油管道运往乌鲁木齐石化总厂及独山子炼油厂，部分经铁路运往兰州。

（8）吐哈油田——即吐鲁番、哈密油田，现已发现 12 个油气田和 5 个含油气构造。1995 年产原油 220 万吨，天然气 1.22 亿立方米。

（9）陕甘宁气田——位于陕西北部榆林地区的靖远、横山和内蒙古克昭盟地区，探明含气面积 3781 平方千米，是我国近期开发的大型气田，现已向北京、西安等地供气。

（10）四川油气田——是我国最早开发，也是最主要的天然气基地。所产天然气主要用于生产化肥，供应川、云、贵几个大型氮肥厂；其次是作为城市民用气和发电，供应重庆、成都、自贡、泸州、宜宾等地。已建成川南、川西南、川西北、川东、川中五个开采区，且已形成环形输气干线和配套集输气网。2004 年四川一省生产天然气 117.33 亿立方米，约占全国天然气总产量的 28%。

此外，我国陆上还有甘肃的长庆、湖北的江汉、陕西的延长、吉林的扶余、江苏的苏北等油田（如图 6-2 所示）。

我国拥有占世界 1/20 的大陆架，近海油气资源比较丰富。先后开发了渤海、南黄海、东海、台湾浅海、珠江口、莺歌海、北部湾等含油气盆地。近年来，实行海洋石油对外合作，发现含油气构造 93 个，获得原油地质储量 12.5 亿吨，天然气地质储量 2350 亿立方米。2005 年海上石油产量达 1.4 亿吨以上，其中 3/4 以上为南海东部油田所产；其次为渤海西部的埕北、绥中等油田所产。

四、电力工业

电力是由一次能源转化而成的优质二次能源，具有效率高、污染小、传输快，适于控制与管理，并易转化为机械能、热能、光能、磁能、化学能等形式。因而广泛应用于国民经济各部门，是现代化生产的物质基础。因此，任何国家都把电力工业放在经济发展中的重要地位。

（一）资源评价

我国发展电能所需的资源丰富，种类齐全。煤炭和水能蕴藏量均居世界前列，油气资源前景广阔，新能源中的太阳能、风能、地热能、海洋能与核能潜力巨大。同时，能源资源的地区组合良好。尽管单项能源的地区分布很不平衡，如煤、油、气主要分布在华北、东北、西北及四川等地；水力主要分布在西南、中南等地；风力主要分布在东南沿海、内蒙古高原、河西走廊、新疆和青藏高原；太阳能主要分布在西藏和西北；地热能主要分布在西南；海洋能主要分布在东南沿海。但以上这种欠缺，都被各种能源资源的交错分布予以补充，使各大区能源资源的地区分布与组合基本平衡。只有长江下游的苏、沪、浙和华南的粤、琼、闽等个别地区是能源的纯调入区。

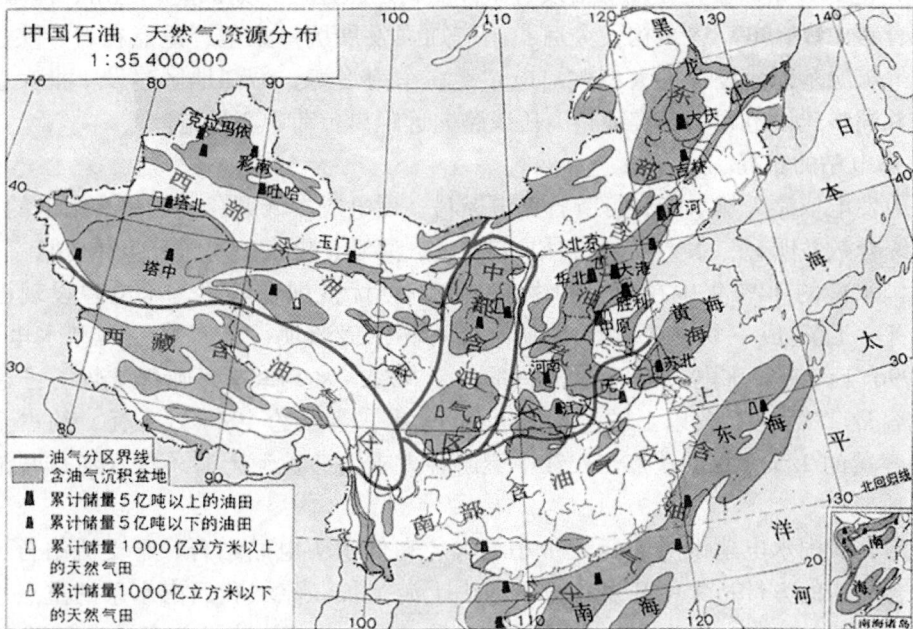

图 6 – 2　中国石油、天然气资源分布

丰富的电力资源与良好的地区组合客观要求我国电力工业应当实行因地制宜、水火并举、适当发展核电、同步发展电网的方针。

（二）电力工业发展与布局

虽然 2004 年全国发电量达到 21870 亿千瓦小时，居世界第二位，但由于我国人口众多，电气化水平和人均用电水平还很低。1996 年人均装机容量 0.194 千瓦，人均用电量 890 度，约占世界平均水平的 1/3，而且目前尚有 7000 万无电人口，大多都分布在少数民族聚居地。另外，我国电力工业还存在电源结构不合理、水火比例失调（83% 为火电）、电站单机容量低、电力供需矛盾突出等问题。因此，我国今后将努力调整电源结构，充分发挥水电优势，积极发展坑口火电和热电联产，加强电网建设，力争 2010 年全国发电装机容量达到 8 亿千瓦。发电量达到 37500 亿千瓦小时，全国范围内基本缓解严重缺电的局面，也把我国的电力工业提高到一个新的水平。

1. 火电厂布局

火电建设周期短，投资少，布局比水电有较大的灵活性。一般考虑负荷需要、燃料基地的分布、水源和运输条件。我国大中型火电厂在布局上通常有以下几种类型：

（1）电力负荷中心型，电站所在地为主要用电中心，燃料来自外地，如上海、广州、天津、西安等。

（2）燃料基地型，这类电站位于矿区，主要指靠近煤矿或大型洗选厂，如大同、神头、焦作、徐州、邹县等。

（3）港口、路口型，在输煤沿线有条件的转运点建厂，如谏壁、德州、镇海等。

综合考虑煤、电、运结构，今后我国应加强发展坑口火电，重点在晋、陕、蒙与云、贵等煤炭基地建设一批大型坑口电站；在东南沿海、沿江地区建设一批大型港口电厂，并同步建设电网，以实现超高压线路向远距离负荷中心送电。

2. 水电站的布局

水力发电依靠天然水能，可节省大量燃料，发电成本低廉，一般只有火电的 1/10。另外，综合效益明显，水力发电同时兼有防洪、灌溉、供水、通航等多种功能。

我国水能的 70% 集中在西南和中南地区，且优良坝址较多。水电建设现已具有较高水平，已建成三峡、二滩、龙滩、刘家峡、葛洲坝、乌江渡等大型水电站等。截至 1996 年年底，水电占能源生产总量的 7.9%，为 14583 万吨标准煤。已建成单站装机容量 25 万千瓦及以上的大型水电站 49 座，容量约 4000 万千瓦，约占全部水电装机容量的 2/5。主要分布在长江中上游各大支流、黄河上游、红水河、澜沧江及闽浙等地。

今后，我国水电建设应实行大中小结合、高低水头电站结合、干支流结合、梯级开发综合利用的方针；集中开发建设黄河中上游、长江流域和西南水系的重点水电工程，建成以三峡水电站为中心的全国联合电网。三峡水电站装机总容量为 1820 万千瓦（2009 年 26 台 70 万千瓦的水轮机组全部安装运转），年均发电量 847 亿千瓦时，年售电收入可达 200 亿元左右。三峡水电站是长江上，也是世界上最大的电站。黄河上最大的水电站是建设中的拉西瓦水电站（位于青海省贵德县境内），电站总装机容量 420 万千瓦，多年平均发电量达 102 亿千瓦时。

3. 核电站布局

中国拥有一定的核能资源和核技术力量，核电建设正在起步，浙江秦山、广东大亚湾两座核电站已于 1992 年和 1994 年先后投入运行发电，2005 年核电量为 530 亿千瓦小时，约占全国发电总量的 2.3%。核电装机容量达 870 万千瓦。"九五"期间建设的有秦山二期（2×60 万千瓦）、秦山三期（2×70 万千瓦）、广东第二核电站——岭澳核电站（2×100 万千瓦）、辽宁红沿河核电站（2×100 万千瓦）和连云港田湾核电站等。其中连云港核电站是中国已经建成与正在兴建的核电站中最大的一座，有 6 台动力机组，装机容量高达 600 万千瓦。预计 2010 年中国核电装机总量达 2000 万千瓦，2020 年达 4000 万千瓦，核电量占全国发电量的比重将从目前的 2.3% 增加到 6%。发展核电是解决我国沿海经济发达而能源短缺的有效途径之一，是改变"北煤南运"格局和缓解"西电东送"面貌的重要措施，因此有必要加快核电发展进程。广东的阳江、山东的海阳核电站项目已启动，建成后将成为中国最大的两个核电站。

（三）主要电网布局

大电网的形成与不断发展是电力工业现代化的必然趋势，现在我国已形成六个跨地区电网和若干个独立省级电网。在部分跨地区电网之间及省级电网之间将建立输电联系，逐步建立起以三峡电站为中心的全国联合电网，增加全国电力供应的安全可靠程度和经济效益。

1. 华北电网

包括京津、河北、山西和内蒙古组成的区域性电力网络。电力构成以火电占绝对优势，水电比重小。已拥有大同—房山—天津北郊的 500 千伏线路和连接各电源点的 220 千伏线网。1995 年装机容量达 2994 万千瓦，占全国总装机容量的 13.7%。其中 100 万千瓦大型火电厂 11 座，年发电量 1267 亿千瓦时，占全国发电量的 12.6%。2004 年华北电网电力消费量 3508.06 亿千瓦小时，占全国的 11.2%，居各大电网第三位，其中，河北省电力消费量占全国第五位。

2. 华东电网

包括沪、苏、浙、皖四省市，电力构成以火电为主，除浙江省大型水电站外，其余均以火电为主，全区已形成 500 千伏的局部环网，联系三省一市的电源与负荷。1995 年全网装机容量 3702 万千瓦，为全国装机容量和发电量最多的电力网。由于本区经济发达、耗能多，从长远看，应在华东建设更多的核电站，同时还要由三峡、四川将水电东送至区内。2004 年华东电网电力消费量 8048.96 亿千瓦小时，占全国的 25.7%，居各大电网第二位，其中，江苏、浙江分居全国电力消费量的第二位、第四位。

3. 东北电网

包括黑、吉、辽和内蒙古东部地区，地处我国重工业基地，为全国最早形成的电网。电力构成以火电为主，1995 年装机容量 2719 万千瓦。全部电源由 220 千伏输电线路连接，500 千伏输电线路只有单回路。2004 年东北电网电力消费量 8326.44 亿千瓦小时，占全国的 26.6%，居各大电网第一位，其中，辽宁省电力消费量居全国第七位。

4. 华中电网

包括湘、鄂、豫、赣四省，地处各大电网的中心地带。电力构成是水火并重，呈"南水北煤"的格局。1995 年装机容量 3038 万千瓦，已形成以武汉为中心的单环 500 千伏三角网。2004 年华中电网电力消费量 2843.58 亿千瓦小时，占全国的 9.1%，居各大电网第四位，其中，河南省电力消费量居全国第六位。

5. 西北电网

包括陕、甘、宁、青四省区，地处黄河中上游。水电有较大比重，1995 年装机容量 1256 万千瓦。随着黄河上游的梯级开发，东部火电的加强与 330 千伏输电线路的增建，东西水火电互补作用将进一步加强。2004 年西北电网电力消费量 1388.54 亿千瓦小时，占全国的 4.4%，居各大电网第六位。

6. 西南电网

主要包括渝、川、贵、云四省市，是我国水力资源最为丰富的地区，又是我国南方煤炭资源最为丰富的地区。水电、火电各占一半，但今后要以水电为主要发展方向。2004 年西南电网电力消费量 2072.8 亿千瓦小时，占全国的 6.6%，居各大电网第五位。

除上述六大电网外，我国还有五个装机容量在 200 万～2000 万千瓦的省区电网，即广东、广西、山东、福建、新疆等。

图 6-3　中国电网

【项目训练】

一、思考与练习

1. 列举目前已被开发的能源类型。

2. 我国煤炭在资源分布、消费布局上有什么特征？

3. 指出我国煤炭运输的主要陆路通道和水路通道。

二、活动建议

1. 活动内容

查阅有关资料，了解你所在城市（地区）的发电结构、装电机组与周边地区的供应关系等情况，试拟一份简短的报告。

2. 操作步骤

（1）将全班学生分为若干个小组，每个小组 4～6 名组员；

（2）各组讨论并提交一份报告。

3. 活动点评

学生互相点评，教师总结。

三、填图活动

请在下图中以箭头标出我国煤炭和石油资源的主要流向。

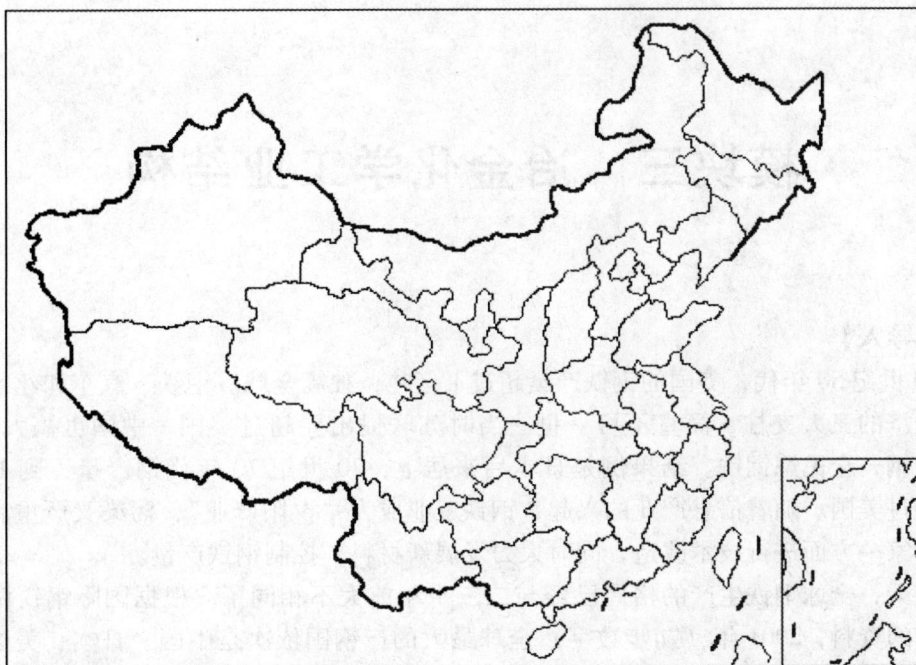

模块三　冶金化学工业结构

【项目导入】

20世纪50年代，美国的钢铁产量超过1亿吨，独霸全球。钢铁、汽车和建筑，是美国经济的三大支柱，简直不可一世。当时苏联提出要超过美国，中国也搞大跃进，以钢为纲，全民炼钢铁。结果倒是日本后来居上，20世纪70年代钢产量达到1亿多吨，超过美国。随着信息产业的兴起，钢铁工业成为"夕阳产业"，污染又严重。一些发达国家一方面进行技术改造，同时大力发展新材料，控制钢铁产量。

今天，全球钢铁生产的格局已经与二三十年前大不相同了。根据国际钢铁协会最近公布的资料，2001年（初步数字）全球最大的产钢国依次是中国、日本、美国、俄罗斯、德国、韩国、乌克兰、印度、巴西、意大利和法国。

思考：为什么钢铁工业成为"夕阳产业"？

【项目知识】

冶金工业是从矿石和其他金属原材料中提炼金属的工业，是我国最重要的原材料工业部门之一，不仅为机械制造、能源、化工、建筑、交通运输、农业、国防等部门提供基础原材料，而且其中一些还是新兴工业和高技术发展中不可缺少的尖端新材料。冶金工业主要包括钢铁工业和有色冶金工业两大部门。

一、钢铁工业

（一）我国钢铁工业的现状

经过近50多年的发展，我国钢铁工业已经形成一个庞大的体系。2005年，我国年产钢大于500万吨的企业有18家，钢产量为1.65亿吨，占全国钢产量比重47.1%，即鞍钢、首钢、宝钢、武钢、包钢、攀钢、马钢、重钢、上钢、济钢等。其中鞍钢与本钢、武钢与鄂钢、攀钢与长钢、成钢与成无缝钢、首钢与唐钢、承钢实现了企业的重组。

"十一五"期间要进一步加快大中型钢铁企业联合重组，推进品种结构的调整和优化，从根本上改变钢铁产品在品种、质量上同国民经济发展不相适应的状况，满足国内外市场需求。加快沿海钢铁大厂建设步伐，优化我国钢铁产业布局，依赖市场机制作用，进行专业化分工，重新配置生产能力，跨地区、跨所有制兼并重组，提升企业竞争力。

（二）资源的分类与分布

钢铁工业资源包括矿石、炼焦煤和辅助材料（锰、石灰石、白云石、耐火材料）等，钢铁工业资源的种类、数量、质量及地区分布状况，直接影响钢铁工业的发展规模、结构、产品质量和经济效益及布局方向。

我国钢铁工业资源丰富，品种多，分布广，地域组合良好，为我国钢铁工业发展提供了物质基础。

1. 铁矿

我国是世界上铁矿石储量丰富的国家之一。其特点如下：

（1）储量大，品位低。我国铁矿资源的探明保有储量为475.6亿吨，居世界第五位。但品位低，矿石以贫矿为主，含铁50%以上的富矿只占5%，平均品位仅33%，其中能直接入炉的富矿仅占全国总储量的2.6%左右，绝大部分需经过洗选才能入炉。贫矿多、富矿少的资源特征，增加了采矿工作量和基本建设的投资额，也影响高炉焦比，对我国钢铁工业发展是不利的。

（2）共生、伴生矿多。我国铁矿资源中有12%伴生多种元素，如攀枝花钒钛磁铁矿，含铁33%，同时又含大量的钛（11.68%）、钒（0.3%）等10余种金属元素，其中，钛矿储量占世界首位，钒矿储量居世界第二位。又如白云鄂博铁矿是铁、稀土等20余种元素组成的综合矿床，其中稀土矿的储量大大超过世界其他国家探明储量的总和。如果技术过关，可同时综合回收多种资源，经济价值比单一的铁矿要大得多。

（3）目前难利用的矿石资源比重大。我国铁矿石的开发利用程度目前还较低，在已探明的铁矿储量中，由于含铁率低，矿体小而分散，矿床水文地质条件复杂，采送困难及交通不便等原因，暂不能利用的采选矿点约占总储量的50%以上。此外，矿石埋藏"上红下黑"类型多，即上部多为难选的赤铁矿，下部是易选的磁铁矿，这种分布状况增加了选矿的难度和开采成本。

（4）分布较广，相对集中。我国铁矿资源分布普遍，除上海、天津两市外，各省区均有一定探明储量，全国600多个县都有铁的蕴藏。总的看北多南少，相对集中在鞍本、攀西、冀东—密云、五台—岚县、宁芜—庐枞、鄂西和包白七大区，占铁矿总储量的65%以上。这一分布特点为各省区发展中小型钢铁工业和建立全国性钢铁工业基地提供了资源保证。充分利用国外铁矿石是发展我国钢铁工业的重要途径。1995年我国生产铁矿石2.48亿吨，进口铁矿石4500万吨，到2013年进口铁矿石达到8.19亿吨，有效地利用了国内、国外两种资源。由于我国没有稳定的海外资源基地，导致进口铁矿石每吨比日本高31.6美元，我国必须加快海外资源基地建设，稳定矿石来源，提高我国钢铁工业国际竞争力。

2. 焦煤

目前世界各国高炉冶炼所需焦煤都较紧张，而我国炼焦煤资源丰富。累计探明煤炭储量中，炼焦烟煤占 28%，而且煤种齐全，数量和质量不仅可以保证国内钢铁工业发展的需要，且有部分出口。但是我国焦煤分布不平衡，主要集中在北方，其中华北平原占 60%，东南地区严重不足，质量也差。炼焦煤资源分布相当集中的状况，是造成炼焦煤长途运输的主要原因。

此外，各地区不同牌号的煤种分布也不平衡。从全国看，在炼焦煤总储量中，气煤储量占 60%，主焦煤和肥煤不足 30%。除华北区煤种齐全且配合较好外，西南区的主焦煤比重超过 60%，但含硫量影响冶金焦炭和钢铁产品的质量。东北、华北地区都以气煤为主，西北地区以气煤和瘦煤为主，华中、华南的焦煤资源总量有限，这也是形成煤种大量调运的原因。

3. 辅助原料

锰矿是钢铁工业的重要辅助原料。我国锰矿资源相当丰富，蕴藏量居世界前列，约 2/3 分布于广西、湖南、贵州三省区，其次产于辽宁、四川、云南等地，预测资源量 30 亿吨。在探明储量中，贫矿占 90% 以上，难选的碳酸锰矿占 56%。

此外，石灰石、耐火材料等其他辅助原料在全国各地均有分布。

（三）大型钢铁基地的布局

大型钢铁基地是我国钢铁工业体系的骨干，往往也是全国及各地区国民经济体系的支柱。其布局要求有足够的原料和燃料作保证，要具有强大的电力设施、便利的运输条件，而且还要投入大量的资金和劳力。"九五"期间要以现有大中型钢铁企业为重点，走以内涵扩大再生产，滚动发展的路子，深化企业改革，整体上提高企业素质和竞争能力，全面提高企业总体效益，稳定扩大钢铁产品的出口。

我国现已形成的主要钢铁基地如下。

1. 鞍本钢铁基地

区位优势：位于辽宁中部工业区，包括鞍山钢铁公司和本溪钢铁公司，靠近沈阳、大连消费区，铁路交通便利。2005 年 8 月，企业重组合并成立鞍本钢铁集团。

布局类型：炼铁产地双近型。

铁矿供应地：鞍山、本溪的铁矿资源丰富，是全国最大的铁矿基地，铁矿探明储量近百亿吨。

焦煤供应地：辽宁中部煤炭资源也较丰富，拥有抚顺、本溪等煤矿，但因长期开采，区内煤炭不敷需要，需从东北的鸡西、鹤岗、七台河、双鸭山及河北等地调入。

辅助原料：朝阳、凌源的锰矿，营口大石桥的优质耐火材料等。

生产能力：2005 年鞍钢产钢 1600 万吨。主要品种为板材、管线钢、冷轧硅钢等。在全国钢铁企业集团中居第三位。综合竞争能力在世界钢铁行业中排名第八位。

全国地位：目前是我国第三大的钢铁基地。其中鞍钢是新中国建设的第一个大型钢铁联合企业，历史悠久，规模庞大。拥有铁矿山、选矿厂、烧结车间、焦炉，以及炼铁、炼钢、轧材等冶炼设备，铸管、焦化、耐火材料、机修、动力、运输等附属生产单位，素有"钢都"之称。本钢的特点是：铁矿石储量大，易开采，品质优，用其冶炼铸造生铁，质量全国最优，低磷、低硫，被誉为"人参铁"。

新成立的鞍本钢铁集团年产钢将达到 2000 万吨，2010 年达 3000 万吨，成为中国钢铁业的"新航母"。

2. 上海钢铁基地

区位优势：由宝钢及上钢一、三、五三个主要炼钢企业，梅山冶金公司，以及十多个轧钢厂组成。区内工业发达，生产协作好，技术力量雄厚，水陆交通都极为优越，又是消费中心。

铁矿供应地：由马钢、梅山、巴西、印度、澳大利亚。

焦煤供应地：淮北、古交、开滦、兖州、滕州、枣庄。

辅助原料：金华、萧山、南京、镇江等地供应。

生产能力：宝钢 2000 万吨，上海一钢 378 万吨。

全国地位：目前规模全国第一，其中粗钢产量、钢材品种及利润率均居全国首位，以生产优质、尖端产品为主要方向。宝山钢铁股份有限公司是中国最大、最现代化的钢铁联合企业，其综合竞争力在世界钢铁业中排第三位。主要生产高技术含量、高附加值的钢铁产品，主要有汽车用钢、造船用钢、矿山机械用钢、电器用钢、锅炉用钢、建筑用钢、特种钢、包装用钢等。2005 年产钢量 2500 万吨。预计 2010 年产钢量达 3000 万吨（粗钢产量）。2005 年投产的 5 米级宽厚板轧机年生产能力 180 万吨钢板，使其冷轧板成为公司拳头产品之一。

3. 京津唐钢铁基地

区位优势：包括首都钢铁公司、天津各钢厂及唐山钢铁公司，位于华北经济中心，基地靠近消费区，技术力量雄厚。铁路、公路四通八达，有天津、秦皇岛等重点海港。

布局类型：炼铁产地双近型。

铁矿供应地：冀东的迁安、滦县，储量仅次于鞍本。

焦煤供应地：开滦煤矿，全国最大的优质炼焦煤基地。其他还有峰峰、井陉、京西等煤矿。

辅助原料：河北等地供应。

生产能力：首钢 834 万吨，到 2007 年压缩为 400 万吨，2010 年搬到河北唐山的曹妃甸地区，重建一个国际先进水平的钢铁企业。

全国地位：以生产中小型钢材为主，产品多就地消费，是全国重要的钢铁基地之一。京津唐钢铁基地总生产能力居全国第二位。

4. 武汉钢铁基地

区位优势：位于武昌长江沿岸，地理位置优越，有京广铁路，水陆运输方便，厂区用地平坦、宽阔，靠近消费区。

布局类型：就铁布局型。

铁矿供应地：鄂东铁矿石产区，品位较高，但储量有限，埋藏深。其主要是大冶、黄石、鄂城铁矿。

焦煤供应地：平顶山、西山、萍乡。

辅助原料：湘潭等地供应。

生产能力：800 万吨。2005 年武钢与鄂钢、柳钢实行了联合重组。

全国地位：武钢是新中国成立后兴建的大型钢铁联合企业，主要产品有中型材、薄板、带钢等。1975 年武钢首先从联邦德国、日本引进连续铸造机、1.7 米轧机系统。在宝钢二期工程之前一直是我国最大的板材生产基地。

5. 包头钢铁基地

区位优势：位于包头新区昆都仑河两岸，由钢铁和稀土生产两部分组成。

水源充足，地势平坦，交通方便。

布局类型：炼铁产地双近型。

铁矿供应地：白云鄂博。

焦煤供应地：石捞沟。不足部分由大同、石嘴山、乌海、石炭井调入。

辅助原料：内蒙古大青山等地调入。

生产能力：包钢现年产钢 850 万吨，是内地重要钢铁基地。

全国地位："一五"时新建，1989 年改称包头钢铁稀土公司，稀土储量居世界首位，有"稀土之乡"的美称。1998 年改为包头钢铁（集团）有限责任公司。

2010 年生产能力达到 1010 万吨，拳头产品是钢板、钢管、钢轨、稀土精矿。

6. 攀枝花钢铁基地

区位优势：位于四川攀枝花市，由炼铁、炼钢、提钒车间及选钛试验厂组成，水力资源丰富，但厂区用地受地形条件限制较大。

布局类型：就铁布局型。

铁矿供应地：攀枝花、西昌铁矿。

焦煤供应地：附近的宝鼎煤矿、六盘水煤矿。

辅助原料：黔西锰矿。

生产能力：攀钢已形成年产铁 830 万吨、钢 940 万吨、钢材 890 万吨、钒制品（以 V205 计）2 万吨、钛精矿 30 万吨、钛白粉 9.3 万吨的综合生产能力。

全国地位：建于"三五"时期，由我国自己制造设备，自行设计安装。"七五"时期为国家重点建设项目之一，以产方钢、重轨、氧气瓶钢、钒渣等为主，产品出口亚欧国家，有我国最大的提钒车间和选钛厂，钒储量居世界第二位，钛储量居世界首位。1988 年我国由钒进口国成为出口国，1997 年以 290 万美元买下欧洲最大钒生产厂，成为世界第三大钒生产企业，是我国西南最大的钢铁基地。攀钢 2004—2010 年享受 15% 的优惠税率政策，对攀枝花钢铁（集团）公司的业绩产生积极推动。截至 2004 年年底，攀钢的资产规模已达 418 亿元，是我国具有较强国际竞争力的大型钢铁企业集团。钒钛制品是攀钢拳头产品，目前已占国内市场 80% 的份额，占国际市场 15% 的份额。

7. 马鞍山钢铁基地

区位优势：临江近海，水源充足，交通便利，地处华东电网中心，电力充裕。

布局类型：就铁布局型。

铁矿供应地：宁芜铁矿。

焦煤供应地：淮南、淮北煤矿。

辅助原料：镇江等地供应。

生产能力：800 万吨。

全国地位：1961 年自力更生兴建的唯一火车轮箍厂，从而结束了我国长期依赖进口装配火车车轴的历史。线材、轮箍、板材、型化、钒渣、焦化为马钢特色的六大系列名优产品，是我国江南重要的生铁基地。1987 年年产 40 万吨高速线材轧机建成投产，1998 年马钢改制为马钢（集团）控股有限公司，我国第一条生产 60 万吨的 H 型钢生产线建成投产，2003 年热轧范板生产线建成投产。

8. 太原钢铁基地

区位优势：位于山西太原，主体是太原钢厂。能源有保证，晋中煤炭多，煤种全，煤质好，电力充足。

布局类型：炼铁双近型。但太古岚铁矿资源品位低，矿体分散，资源相对不足。

铁矿供应地：五台—岚县铁矿。

焦煤供应地：山西煤炭基地。

辅助原料：山西等地供应。

生产能力：463 万吨。

全国地位：是以板材生产为主的、我国最大的特殊不锈钢生产基地，不锈钢、硅钢片、纯铁、轴承钢、模具钢、锅炉板等特殊钢材占总产量的 80% 以上，品种多，型号全。近十多年来为国防和科研提供了大量特殊钢产品，包括供高能加速器用纯铁、航天火箭外壳冷轧板、高真空电子管用气密性纯铁、导弹巡洋舰用中板等。不锈钢生产能力 300 万吨，是世界上最大的不锈钢企业。

9. 重庆钢铁基地

区位优势：由重庆特殊钢厂和重庆钢铁联合公司组成，水陆交通条件优越，技术力量雄厚，近消费市场。

布局类型：就铁布局型。

铁矿供应地：攀枝花、西昌。

焦煤供应地：六盘水。

辅助原料：四川等地供应。

生产能力：315 万吨。

全国地位：是西南地区最早建设的钢铁企业，我国精密合金钢等特殊钢生产基地。2005 年入围中国企业 500 强。

二、有色冶金工业

有色金属是指除铁、锰、铬等黑色金属以外的所有金属的总称。它品种繁多，但多以铜、铝、铅、锌、镍、锡、钨、锑、钼、汞 10 多种有色金属生产为主，其中又以

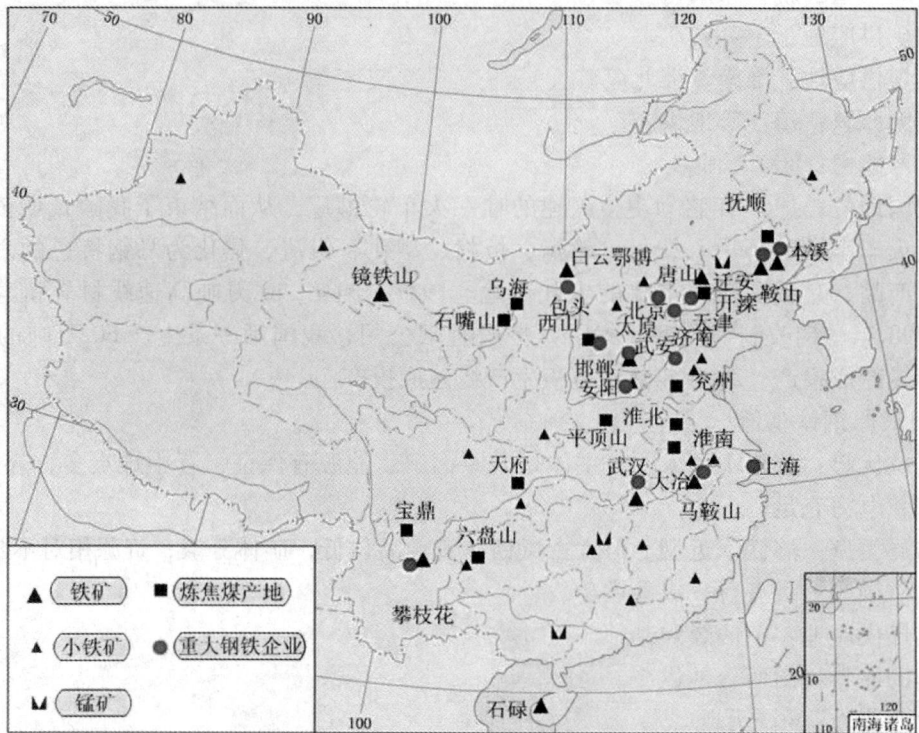

图6-4　中国钢铁工业分布

铜、铝、铅、锌产量最大，占有色金属总量的93%。有色冶金工业与钢铁工业同是国民经济中的原材料工业部门，特别是在以新材料为基础，以电子计算机为中心的新技术革命中，有色金属工业更占有突出地位。近些年，我国有色冶金工业发展较快，1996年我国10种有色金属产量达470万吨，仅次于美国，居世界第二位。

（一）有色冶金工业的资源条件

我国有色金属资源丰富，矿种齐全。钨、锡、钼、锑、汞探明储量均居世界前列，其中钨储量为世界其他各国总储量的3倍多；锑占世界总储量的44%；铝、铅、锌、镍潜力较大，可满足生产需要。但我国有色金属资源平均品位不高，且伴生、共生矿床多。综合开发的经济价值高，但目前还具有一定的技术难度。

我国有色金属矿产在全国各省均有分布，但又相对集中。如铜矿储量占全国1/3都集中在长江中下游两岸；钨矿开采占全国80%都集中在南岭地区。此外，我国大部分有色金属资源丰富的地区，其附近有相当丰富的水力资源或大煤田，这是极为有利的。如辽宁、甘肃、湖南、云南是我国有色金属工业的四大基地，它们都建立在本省丰富的有色金属资源的基础上。其中辽宁省原有基础较好，距离辽中南重工业消费区近；而甘肃、云南、湖南不仅有色金属资源丰富，同时水电资源也很丰富，可满足发展耗电量大的有色金属工业。

（二）有色冶金工业生产特点及布局要求

有色冶金工业是一个种类复杂、产品多样的工业部门，一般包括采矿、选矿、粗炼、精炼、轧制 5 个重要生产环节。其生产特点：一是原材料消耗量大。因为有色金属矿的品位都很低，一般在 1% 以下，需要大量矿石。二是耗水、耗电量大。因为生产工艺多采用电热、电解工艺。三是生产的综合性强。因为有色金属矿一般单一矿床少，伴生或共生矿床多。四是生产的连续性强、设备复杂、机械化程度高。五是对周围环境影响较大，"三废"排放量较多。

根据上述特点，有色冶金工业布局总的要求是：

1. 采选结合，接近原料地

有色金属矿开采量很大，如果矿石不经处理运往冶炼厂，就会大大增加运输费用。因此，有色金属的采矿与选矿必须结合进行，经过采、选，可得到品位较高的精矿。同时，采矿、选矿布局还必须考虑有充足的电力和水源作保证；反过来说，具备充足电力、水资源和交通运输等条件的矿床将优先得到开发。

2. 分散粗炼，集中精炼，消费地加工

有色金属冶炼一般分为粗炼和精炼两个阶段。由于经过选矿后的精矿，品位也只有 20%～25%。因此，粗炼厂适宜分散布局在选矿区附近。精炼是以粗炼产品为原料，提取纯金属。经粗炼后的金属品位高，运输量小，而且考虑到要综合利用其中的多种元素，所以有色金属精炼厂宜建在消费中心或大城市郊区。耗电量大的精炼厂最好布局在大型火电站或水电站附近，以减少远距离输电的损失。有色金属经压制加工成各种形状的产品，但多数不宜远距离运输，因此，其加工厂宜布局在消费地，接近机器制造中心更理想。

3. 注意资源的综合利用和环境保护

有色金属矿大多为多种元素共生，通过综合利用可以同时获取其他多种产品。因此，其布局应注意与化工、建材等工业结合，尽可能组合布局，以提高综合经济效益。有色金属在选炼中会产生大量杂质和有害元素，如粗炼时产生二氧化硫废气，严重污染生态环境，有的元素如汞、镉、砷、铅、氟等对人体危害很大。因此，有色冶金工业布局要充分考虑对环境的保护。

（三）主要有色金属的生产与布局

1. 铝工业

通过对铝土资源的系列加工，为国民经济提供铝锭或铝材，是我国重点发展的有色冶金工业部门之一。我国铝土资源丰富，分布广泛，而又相对集中在山西、河南、贵州、广西四省份，合计占全国铝土资源总储量的 86.4%，其中山西省占 1/3，居首位。开发条件较好的铝土矿有：山西孝义、阳泉、交口，河南巩县、新安一带，贵州修文、清镇，以及广西平果。此外，辽南、鲁北、甘肃、宁夏也有大中型铝土矿。

铝工业生产一般分为采选、初炼（铝土矿经磨碎烧结成中间产品——氧化铝）、电解

铝（氧化铝经电解成铝锭）、铝加工（加工成铝制品）等工艺过程。不同生产阶段的布局要求不同：初炼厂一般应接近铝土矿，如我国的氧化铝生产基地：山东张店、河南郑州、贵州贵阳、辽宁抚顺和山西铝厂（二期工程结束后，设计年产氧化铝达 120 万吨，规模居亚洲第一）。1992 年由郑州铝厂、中州铝厂、郑州轻金属研究院和郑铝矿业公司合并组成的中国长城铝业公司，拥有 100 万吨氧化铝、4.4 万吨铝锭、3000 吨铝型材的生产能力，氧化铝年产量占全国总产量的 31%，是目前我国最大的氧化铝生产基地。

电解铝厂因耗电量大，要求接近大型火电站或水电站，抚顺、张店、贵阳、兰州、包头、青铜峡、郑州、连城为我国八大电解铝生产中心。

我国最大的电解铝厂——青海铝厂，位于青海大通县。

铝加工工业主要分布在消费区。哈尔滨、重庆、上海、北京等城市都有铝加工工业的分布，其中较大的有哈尔滨东北铝合金加工厂、青岛中外合资铝加工厂、陇西西北铝加工厂、重庆铝加工厂等。

2. 铜工业

铜属于重有色金属，较易于冶炼和加工。目前我国铜矿可供开发利用的储量不多，且品位低，含铜量 1% 的矿在我国即为富矿，一般是 0.4%，边界品位 0.2%。由于品位低，矿山开采量大，为节约运输费用，选矿厂要求布局在矿山附近。我国铜矿资源集中分布在长江中下游和川滇地区。著名的铜矿基地有江西德兴、湖北大冶、安徽铜陵、甘肃白银、山西中条山、云南大江山（为国家"九五"重点项目）等。此外，新疆阿勒泰地区发现仅次于江西的中国第二大铜矿——阿舍勒铜矿。

铜的粗炼厂一般也宜布局在矿山附近，往往几个矿合建一个粗炼厂，厂址则设在交通方便、协作条件好的城市附近。我国铜的粗炼厂主要集中在昆明、株洲等地，分别就近利用云南、湘西的铜矿资源。

铜的精炼耗电量大，厂址要求布局在电力中心或大城市附近。主要精炼中心有贵溪、沈阳、白银、昆明、洛阳、上海等。其中，江西贵溪冶炼厂是目前规模较大，第一座采用世界先进的速熔炼技术的炼铜厂，年产粗铜 9 万吨、电解铜 7.5 万吨，为"六五"期间重点成套引进建设项目，主要冶炼德兴产的铜矿。

上海主要是冶炼进口粗铜和回收杂铜。2012 年我国铜产量达 606 万吨。

我国铜加工工业多分布在消费区，有上海、洛阳和沈阳等地，目前最大的铜材生产企业是洛阳铜加工厂。

3. 铅锌工业

铅锌矿绝大多数为共生矿，有时还伴生有银矿、黄铁矿及稀有金属矿。我国已探明储量居世界前列，锌比铅多，但多贫矿。矿床相对集中分布在南岭、滇西、川滇、秦岭—祁连山和内蒙古狼山等地区。采矿中心有湖南常宁水口山、临湘桃林、云南会泽、辽宁柴河等。株洲是目前我国最大的以冶炼铅锌为主的重有色金属冶炼中心，除以生产铅锌及其合金产品为主外，还综合回收铜、金、银、铋、镉等多种有色和稀贵金属，2010 年铜铅锌总产量 60 万吨，为我国铅锌生产和出口的重要基地。另外，还有广东韶关冶炼厂、沈阳冶炼厂、葫芦岛炼锌厂等。2013 年我国铅产量达 500 万吨，锌产量 530.22 万吨。

此外，云南个旧、广西南丹是我国最大的产锡基地；辽宁锦西的杨家杖子、陕西金堆城是我国大型钼矿基地；辽宁海城和营口的镁矿、贵州铜仁的汞矿等都是我国著名的开采基地。但我国的有色金属矿不少面临经济效益低或转产的问题，如著名的湖南新化锡矿山曾是世界最大的锑矿产地，1995 年已实现转产。

图 6-5 中国有色金属分布

三、化学工业

化学工业是一个原料来源广、多行业、多品种，广泛服务于国民经济的工业部门。不仅是我国工业和国民经济的重要组成部分，也直接影响着人民生活的吃、穿、住、行、用各个方面。化工的发展还是衡量一个国家工业技术水平的重要标志。

（一）化学工业特点及布局要求

1. 原料来源十分广泛

它几乎可以利用一切自然物，包括矿物性的、生物性的、工业废料和水、空气等。由于化学工业的发展，使得各类原料的综合利用率大为提高，在综合利用原料的基础上，化学工业内部及化学工业与其他工业部门之间日趋联合化。例如，冶金工业与化学工业的联合，化学工业对冶金工业中废气的利用，既可生产出苯、氮等有用产品，又能回收利用工业废气，净化了环境，防止了空气污染。又如炼油和化工联合，石油

— 165 —

炼制的主产品是各种型号的燃料油、润滑油等，而其副产品成为有机化工行业的原料，生产出价值很高的各类产品。化学工业的联合化趋势，在很大程度上降低了对原料产地的依赖程度。

2. 化工设备复杂、技术要求高

化学工业多采取连续式生产，从原料到产品不间断地进行，因此设备多为密闭容器和管道，自动程度高，对技术条件依赖大，而对劳动力数量要求不多，故化学工业布局一般应考虑地区的技术、经济条件。

3. 耗水、耗电多

化学工业属于高耗能的工业。生产中常需大量的加热、冷却，以及各种反应用水、清洁用水，一般要求水质较高、水量较大。因此，化学工业布局必须优先考虑水、电两个制约因素。这是一个地区化学工业能否发展，或发展多大规模的重要依据。

4. 污染严重

化工生产中排出大量的废气、废液、废渣，有毒物质含量较高，而且很多是在高温、高压、高真空下进行，容易发生燃料爆炸、毒气泄漏等事故。因此，化学工业布局应注意保护环境，企业布局应远离人口集中的城市，避免在城市的上风向或河流的上游地区建厂。

（二）化学工业发展及化工原料评价

1. 发展概况

新中国成立后，经过 50 多年的大规模建设，我国化学工业已经发展成为行业比较齐全、布局比较合理的工业体系。首先，化工产品产量有了大幅度的增长；其次，布局日趋合理，从沿海到内地的各省、自治区、直辖市都有化学工业布局。同时，化工结构也发生了重大变化，高档、精细的化工产品比重不断提高。1995 年精细化工率已由 1990 年的 25% 上升到 32%。高新技术精细化工是 21 世纪国家综合实力的重要标志之一，已成为当今世界化工激烈竞争的焦点。

2. 关于主要化工原料的评价

化学工业原料包括自然界蕴藏的煤炭、石油、天然气和金属矿，非金属矿藏，以及工业和农业生产部门所提供的多种资源。除个别矿种外，我国大多数化工原料储量丰富，有些位居世界前列。

（1）盐。盐是主要化工原料之一。我国盐类资源丰富，有海盐、湖盐和井盐。沿海各省都产海盐，其中辽宁、天津、河北、山东、江苏是最重要的产区；湖盐主要分布在西北干旱地区；井盐主要分布在西南和中部地区，其中四川储量、产量均高居全国之首。

（2）硫。硫是制造硫酸的主要原料。我国硫铁矿储量居世界前列，但富矿较少，主要分布于广东、甘肃、安徽、内蒙古、湖南等省区，著名矿区有广东云浮矿、安徽铜陵、甘肃白银、江西贵溪等地。

（3）磷。磷是制造磷肥的重要原料，其次用于提取黄磷、赤磷、磷酸和其他磷化物，供医药、火柴、染料及国防工业之用。我国磷矿资源丰富，但贫矿多，主要集中在云南、贵州、四川、湖南、湖北五省。著名矿区有云南昆阳、湖南浏阳、湖北荆襄、贵州瓮福、开阳、江苏锦屏等磷矿区。

（4）钾盐。钾盐是制造钾肥的重要原料。我国钾储量相对短缺，每年所需钾盐的2/3是从国外进口的。钾盐矿主要分布在青海、内蒙古、甘肃。青海的察尔汗盐湖为我国最大的钾盐矿。罗布泊发现国内最大的钾硝石矿床。钾长石储量较为丰富，分布普遍，主要在河北宣化、北京延庆、山西闻喜、内蒙古包头等。明矾石则主要集中在浙江平阳、安徽庐江、福建平和等地。

（5）硼。硼是用途很广的化工原料，主要用于制造肥料和医药。我国硼资源相对不足，主要分布在青海、西藏的大陆盐湖区，以及辽宁、吉林、河北、安徽等省。新疆昆鹏化工将在泽普廷我国最大硼矿化工项目，全力打造中国最大硼业生产基地。

（三）主要化工部门布局

我国化学工业包括化学采矿业、基本化学工业、化肥工业、有机合成工业、医药工业和橡胶工业六大部门。其中，主要是基本化学工业、化肥工业和有机合成工业。

1. 基本化学工业

基本化学工业又称酸碱工业、无机化工，主要是指三酸（硫酸、硝酸、盐酸）和二碱（纯碱、烧碱）。三酸二碱是化学工业的基本原料，在整个化学工业系统中占重要地位。

我国硫酸产量居三酸之首，用途最广、需要量最大，其产量一半左右用于磷肥工业的生产，此外用于农药、冶金、石油、轻纺及国防等部门。我国制取硫酸以硫铁矿为主，约占90%，其次才是利用回收硫。因硫酸腐蚀性极强，储、运都不方便，因此硫酸工业多与磷肥、轻工、冶金、军工等耗酸工业联合布局。

目前，硫酸产量多的有云南、山东、湖北、江苏、贵州、四川等，其他各省份也都有硫酸生产。

硝酸主要用于制造炸药、化肥、染料、医药等，我国硝酸生产以合成氨为原料，其布局往往与氮肥工业结合在一起，或附设在大量消耗硝酸企业内部，如炸药厂。兰州、吉林为我国重要的硝酸生产基地。

盐酸是氯碱工业的副产品，往往与制烧碱、农药、有机化工产品企业成组布局。上海、天津为我国最大的盐酸生产中心。

纯碱主要用于玻璃工业、有色金属冶炼、纺织工业、有机合成及民用，多建于盐产区。天津碱厂、自贡鸿鹤化工股份公司、青岛碱业股份有限公司等八大厂生产的纯碱占总产量的69%。纯碱产量以山东、江苏、河北最多，2012年全国的纯碱产量达2403.9万吨。

烧碱主要用于造纸、肥皂、染料、人造纤维、塑料等行业。因不便储存、电解法耗电、耗水等原因，制烧碱企业应布局在电力充足、交通方便、水质好的消费区，以山东、江苏、天津、四川、浙江等省市产量最多。我国最大的氯碱厂在山东淄博，年产烧碱20万吨，另有辽宁锦西化工厂等。

2. 化肥工业

2013 年我国化肥产量为 7153.7 万吨，其中在氮肥中的比例已由 20 世纪 90 年代的 33% 提高到 73.9% 以上。煤炭、石油、天然气均可生产氮肥，氮肥厂也往往同煤矿、油气田相结合。我国"一五"、"二五"期间所建氮肥厂多以煤为原料，如吉林、吴泾、太原、南京等。

我国大部分地区土壤缺磷，应当加速磷矿开发，促进磷肥工业发展。由于磷肥生产消耗硫酸较多，磷肥运输方便，磷肥工业多布局在硫酸产地或磷矿区。磷肥厂主要分布在南京、铜陵、株洲、昆明、济南、青岛、太原、柳城等地。

2012 年我国磷肥产量 1955.86 万吨，占总产量的 22.44%。今后要根据资源分布特点，从有利于解决或减少运输困难和南磷北调出发，建设滇东、黔中、鄂西、川南四大磷肥基地。

钾肥也是农业生产不可缺少的，我国用于生产钾肥的原料 90% 以上为钾盐矿。青海察尔汗盐湖被列为国民经济具有重要价值的矿区和国家规划矿区，2006 年青海钾肥厂总规模年产钾肥 100 万吨。

复合肥料是由两种以上不同品种的化学肥料结合而成的，具有有效成分含量高、养分齐全、节省运费、减少施用次数的优点。国外复合肥比单一化肥产量高，我国复合肥料生产起步晚，从"七五"时我国化肥工业发展重点开始放在高浓度磷肥和复合肥料上。目前，我国大型复合肥厂主要有山西化肥厂（我国第一座以煤为原料的大型复合肥厂）、铜陵化工总厂、南方化学工业公司、云南氮肥厂等。

3. 有机合成工业

有机化工包括基本有机原料工业和有机合成工业两个部门。按原料路线主要分煤化工和石油化工等。由于我国的资源状况是煤炭比石油丰富，从长远来看，在积极发展石油化工的同时，也要把煤化工放在应有地位。煤化工的基本原料之一是电石。电石生产耗电量大，主要布置在煤炭、电力比较充裕的地区。太原是建在"北煤中心"最早的煤化工基地。吉林早期是单一煤化工，后来成为煤、油兼有的重要化工基地。宁夏、内蒙古、陕西、河北等省区，从总体来看，北方较多，南方较少。北方的主要产地多与煤炭资源的开发利用相结合；南方的主要产地则多与水电资源的开发利用相关联。以山西、宁夏、内蒙古、陕西和河北等省区产量最多，其中，山西省占全国的 1/5 以上。

石油化工的基本原料是乙烯。乙烯是石油化工的一个带头产品，是生产三大合成材料的原料，也是用途最广的石油化工基础原料。其产量是显示一个国家的石油化工发展水平和综合国力的重要标志之一。1962 年兰州化学工业公司在国内第一次用石油气为原料生产出乙烯，20 世纪 70 年代后，首先在北京兴建大型乙烯工程，以后在大庆、淄博、南京、上海又陆续引进四套大型设备。至 2004 年，我国乙烯总产量达 626.58 万吨。"九五"期间新建的还有茂名、吉林两套大型乙烯工程。此外，还有北方、中原、独山子、天津和广州等较大型乙烯工程。

有机合成工业是利用有机原料工业提供的乙烯、电石等，生产有机合成产品。高分子化合物制成的新型材料，主要是三大合成材料——合成树脂、合成纤维、合成橡胶。

我国有机合成工业从无到有、从小到大，发展很快，其中合成材料比重最大的合成树脂，1996 年产量达 482.39 万吨。2004 年产量升至 1790.99 万吨，其生产遍布全国，又以京、苏、鲁、黑四省市为主。化学纤维在 20 世纪 70 年代后期引进了四套大化纤工程，即上海金山、辽宁辽阳、天津、四川长寿等，20 世纪 80 年代又新建两套大化纤工程，分别在上海石化、江苏仪征。2013 年，我国化学纤维产量为 4121.94 万吨。合成橡胶生产分布较集中，主要集中在鲁、京、吉、甘、川，2011 年全国产量达 348.66 万吨。

（四）大型化工基地

化学工业本身由于资源综合利用、生产工艺的协作、经济联系交流等要求联合布局，从而形成相对集中的综合化工基地。

1. 上海化工基地

上海是我国近代工业，也是近代化学工业的发祥地。主要有高桥、金山两大石油化工区，企业有上海石油化工股份有限公司、高桥石化公司、吴泾化工公司、正泰和大中华橡胶厂等。上海石化是中国目前最大的石油炼制、化工、化纤、合成树脂的联合生产基地之一。始建于 1972 年的上海石化总厂，拥有 530 万吨原油加工能力，45 万吨乙烯、35 万吨合成纤维和单体、30 万吨合成树脂生产能力；1990 年上海大中华和正泰橡胶厂这两家我国轮胎生产历史最久的大型骨干企业组成我国最大的轮胎橡胶集团公司；吴泾化工历史悠久，拥有我国第一个自己设计、制造设备的氮肥厂；高桥石化成立于 1981 年，下有炼油厂、化工厂、农药厂、染化厂、化纤厂等。

2. 南京化工基地

南京地理位置优越，水陆交通便利，水资源、电力充足，同时又是鲁宁输油管线的终点。1957 年最早形成以生产氮肥、磷肥和硫酸等产品为主的南京化工公司；1981 年由南京炼油厂、栖霞山化肥厂、南京烷基苯厂、南京化工厂、钟山化工厂、南京塑料厂、南京长江石油化工厂组建成立金陵石油化工公司；我国最大的化纤生产基地——仪征化纤公司，现拥有 80 万吨的化纤生产能力；扬子石化 30 万吨乙烯工程于 1987 年投产，1995 年乙烯产量达 40 万吨。1997 年 11 月由上述国家企业和江苏省石油集团有限公司组建成立中国特大型石油化工联合企业——东联石化集团有限责任公司，其性质为国家投资组建的国有独资公司，是国务院确定进行试点的国家授权投资的机构和国家控股公司。

3. 吉林化工基地

吉林化学工业公司是新中国成立后兴建的我国第一个化学工业基地。1951 年筹建，1957 年初步形成，包括吉林化肥厂、吉林染料厂、吉林电石厂三个化工厂和一个高温高压热电厂。20 世纪 50 年代主要利用附近的煤、石灰石和水电优势发展煤化工。大庆、吉林油田开发后，又建起炼油、有机合成等石化装置，使吉林成为煤化工与石油化工相结合的大型综合化工基地。

4. 太原化工基地

太原附近有丰富的炼焦煤和优质无烟煤、石膏及一定数量的硫资源，是我国另一个以煤为起始原料的有机化工基地。依托晋煤中心这一得天独厚的资源优势，先后建起化工、化肥、磷肥、电石、农药、染料等骨干厂，布局也比较集中，位于河西工业区，主要生产甲醇、甲醛、苯酚等多种有机化工原料和合成药物、农药、染料、合成纤维、塑料等有机化工成品。

5. 兰州化工基地

兰州化工基地是新中国成立后新建的第一个石油化工基地，在国内第一次以石油气为原料生产出乙烯，开创了我国以重油生产乙烯的新途径。基地内包括合成橡胶、化肥、石油化工、有机化工等厂家，主要从石油和炼油厂气中提取乙烯、丙烯等基本有机原料，进而合成酒精、丙烯腈、高压聚乙烯、聚丙烯等主要有机化工原料，形成生产橡胶、塑料、合成纤维的综合性石化基地。随着青海、新疆油气资源的进一步开发，兰州化工基地也将会得到更大的发展。

6. 天津化工基地

天津化工发展原有一定基础，且靠近长芦盐区及唐山石灰石矿，是发展两碱工业的优势区位。同时精细化工也占重要比重，其中天津渤海化工集团公司是目前中国最大的海洋化工生产企业，年总产量170多万吨，其中纯碱产量约占全国1/6，聚氯乙烯约占全国1/8，烧碱产量位居全国第三。此外，天津石油化纤总厂是我国大型化纤生产企业。

7. 大庆化工基地

依托我国最大的油田，大庆石油化工总厂（1970年由大庆炼油厂更名）的石化工业先后经历了以炼油为主生产各种油品到利用炼油过程中的尾气、副产品和油田伴生气发展化工生产，形成以炼油为主、化工为辅，到目前炼油、化工并重的格局这三个发展阶段。现拥有600万吨的原油加工能力，设有国外引进的大化肥和30万吨乙烯工程装置，为我国大型石油化工联合生产基地之一。

8. 淄博化工基地

胜利油田的开发，带动了淄博炼油和石化工业的兴起，主导企业为齐鲁石化总公司，拥有炼油厂、化肥厂、橡胶厂、催化剂厂、烯烃厂、氯碱厂及热电站等。年加工原油能力800万吨，生产合成氨38万吨、尿素60万吨、合成橡胶11万吨、合成树脂51万吨、烧碱20万吨，拥有30万吨乙烯生产装置。

9. 北京化工基地

20世纪50年代发展煤化工，60年代发展石油化工。通过大庆—秦皇岛—北京和任丘—北京的输油管线输进大庆、华北油田的原油。拥有全国最大的炼油厂，炼油规模达950万吨/年。大型乙烯工程于1976年建成，为全国第一个大型乙烯基地。1979年北京石化总厂改名为燕山石油化学总公司，1995年改扩建后全年乙烯产量超过47万吨，1997年在石化系统内率先实现了汽油无铅化。同时，北京是全国的科技中心，发展石化精深加工和新兴材料生产的条件得天独厚。

10. 镇海炼化基地

创建于20世纪70年代，拥有800万吨/年的原油加工能力，以及石油制品700万吨，苯、甲苯、二甲苯混合物26万吨，合成氨30万吨，尿素52万吨的生产能力。原使用原油15%来自胜利油田、85%进口中东，今后计划全部加工进口原油和部分海洋油。从工厂到北仑港有管道相接，经过甬江水下，在北仑港拥有包括25万吨级泊位在内的5个专用泊位，拥有原油进口权和成品油出口权，每年出口产品均占到产品总量的30%左右，1997年单独出口额在全国工业企业中名列第二。

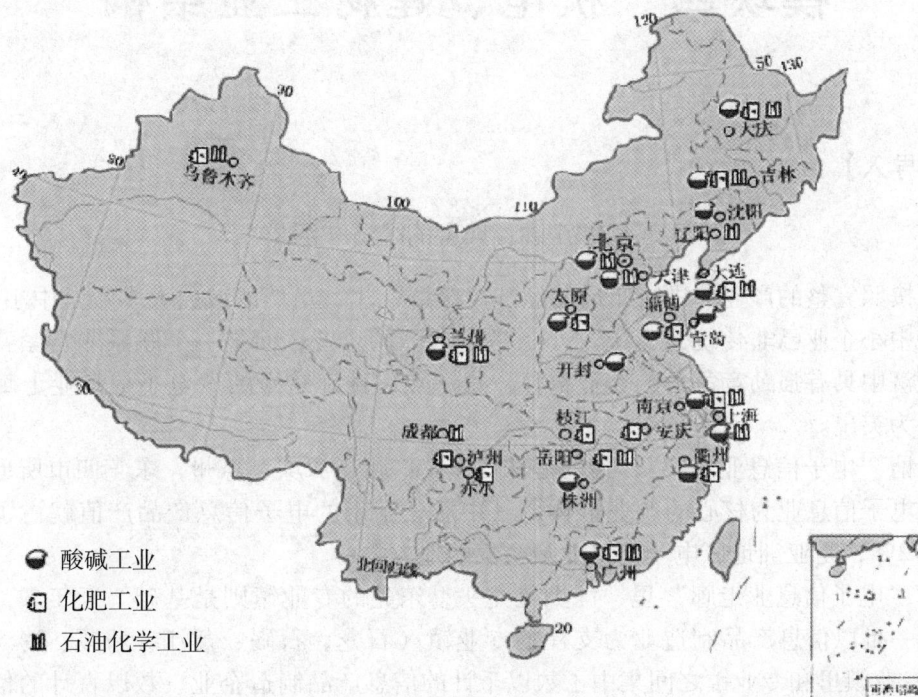

图6-6　化学工业分布

【项目训练】

一、思考与练习

简述我国化肥工业的分布情况。

二、活动建议

1. 活动内容

请在Internet上查询你所在城市或地区有哪些冶金工业，请绘一张冶金工业分布示意图。

2. 操作步骤

（1）将全班学生分为若干个小组，每个小组4～6名组员；

（2）各组讨论并提交一份报告。

3. 活动点评

学生互相点评，教师总结。

模块四　机电、建材工业结构

【项目导入】

电子信息走廊：典型的经济"簇群"

在按照完整的产业链进行布局的经济"簇群"里，虽然区域内大多数是中小企业，但这些中小企业已非传统意义上"小、散、差"的企业，而是一个联系非常紧密、在国际经济中具有强劲竞争力的企业群体。这一点在珠江东岸的"电子信息业走廊"表现得最为突出。

所谓"电子信息业走廊"，指的是珠江东岸广州、深圳、惠州、东莞四市所形成的一个以电子信息业为核心的产业群体，其中后三个市的电子信息产品产值就占了全省的72.72%，是亚洲地区电子信息业最密集的地方之一。

在"电子信息业走廊"里，深圳是龙头，东莞的专业镇则是基础。近年来，东莞涌现了一批以信息产品制造业为支柱的专业镇（石龙、石碣、黄江、塘厦、清溪、长安），专业镇里和专业镇之间集中了数以千计的信息产品制造企业、数以百计的信息技术研究开发机构，以及信息产品经销商、信息设施供应商，在企业之间形成了信息产品元器件、信息设备供应、安装的企业联盟和产业链，产供销、科工贸、产学研等营销、科研、生产、贸易联合体，技术支撑体系，几乎每一个专业镇都同大学科研单位建立了研发、技术培训关系。可以说，在这条走廊里，每一个单一的企业独立来看都不太起眼，但作为一个群体，它们却是这个世界级制造基地的精华所在。（资料来源：南方网）

思考：为什么会在珠江东岸形成一个以电子信息业为核心的产业群体？

【项目知识】

一、机械制造业

（一）机械制造业的特点及布局要求

机械制造业是工业的心脏，为工业、农业、交通运输业提供技术装备。机械工业的特点是：第一，门类多，服务面广。机械工业有多种多样的门类，18世纪末出现蒸汽机，19世纪初出现纺织机、机床、铁路车辆、造船，19世纪末出现工业机械、农业机械、自行车，20 世纪初出现汽车、飞机、发电设备、电气设备、化工设备，20 世纪中出现了电子设备、航空航天设备、激光、核技术工业。机械工业有数以万计的产品，产品服务面广，供应国民经济各部门，供应人民生活各方面。第二，与自然因素没有直接的联系，与冶金工业关系密切。机械工业原材料消耗占生产费用的 60%，其中金属材料要占原材料消耗的 70%。尤其是重型机械制造业，消耗金属材料数量很大，布局时要与冶金工业相结合，以便就近获取大量金属材料，并就近为冶金工业提供各种重型机械设备及部分原材料（废钢铁）。第三，技术性强，产品精密度高。机械工业需要较高的科学技术条件，其产品质量的好坏和成本的高低是机械工业生命力的体现。机械工业不但需要一定数量和水平的技术人员，而且需要一定数量和水平的操作工人，机械工业宜布局在工业基础好、科技力量较强的城市。第四，生产的专业化和产品的标准化。机械工业产品种类繁多，而且可分性强，一个机械厂（公司）难以独立生产一个复杂的完整设备，工业生产需要协作。

现在，机械工业专业厂比重很高，全能厂越来越少，工业的分工越来越细，协作关系日益加强。只有这样才有利于提高机械工业生产水平，提高产品的质量和数量。例如，上海电子工业，实行数百家企业协作分工，进行专业化生产，经济效益很高。机械工业各部门有类似的工艺过程，例如都有铸造、锻工、金工、装配等生产工艺，产品通用性强，一种零件可以为多种工业部门采用，生产可以重复加工。这就为机械工业专业化提供了优越条件。机械工业产品可以按统一的标准规格，进行专业化、自动化生产，这是机械工业不同于其他工业的显著特点。

（二）我国主要机械工业的生产布局

1. 工业设备制造工业

即武装工业自身的各种机器设备的制造工业，是机械工业生产规模最大、产品种类最多的一个工业部门。它包括重型机械、机床工具、通用机械、发电设备、石油化工、轻纺机械、仪器仪表等。

我国的重型机械是装备冶金工业和矿山采选工业的、生产体积大而笨重的重型机械产品，主要分布在齐齐哈尔、德阳、太原、沈阳、洛阳、大连、兰州等地。

齐齐哈尔（富拉尔基）是我国第一个重型机器厂，是全国最大的重型机械制造业。与齐齐哈尔钢厂配合，生产各种轧机、锻压设备、冶炼设备、工矿配件、大型铸锻件。

第二重机厂（德阳）也有钢厂配合，生产轧钢、锻压设备，冶金整形设备，矿山、木材加工设备，火电铸锻件，飞机和汽车模锻件。

太原重机厂与太钢配合，是生产冶金设备的重要工厂，主要产品有各种轧机、水压机、矫正机、起重机、装卸机、煤气发生炉、加压气化炉和大型铸锻件。

沈阳重机厂接近鞍本钢铁企业，主要生产矿山、锻压、轧钢设备，各种大、中型铸、锻、焊毛坯件。

洛阳矿山机械厂是我国最大的矿山机械设备制造企业，生产各种采掘机、卷扬机、选煤机、浮选机、起重机等。大连起重机器厂是我国最大的起重设备生产企业。

兰州石油化工机器厂是我国最大的石油钻采机械、炼油化工设备专业厂。

我国机床工具制造业是为机器制造业服务的，生产制造机器和各种工具，主要分布在沈阳、上海、北京、齐齐哈尔、天津、武汉、成都、济南、重庆、大连、昆明等地。

沈阳机床厂是我国最大的车床生产企业，主要产品有各式车床、钻床、镗床。

上海机床厂是我国最大的金属切削机床生产企业，生产的各类金属切削刀具质量最优。

北京第一机床厂是全国最大的铣床生产基地，生产各类立式铣床、万能铣床和龙门铣床。

齐齐哈尔第一机床厂主要生产双、单立柱车等各类机床。

武汉重型机床厂主要生产重型机床。

我国的量具、刀具生产基地主要分布在成都、哈尔滨、上海。

磨料磨具生产基地主要分布在沈阳、郑州、贵阳。

我国发电设备制造业是为电力工业提供装备的工业部门，能生产各种类型的发电机组，主要分布在哈尔滨、上海、四川、武汉、天津、北京、沈阳等地。哈尔滨三大动力厂（电机厂、汽轮机厂、锅炉厂）是我国最早建立的发电设备制造基地，以水力发电设备为主。上海三大动力厂是我国最大的火力发电设备制造基地。四川三大动力厂由德阳电机厂、绵竹汽轮机厂、自贡锅炉厂组成，是我国内地建设的发电设备制造基地。哈尔滨、上海、四川是我国发电设备制造的三大基地。

我国石油化工设备制造业是直接为石油化工工业服务的，主要分布在兰州、金州、抚顺、南京、锦西、成都、宝鸡、沙市等地。

兰州是我国最早的石油机械制造基地，它与宝鸡同为我国西北乃至全国最重要的石油机械制造中心，主要生产石油钻采、炼油设备。

抚顺是 20 世纪 60 年代后迅速发展的石油机械制造中心，主要产品有炼油和石油化工设备。

沙市是新建成的石油机械制造中心。

金州是全国最大的化工机械制造基地，主要产品是合成氨、乙烯、尿素、炼油等化工企业设备。

锦西化工机械企业主要产品有化工品专运设备、储藏、压缩机、离心泵和煤气发生炉。

南京、成都也都是较重要的化工机械生产基地。

我国轻纺设备制造业主要分布在上海、天津、青岛、郑州、榆次、广州、西安、大连、合肥等地。

上海是我国最大的轻纺工业基地，能生产各类纺织机械、各类食品机械及其他轻工机械。

榆次是我国仅次于上海的纺织机械生产基地。

天津是轻工机械制造另一重要基地，纺织机械、造纸机械规模很大。

广州是全国最大的制糖机械生产基地。

郑州、青岛是我国重要的轻纺机械生产基地。

我国仪器仪表制造业主要分布在上海、南京、重庆、西安、北京、哈尔滨、德光等地。

上海是我国最大的仪器仪表生产中心。

自动化仪表、电工仪表生产基地还有重庆、西安、哈尔滨。

光学仪器生产基地还有德兴、南京、北京、西安、哈尔滨。

2. 农业机械制造工业

农业机械主要包括拖拉机和各种农用机械。农业机械为农业的机械化提供重要的保证。目前，我国大型的拖拉机和收割机主要分布在北方地区，如洛阳、兖州、石家庄、天津、济南、长春、哈尔滨、沈阳、四平和佳木斯等地。中小型拖拉机、手扶拖拉机及中小型农业机械主要分布在南方地区，如上海、南昌、常州等地。

洛阳第一拖拉机制造厂是我国最大的农业机械制造企业，生产各种拖拉机、推土机和压路机；天津拖拉机制造厂是我国最大的轮式拖拉机生产企业；四平是我国最大的联合收割机专用生产厂；哈尔滨松江拖拉机制造厂是我国唯一生产林业拖拉机的厂家。

3. 运输机械制造工业

运输机械包括汽车、铁路车辆、船舶和飞机。运输机械业为我国运输业提供现代化交通工具。

（1）汽车工业。世界汽车工业已成为第一大产业部门。我国的汽车工业发展也很快，已经初步形成一个以载货汽车为主体，品种齐全，具备一定制造和开发能力的较完整的汽车工业体系。2009年汽车总产量突破1000万辆。汽车工业已成为我国国民经济的支柱产业之一（如图6-7所示）。现在我国的汽车工业主要分布在长春、十堰、上海、北京、南京、天津、沈阳、重庆、济南等地。

长春第一汽车厂是我国特大型企业，也是我国汽车工业的摇篮。产品以载重汽车、轻型车、轿车三大系列为主，60多个品种。"解放"是主要的载重车型。轿车有奥迪、捷达两个品种，是我国三大轿车地之一。

十堰第二汽车厂现称东风汽车公司，是我国最大的汽车工业基地，生产东风系列产品11大类，245个品种。主要生产越野车、载重车和轿车，是世界上最大的中吨位卡车生产厂家之一。2013年销售汽车353.2万辆。

济南是我国最大的重型汽车生产基地，1995年生产重型汽车1万辆，主要车型是"黄河"系列。

上海是我国最大的轿车生产基地，"桑塔纳"轿车的国产化率已达到90%以上。

北京是我国最大的轻型汽车生产基地，主要车型有切诺基吉普车和轻型货车（北京牌），2004年生产能力达53.87万辆。

另外，天津的夏利轿车、南京的跃进越野车、沈阳的金杯载货车、重庆的红岩重型车均在国内享有盛名。

（2）铁路车辆制造业。我国铁路车辆已完成了重大更新换代，一大批新型机、客、货车投入运行。现在我国机车制造主要分布在大同、大连、北京、唐山、沈阳、青岛、戚墅堰、石家庄等地；车辆制造主要分布在长春、齐齐哈尔、哈尔滨、大连、沈阳、武汉、株洲、柳州、青岛、戚墅堰、石家庄、唐山、西安、太原、成都。

大同机车制造厂是我国最大的机车制造企业，产量占全国的1/3。大连机车车辆厂位居第二。戚墅堰是我国乃至世界上单机功率最大的内燃机车生产厂。沈阳主要生产电力机车。另外北京二七机车厂，青岛四方机车厂均具有一定的规模。2004年我国铁路机车内燃机车产量为4.34亿千瓦，2004年生产铁路客车1709辆、铁路货车2.82万辆。长春是我国最大的客车生产基地，年产量约占全国的一半；齐齐哈尔是我国最大的货车生产基地；武汉是我国冷藏车的生产基地。

（3）船舶制造业。船舶制造业为水运部门提供先进运输工具。我国现有年造船300万吨的能力，是世界级造船大国。海洋船舶制造主要分布在上海、大连、秦皇岛、天津、青岛、广州等地。上海是我国最大的造船基地，大连仅次于上海，居第二位。内河船舶制造工业主要分布在武汉等长江沿线港口，西江上的柳州、梧州及松花江上的哈尔滨等地。武汉是全国最大的内河船舶制造基地。

（4）飞机制造业。我国的飞机制造业现在已形成了一个独立的机械工业部门，能成批生产运输机、农村专用飞机和超轻型飞机，并能与外国合作组装大型客机。我国飞机制造业主要分布在西安、上海、沈阳、哈尔滨、成都、南昌等地。重要企业有西安飞机工业公司、上海飞机制造厂、哈尔滨飞机制造公司、南昌飞机制造公司。

二、电子工业

电子工业包括计算机、电子元器件、电子测量仪器、雷达通信导航、广播电视、日用电子器具及其他电子设备制造。电子工业是高新技术产业，技术密集，资金密集。电子工业产品具有高效益、高附加值的特点。我国电子工业发展很快，目前电子企业单位有4000多个，年产值超过3000亿元，是我国重要的产业部门。

我国电子工业布局的特点主要表现在以下几个方面：

（1）经济效益好，技术水平高。电子工业是科研开发型的高新技术产业，需要布局在经济技术、文化都比较发达的地区。每一个企业部门都需要相对集中布局，以便于集中使用人、财、物。由于这一原因，我国电子工业整体布局呈现出东多西少的状态。东部沿海地区布局相对稠密，西部落后地区电子工业相对稀少。沿海地带电子工业产值占2/5。

（2）电子工业主要集中在华北、华东、华南三大区。电子工业需要布局在经济技术、文化均比较发达的地区。华东最适合电子工业布局，现在企业数占全国的1/3，产值占全国的1/2。若从城市来看，电子工业主要布局在上海、北京、天津、无锡、南京、深圳、广州、苏州、杭州、沈阳、大连等城市。内地电子工业主要分布在四川的成都—广元、重庆、西安—宝鸡、都匀—凯里及晋东南地区。

（3）传统的一般电子元件、中低档电子产品、电气仪表多分散布局，内地"三线"

地区的电子工业多为军工企业。

（4）电子工业群。一些发达地区电子工业已形成工业群。例如上海地区，就有上海广电股份有限公司、上海贝尔电话设备公司、上海真空器件股份有限公司、上海永新彩色显像管有限公司、长江计算机集团、上海电子元件公司等大型电子企业。广州、深圳地区大中型骨干企业有深圳华强电子工业总公司、深圳康佳股份有限公司、深圳赛格集团公司、蛇口开发科技有限公司、深圳华发电子股份有限公司、深圳桑达电子总公司、广州广播设备厂、佛山无线电五厂、珠海东大集团股份有限公司等。

（5）我国电子工业布局具有集中分散的特点。某些技术成熟的产品生产多分散布局，在全国各城镇均有分布。但对于那些具有高新技术的电子工业，则相对集中布局。集成电路生产主要分布在北京、上海、深圳；电子计算机生产主要分布在北京、上海、南京、广州、深圳、珠海、怀化、保定；电子通信设备主要分布在天津、北京、上海、南京、成都、武汉、广州、西安；广播电视发射设备主要分布在北京、上海、西安；广播电视生产主要分布在上海、天津、北京、深圳、杭州、苏州、青岛、无锡、西安、福州、广州。

三、建筑材料工业

建材工业属原材料工业部门，为国民经济各部门和城乡建筑事业提供各种材料。在建筑总值中，建筑材料一向占60%左右。建材工业是国民经济建设中优先发展的基础部门。

（一）建材工业的发展特点与资源条件

建材工业原料分布广泛，可运性小，产品生产耗能大，生产工艺简单，投资小，见效快，地方办建材工业较容易，因而建材工业具有分散布局的特点。

我国建材工业的资源条件很好，非金属矿资源丰富。制造水泥的主要原料石灰石，分布广，储量大。现有石灰石矿区千余个，保有储量200多亿吨；制造玻璃的主要原料有石英岩和砂岩，全国探明矿区100多个，保有储量十几亿吨；隔热材料的主要原料石棉，主要分布在青海、四川、陕西（三省储量占89%），探明矿区百余个，储量6000多万吨，居世界前列；轻质建材原料石膏，我国储量达65亿吨，居世界首位；建筑装饰陶瓷的主要原料高岭土，探明矿区百余个，储量千万吨，集中分布在华东、中南地区。另外，还有滑石、石墨等非金属材料，也是建筑材料工业的重要原料。建筑材料工业所用的天然石料——大理石、汉白玉、花岗石、木材、竹材等都比较丰富。

（二）主要建材工业布局

1. 水泥工业

水泥工业是建筑材料工业中最重要的部门，与钢铁、木材合称为"三大原材料"。水泥的作用很广，可代替钢材、木材，如铁路轨枕、坑道支架、水泥船舶均是由水泥制成。耐火水泥、耐磨水泥、防辐射水泥和防菌水泥等为一些工业部门提供了特殊的凝固材料。1987 年全国改革开放以来，水泥工业发展很快，各地都有水泥厂。2013 年，全国水泥产量达到 24.1 亿吨，居世界第一位。我国水泥以地方水泥为主，产量约占全国水泥总产量的 80%。

我国水泥工业分布广泛，既接近原料产地，又接近消费区。我国水泥产量较大的省份是山东、广东、江苏、河南、浙江、河北、四川、湖南、广西、安徽、辽宁和湖北等地，产量较大的地区是华东和中南。较大的水泥企业坐落在北京琉璃河、冀东唐山、辽阳小屯、河北邯郸、山东淄博、江西万年、安徽宁国、山东滕州、江苏徐州、福建永安、湖南湘乡、广西柳州、湖北宜昌、四川峨眉等地。目前，我国水泥工业存在两大问题：一是规模结构和技术结构不合理，大水泥在水泥总产中所占比重小，大水泥企业采用湿法生产，热耗太大；二是优质水泥比重低，出口创汇能力低。

2. 玻璃工业

玻璃也是重要的建筑材料，建筑、工农业生产及日常生活都需要玻璃。我国有众多玻璃品种，建筑用的主要有平板玻璃、压花玻璃、光学玻璃等。以上各种玻璃都是由平板玻璃加工而成，因此平板玻璃应用最广，是玻璃工业的基础。玻璃纤维是一种用途很广的新型材料，由普通玻璃溶液加工而成，如玻璃丝、玻璃棉、玻璃钢等。玻璃纤维制品抗拉、耐高温、耐腐蚀、电绝缘好，可广泛用于工农业生产各部门。

我国玻璃工业在改革开放后发展很快，1991 年产量 8712 万重量箱，居世界第一位。玻璃工业大中型企业与小型企业产量各占一半。秦皇岛耀华玻璃公司是我国最大的玻璃企业，年产平板玻璃 1600 多万重量箱，产品销往 60 多个国家和地区；洛阳玻璃厂是我国最大的浮法玻璃生产企业，年产玻璃 1400 多万重量箱，产品销往 50 多个国家和地区。另外，沈阳、大连、齐齐哈尔、哈尔滨、杭州、德州、青岛、威海、济源、武汉、上海、株洲、昆明、兰州、南宁、太原、蚌埠、厦门、天津等地均有年产 200 万重量箱的玻璃厂。

3. 新型建筑材料

发展新型建材是建材工业的方向。新型建材最明显的特点是框架、轻型结构。轻型材料包括墙体材料、装饰装修材料、防水密封材料和保温隔热材料。新型建筑材料有许多优点：首先，它使整个建筑物重量很轻，比传统材料建成的房屋轻 3~4 倍；其次，是施工方便，消耗材料少，抗震能力强，造价比正常材料低 1/2 左右；最后是美观和实用。

我国新型建材工业近年来发展很快，1979 年苏州建成我国第一座年产 10 万平方米的新型建材基地。现在，我国已建成 58 条生产线，在全国十几个城市建设了建筑材料基地。北京新型材料厂是全国最大的新型建材生产企业，主要产品有石膏板、石膏制品、轻钢龙骨和岩棉制品等。青海省是全国发展建材工业资源条件最好的地区，石棉储量达 1000 万吨，水泥石灰达 5 亿吨，石膏分布广泛，石英岩储量也很可观。目前，全国各地都在发展新型建筑材料，江苏省发展最快，例如苏州发展了防水材料和塑料壁纸，无锡发展了人造大理石和装饰涂料，常州发展了水泥外加剂和稻草板，镇江的塑料门窗，南京的矿棉板和内装饰涂料，上海的纱布、印花贴墙布的生产都有了一定规模。一大批技术密集型的新型建筑材料群体已经形成，新型材料在我国的使用已日益普遍，并进入国际市场。

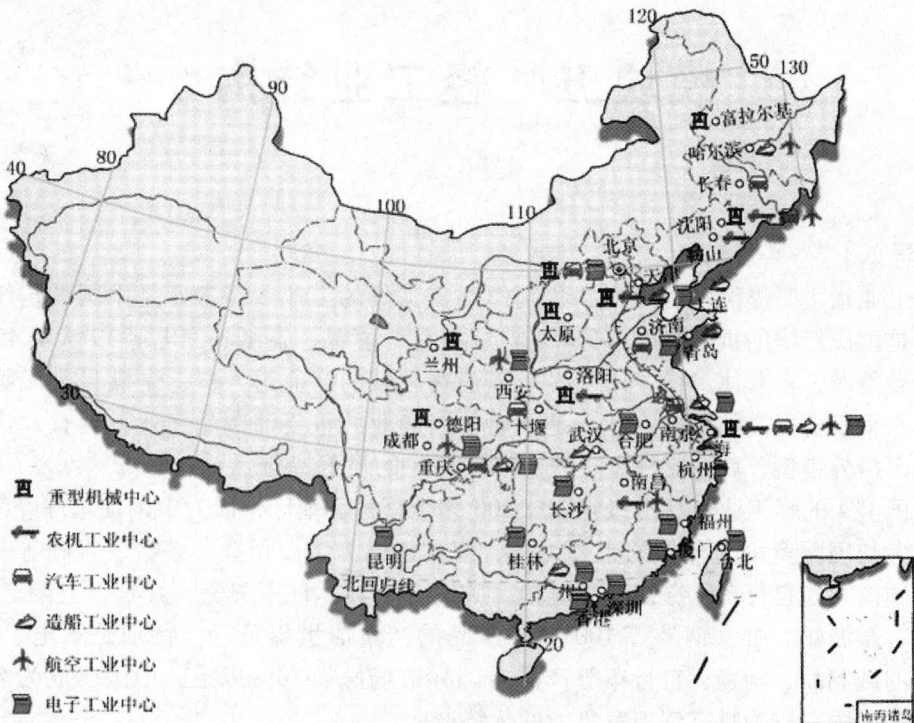

图 6-7　我国主要机械工业

【项目训练】

一、思考与练习

1. 简述我国化肥工业的分布情况。

2. 沿海省市组成的电子工业带包括哪些地区？各具有什么特色？

二、活动建议

1. 活动内容

到建材市场进行调查，若要进行房屋装修，需要哪些种类的建材，出产于何地？

2. 操作步骤

（1）将全班学生分为若干个小组，每个小组 4~6 名组员；

（2）小组实地调查、讨论并形成报告。

3. 活动点评

教师点评，并评选优秀报告。

模块五　轻工业结构

【项目导入】

　　轻工业指主要提供生活消费品和制作手工工具的工业。轻工业是中国的传统优势产业，是国民经济的重要组成部分。它包括纺织、食品、造纸、家电等19大类45个行业，是涵盖衣、食、住、行、用、娱乐等消费领域的产业组合群，是满足人民物质文化生活水平日益提高的民生产业，是承启一三产业的重要消费品工业，具有"满足内需型、出口外销型、就业支柱型、服务三农型"的显著特征。

　　我国1/4的轻工业产品出口到全球200多个国家和地区，成为中国在全球经济一体化时代参与国际竞争与合作的重要力量，海尔、格力、波司登、茅台、青啤等一批品牌享誉国内外。自行车、缝纫机、电池、啤酒、家具、日用陶瓷、灯具、空调、冰箱、洗衣机、微波炉、鞋、钢琴等100多种产品的产量居世界第一。特别是家电、皮革、家具、羽绒制品、陶瓷、自行车等产品占国际市场份额50%以上，中国已成为名副其实的轻工大国，成为具有创新竞争力的优势产业。

【项目知识】

一、纺织工业

（一）纺织工业的生产特点

　　纺织工业可分五大类，即棉、毛、麻、丝和化学纤维。各类既有共性，又有个性。纺织工业大部分原料取自农业，消费对象广，产品比较单一，技术要求相对较低。纺织工业原料分四大类，即植物纤维，包括棉花、黄麻、亚麻、苎麻；动物纤维，包括蚕丝、羊毛、兔毛、驼毛等；人造纤维，包括粘胶、铜铵、醋酸、硝酸四大人造纤维；合成纤维，包括绵纶、涤纶、腈纶、维纶、丙纶、氯纶等。2010年全国纱与布的产量分别是2717万吨，655.5亿米。

（二）纺织工业布局的要求

　　纺织工业受消费市场和技术经济影响较大，需要合适的自然条件，在考虑纺织工业布局时应当考虑以下几点：

　　（1）气候湿度条件。湿度影响纤维的强力和韧性。在相对湿度为60%左右，室温在21℃～27℃时，纤维的断头最少，所以纺织工业需配置调温、调湿设备。

（2）水源条件。纺织厂用水量很大，每生产一个纱锭约需水25升，印染厂每生产一匹布约需水360多升。纺织工业要有充足的水源，同时还要求含杂质较少的清洁水质。

（3）电力和采光。纺织工业需耗费大量电能和蒸汽，布局应靠近热电厂；需要有充足的采光，但须防止阳光的直射，厂房应设置特殊的锯齿形天窗。

（三）棉纺织工业生产与布局

棉纺织工业是我国纺织工业系统中规模最大的一个行业，其工业产值约占纺织工业总值的1/3。棉纺织品主要是棉纱、棉布和棉针织品。

1. 棉纺织工业生产概况

新中国成立前夕，形成了上海、天津、青岛三大棉纺织工业中心。新中国成立后，棉纺织工业迅速发展，1986年棉纱锭超过印度，达2000万锭，居世界首位。1996年纯棉纱、纯棉布、棉针织品的产量分别为315亿件、131.9亿米和89.4亿件，居世界首位。出口棉纱18万吨、棉布37.3亿米、棉针织品28亿件，总创汇69.6亿美元，占纺织品出口额的52%。

2. 棉纺织工业的布局

目前，除西藏外，各省、市、区都有规模不等的棉纺织工业基地。江苏、山东、浙江、湖北、河北、河南六省的棉纺织工业规模最大，其纱的年产量均在28万吨以上。1995年六省纱总产量为313.3万吨，占全国的57.8%，六省布总产量为173亿米，占全国的66.5%。

现在，我国棉纺织工业已经形成如下四大基地：

1. 长江下游棉纺织工业基地

该基地以上海为中心，包括上海、苏南、浙北、苏北南部。棉纺织业历史悠久，技术力量雄厚，规模巨大，是我国规模最大的棉纺织工业基地，产品以高中档和新产品为主。该区棉花原料不足，需从外地调入或进口，今后发展方向是增加化纤原料比重，提高高档产品的比重，注意原料消耗少、附加值高的新产品的开发。

2. 长江中游棉纺织工业基地

该基地以武汉为中心，包括湘、鄂、赣三省，是我国第三大棉纺织工业基地。大多数棉纺织企业是新中国成立后新建的。该基地是我国的重要棉花产地，原料自给有余，劳动力丰富，交通便利，棉纺织工业发展前景好。大型企业分布在武汉、沙市、襄樊、蒲圻等城市。湖北省是本区棉纺织工业的核心，1995年纱和布的产量分别为49.84万吨和23.24亿米，分别占该基地纱总量的66.4%和布产量的73.3%。

3. 华北平原区棉纺织工业基地

该基地以天津、青岛为中心，包括天津、北京、河北、河南、山东、山西等省市，是我国第二大棉纺织工业基地。这里有全国最大的棉花产区，原料充足，棉纱和棉布生产量占全国的1/3以上。该基地棉纺织业以山东最发达，最大的企业分布在天津、青岛、郑州、石家庄、邯郸等城市。人口众多，交通发达，棉纺织工业历史悠久，发展棉纺织工业条件良好。

4. 关中地区棉纺织工业基地

该区以西安、咸阳为中心，包括西安、宝鸡、咸阳、渭南、蔡家坡等地。大型棉纺织企业主要分布在西安、咸阳两市。关中是我国的棉花产区，人口众多，交通便利，有较好的发展前途。

另外，东北的大连、沈阳、营口、锦州，四川盆地的重庆、成都、内江，新疆的乌鲁木齐、石河子等城市，均布局了一定规模的棉纺织工业（如图 6 – 8 所示）。

（四）丝、毛、麻纺织工业生产与布局

1. 丝纺织工业

丝纺织工业以蚕丝为主要原料，生产高级纺织品。我国的丝纺织业历史悠久，早在石器时代就开始了养蚕和织绸，到 20 世纪初，中国丝绸一直独占国际市场。机器丝织业开始于 19 世纪中叶。2009 年我国生丝产量 16.64 万吨，是世界上最大的生丝生产国。生丝出口约占世界贸易量的 90%，是世界上最大的生丝出口国。现在我国已形成一个包括养蚕、缫丝、绢纺、织绸、印染、丝绸机械等行业的完整的丝绸工业体系，成为纺织工业的第二大生产部门。

生丝生产需要接近原料产地。原料、历史基础、技术水平、劳动力素质是影响丝织生产的重要因素。丝织业因原料不同又分为桑蚕丝织业和柞蚕丝织业，我国以桑蚕丝织业为主。

（1）桑蚕丝织业集中分布在三大地区。

长江三角洲是我国最大的丝织工业基地，丝绸产量约占全国的一半。浙江省丝绸产量居全国首位，集中分布在杭嘉湖平原。杭州、湖州、苏州是著名的丝绸城市，有"三大绸市"之称。

嘉兴是我国最大的绢纺基地。上海生丝产量小，丝织业以织绸和印染为主，原料取自浙江、四川、江苏，生产高档丝绸。四川盆地是我国第二大丝织业基地，四川省的丝绸产量仅次于浙江。南京是最大的丝织业中心，主要产品是爱司缎、乔其纱。此外，阆中、成都、重庆、绵阳等地也是重要丝织业中心。四川盆地丝织业以缫丝为主，织绸、印染分处第二位、第三位。珠江三角洲是我国第三大丝织业基地，丝织业主要分布在广州、佛山、顺德、中山等地，以生产纱绸为主，名品有香云纱和莨绸。

（2）柞蚕丝织业集中分布在辽东丘陵、山东丘陵、豫西山地。

我国是世界上唯一盛产柞丝绸的国家。辽宁、山东、河南是我国主要柞丝绸生产地。辽宁柞丝织工业规模最大，产量占全国总产量的 3/4 左右。丹东是我国最大的柞蚕丝织业基地，名品是"鸭绿江"绸。烟台、南阳也是我国重要的柞蚕丝织业中心。

2. 毛纺织工业

毛纺织工业以羊毛、驼毛、兔毛等动物纤维为原料，生产高级纺织品。中国毛纺织业起于 1876 年，但发展较缓慢。现在，我国已建成一个包括粗纺、精纺、绒线、毛毯、驼绒、长毛绒、羊毛衫、工业用呢和人造毛皮等十大类产品的毛纺织工业体系。

我国毛纺织工业分布广泛，各省、市、自治区都有一定规模的纺织业，但以东部沿海地区和西北羊毛产地最为集中。

东部沿海地区拥有雄厚的技术优势和广阔的消费市场，是我国现代化水平最高、生产规模最大的毛纺织工业基地。毛线和呢毯的产量分别占全国的85%和75%左右。江苏是我国最大的毛纺织品生产省，2013年全年江苏省绒线（毛线）产量122206吨。大型毛织企业分布在无锡、南京、常州、苏州等地。在东部沿海地区，除江苏外，还有河北、广东、上海、浙江、山东等省。其毛绒和呢绒的产量均在3万吨和2000万米以上。

上海是生产呢绒的重要基地，2012年全年上海市呢绒产量为313.5万米，仅次于江苏，居全国第二位。但在产品质量上却居全国首位。

2013年全年河北省绒线（毛线）产量79727吨，次于江苏，居全国第二位。

西部地区有充足的原料资源，发展毛纺织业条件十分优越。

甘肃省是西北区毛线产量最高的省，2011年产毛线906吨，占西北五省毛线产量的75%。

此外，西藏和内蒙古、新疆等自治区的呢绒产量均超过1200万米。在我国中部地区，河南省呢绒产量最高，2013年全年河南毛机织物（呢绒）产量2033万米。

中部地区毛纺织业主要分布在开封、吉林、哈尔滨、太原、武汉、重庆、长沙、衡阳、蚌埠、襄樊等地。

3. 麻纺织工业

麻纺织工业以麻纤维为主要原料，生产麻纺织品。麻纺织业原料主要有黄麻、红麻、苎麻和亚麻。以黄麻、红麻为原料的纺织业称为麻袋工业，生产麻袋和麻布。浙江是我国最大的黄麻产区，杭州是我国最大的麻袋生产基地。

苎麻纺织品，称作夏布，是夏季的理想衣料。苎麻纺织工业主要布局在原料产地，以湖南益阳规模最大，拥有一万多苎麻纺锭。其次是株洲。居第三位的是江苏的无锡。亚麻纺织业是纺织业中最年轻的部门。1952年在哈尔滨建成我国第一个现代化亚麻纺织厂。现在黑龙江省是我国最大的亚麻织品生产省，其纺锭和产量均占全国90%以上。

（五）化纤纺织工业生产与布局

化纤纺织工业是一个新兴的现代化纺织企业，它的出现改变了纺织业单纯依靠天然纤维原料的局面，给纺织业开辟了新的原料来源。目前，世界纺织业中，化纤原料已占40%。

我国化纤生产发展迅速，2013年化纤产量为4122万吨，居世界第一位。我国化纤生产以合成纤维为主，约占85%以上。合成纤维主要以石油为原料，分布在天然纤维原料缺乏、水运方便的沿江、沿海地区或油气、煤炭产地。上海、仪征、辽阳、天津、新会是我国五大合成纤维生产基地。仪征化纤工业是我国规模最大的现代化纤企业，以石油为原料生产涤纶原料；上海以金山石化总厂为骨干企业，是我国第二大化纤工业中心，生产涤纶、锦纶、腈纶等产品；辽阳以石脑油为原料，生产涤纶、锦纶等产品；广东新会是我国目前最大的锦纶生产中心。此外，长寿、大庆、淄博、岳阳、镇江、鞍山、平顶山、大同、佛山、营口也是我国重要的合成纤维基地。

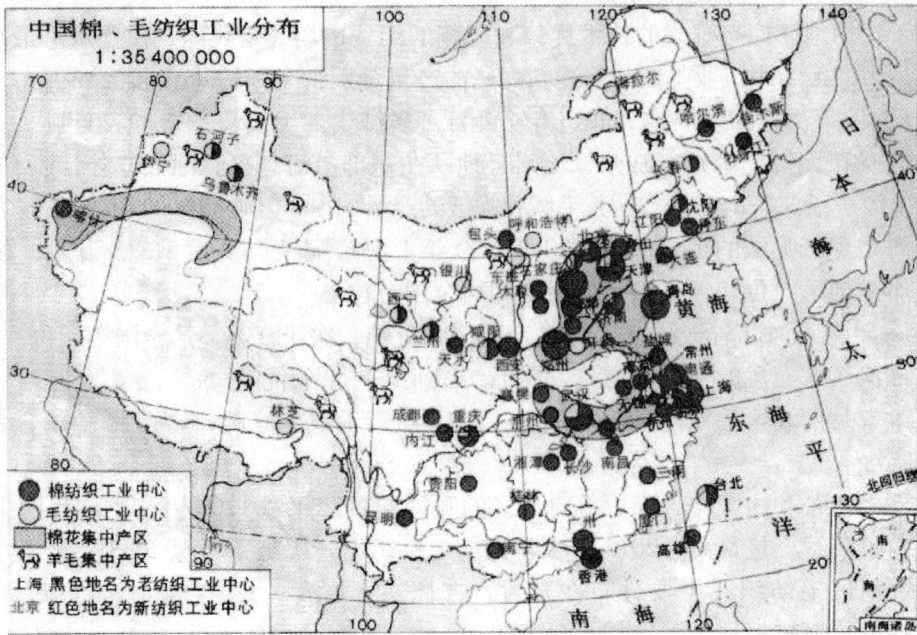

图6-8 中国棉、毛纺织工业分布

二、食品工业结构

(一) 食品工业的特点及布局要求

食品工业以农副产品为原料，门类多，品种杂，为人们生活提供饮食产品。食品工业生产具有分布广泛、生产的季节性明显、生产规模小等特点。食品工业原料来源十分广泛，农、林、牧、渔可为食品工业提供原料，产品销售普遍，有居民的地方就有食品销售，故布局广泛。食品工业原料来自于农业，因而受农业生产的影响，食品生产的季节性、地域性较明显。食品工业布局需接近原料地或消费地，例如，糖厂、盐厂、茶厂应接近原料产地，粮食加工、卷烟、酿酒、罐头应接近消费地。其生产规模宜中小型。

我国食品工业经过50多年的发展，由新中国成立前的"小而偏"转变成今天部门齐全的工业体系。1995年独立核算的食品工业产值为6200亿元，占全国的11.3%，仅次于机器制造业和纺织业，居第三位。现在食品工业已有24个行业部门，6万多个企业单位，遍及全国各地市。

(二) 主要食品工业部门及布局

1. 粮食加工

粮食加工是食品工业的基础部分，包括面粉和碾米两大部门。由于粮食加工原料失重率较小，成品不宜远运，布局应趋向消费地。面粉是北方居民的主食，也是城市糕点工业的主要原料，所以面粉工业广泛分布于全国各地，主要集中在长江以北的小麦产区和全国大城市。上海、北京、天津、郑州、青岛、西安、济南、沈阳、哈尔滨、太原、兰州、长春、武汉、重庆、南京等城市都建有大型面粉厂。碾米工业主要分布在南方水稻产区，90%以上的生产能力分布在县以下地区，集中分布在江苏、浙江、四川、湖北、江西、湖南、安徽、广东等省区。上海、南京、无锡、芜湖、九江、武汉、长沙、南昌、广州等是我国重要的碾米基地。

2. 油脂工业

主要指食用植物油加工业，主要品种如菜子油、豆油、花生油、芝麻油等。

油脂工业布局明显趋向原料产地，80%以上的生产能力分布在县城或集镇。

菜子油是我国最主要的食用油，总产量居世界首位。菜子油生产集中在长江中下游地区和四川盆地。

豆油是世界性的食用油，在我国地位次于菜子油。豆油生产分布在东北的大连、营口、长春、丹东等地。

花生油生产居全国第三位，主要分布在山东、河南、河北和广东。

芝麻油生产主要分布在郑州、安阳、开封、蚌埠等地。

此外，我国长城以北有胡麻油生产，华北棉区有棉子油生产，稻区有米糠油生产，东北有玉米油生产，西北有葵花籽油生产，西南有橄榄油生产。我国2004年生产植物油1235.44万吨，居世界第一位。

3. 制糖工业

主要分甜菜糖生产和甘蔗糖生产两部分。制糖工业原料失重很大，布局应趋向原料产地。我国制糖工业分布集中在南北两端，南方为甘蔗糖，广西、云南、广东、海南、四川、福建、江西等7省区是我国蔗糖集中分布区，六省区的蔗糖产量占全国糖产量的93.5%。广西是我国最大的产糖区，2012年糖产量为694.2万吨，占全国的59.64%。大型蔗糖厂主要分布在郁江、浔江、钦江流域，珠江三角洲和潮汕平原。

甜菜糖主要分布在新疆、黑龙江、内蒙古、河北等省区。新疆是全国最大的甜菜糖生产省，2012年甜菜糖产量为47万吨，次于广西、云南、广东、海南，为全国第五大产糖省。主要甜菜糖生产基地有：哈尔滨、佳木斯、阿城、齐齐哈尔、临河、包头、呼和浩特、石河子、呼图壁、伊宁、吉林等。

4. 制盐工业

属采掘工业，有海盐、井盐、湖盐和岩盐四类。海盐是我国盐业的主体，主要分布在沿海各省市区，又以北方盐区产量比重大，约占全国盐产量的68%，占海盐产量82%以上。山东是我国最大的产盐省，2004年海盐产量为1056.12万吨。北方盐区的长芦盐场、辽东盐场、胶东盐场、苏北盐场等，是我国著名的四大盐场。井盐用地下卤水熬制而成，主产于西南地区。四川是我国最大的井盐生产省，2004年产盐353.3万吨，次于山东、江苏、河北，居全国第四位。自贡井盐最为著名，质细味纯。云南绿丰井盐也很著名。湖盐产自内陆咸水湖，地位仅次于海盐。湖盐产量最大的省是青海省，2004年为82.6万吨，其次为新疆。主要产盐基地有：青海的茶卡、察尔汗，新疆的七角井、达坂城，内蒙古兰泰，山西运城等地。岩盐分布在湖北、河南、湖南、云南等省。湖北是我国最大的岩盐生产省，2004 年产岩盐 315.8 万吨，应城是最大的产地。

5. 卷烟工业

原料是烟草，可分烤烟、晒烟、晾烟三种，我国以烤烟为主。我国是烤烟产量最大的国家。2004 年烤烟产量为 216.3 万吨，生产卷烟 18744 亿支，居世界第一位。卷烟工业产值为 2529.69 亿元，是我国十分重要的轻工业部门。

卷烟工业分布广泛，全国各地都有卷烟厂（西藏除外），全国最大的卷烟生产地是云南，2004 年产量为 3106.9 亿支万箱，占全国的 16.6%。云南、河南、湖南、山东、湖北、广东六省的卷烟产量均在 1000 亿支以上，在 800 亿支以上的有贵州、安徽、江苏、上海四省。我国的大型卷烟企业主要分布在玉溪、昆明、上海、天津、青岛、营口、济南、蚌埠、武汉、郑州、广州、重庆、曲靖、哈尔滨等地。

6. 制茶工业

制茶工业是我国的传统工业。我国是茶叶的原产地，是世界上制茶业兴起最早的国家。2012 年中国茶叶产量为 191.5 万吨，同比上升 17.99%，位居全球第一。茶叶是世界三大饮料（茶叶、咖啡、可可）之一。我国居民饮茶十分普遍。若按加工方法分类，我国茶叶可分为五大类：红茶，是目前世界销量最大的茶叶。我国生产的红茶，主要供出口。红茶是一种发酵茶，著名品种有安徽祁门的"祁红"，四川宜宾的"川红"，云南凤庆的"滇红"。绿茶是我国主要的茶类，我国是世界绿茶产量最多的国家。绿茶是不发酵茶，著名品种有杭州的"西湖龙井"，安徽屯溪的"屯绿"，湖南岳阳的"君山银针"，四川峨眉山的"峨眉毛峰"。乌龙茶属半发酵茶，主产闽、粤两省，大部分供出口，销往东南亚。名品有福建武夷山的"武夷岩茶"，福建安溪的"铁观音"。花茶用绿茶为原料，用鲜花窨制而成，有茉莉花茶、玉兰花茶等，福建福安、浙江金华、江苏苏州、湖南长沙、安徽歙县、江西南昌、湖北咸宁所产花茶品质优良。紧压茶分为砖茶、沱茶两种，滋味浓厚，助化油腻，为边境居民所喜爱。产地以四川雅安、重庆、湖南益阳、云南下关等地较为有名。

7. 酿酒工业

酒是人们生活中的重要消费品。我国是世界上最早发明酿酒的国家，酿酒历史有 4000 多年。2004 年我国生产酒 3221.75 万千升，其中白酒 311.70 万千升，啤酒 2910.05 万千升。白酒是我国的传统酒，分布广泛。四川、山东、江苏、安徽四省产量最大。名品有贵州怀仁茅台酒、山西汾阳的汾酒、四川宜宾的五粮液、泸州老窖、贵州遵义的董酒、安徽亳州的古井贡酒、陕西凤翔的西凤酒、江苏泗阳的洋河大曲、山东的孔府家酒。啤酒是近几年才在我国兴起的一种饮料酒。2004 年啤酒产量占饮料酒的 61.3%，在世界上的地位仅次于美国，居第二位。啤酒业主要分布在沿海各省，山东是我国最大的啤酒生产省，1995 年产啤酒 374.7 万吨，其次有广东、黑龙江、浙江三省，产量均超过 200 万吨。大型啤酒生产企业主要分布在北京、天津、上海、广州、哈尔滨、青岛、沈阳、杭州等城市。青岛啤酒是我国最有名的啤酒。其他酒类有黄酒、葡萄酒、果露酒。黄酒集中分布在南方各省，名品有浙江绍兴加饭酒、福建龙岩沉缸酒、山东即墨老酒。葡萄酒主要分布在北方葡萄产区，名品有河北沙城白葡萄酒、北京中国红葡萄酒、山东烟台红葡萄酒、河南民权白葡萄酒。果露酒名品有山西汾阳竹叶青、广州的五加皮酒、吉林的五味子酒、梧州的蛇酒等。

8. 罐头工业

罐头可分为水果罐头、蔬菜罐头、肉类罐头、水产罐头等。2013 年我国累计生产罐头 1045.39 万吨，产量最大的是福建、浙江和广西，三省产量合计 120 万吨，占全国的 38.6%。水果罐头是我国产量最大的一类罐头，产量约占罐头总量的 40%，广西、福建、山东的水果罐头较为有名。蔬菜罐头占罐头总量的 1/3，种类很多，分布普遍。以上海、广州产量较大。肉类罐头分布在东部地区，以猪肉罐头为主。牛、羊肉罐头分布在牧区。水产罐头多分布在沿海地区。

三、造纸工业结构

造纸工业是以植物纤维为原料，生产各种纸品的轻工业部门。造纸的原料很多，木材、竹类、芦苇、麦草、稻草、废纸等都可做造纸原料。我国的造纸业兴起很早，远在东汉时期，就有了手工造纸，唐代是造纸业兴盛期。

（一）影响造纸工业布局的主要因素

1. 原料因素

造纸工业消耗原料很大，每生产 1 吨纸，消耗 6~7 吨木材。造纸原料多、体积大、笨重、价廉，不宜远途运输。工业布局宜趋向原料产地。

2. 消费因素

造纸厂也可布局在大的消费区。大消费区往往是"四废"（废纸、废布、废木材、废棉绒）产生地，可用作造纸原料，并且可从外地运入纸浆。这样布局造纸厂既有原料，又有市场。

3. 交通运输因素

造纸厂需要大量原料，年运量很大，需有良好的运输条件来保障。例如，一个年产 200 吨的纸厂，一年需芦苇 12 万吨，需煤、碱、石灰等辅助材料 14 万吨，年运总量 33 万吨，所以造纸工业应布局在交通便利的地区。

4. 水源因素

造纸工业是大耗水部门，生产 1 吨纸需水 100~600 吨，并要求水质好，所以造纸厂应布局在水源好的地区。但考虑到造纸废水的污染问题，造纸业应采用除污设备消除污染，并尽量远离饮水源布局。

（二）我国造纸工业布局

我国造纸业分布广泛，各县均有造纸厂。大型造纸企业主要分布在上海、天津、沈阳、吉林、济南、青岛、广州、南宁、福州、芜湖、南昌、北京、保定、太原、重庆、宜宾、宝鸡等城市。从大区来看，华东是我国最大的纸张生产基地，以生产高级文化用纸为主；东北和华北是我国居第二位的纸张生产大区，辽宁是北方新闻纸的主要产区；中南区以广东纸张产量最多，广东是南方新闻纸的主要产区。从省份来看，辽宁是产纸最多的省，山东数第二。若从造纸原料分析，黑龙江、吉林两省以木材为主要原料，辽宁以芦苇为主要原料，山东以麦草、棉秆为主要原料，上海以纸浆为原料，苏、浙、皖、赣以芦苇、稻草、竹子为主要原料，广东、广西以蔗渣为主要原料，四川以禾草为主要原料。

四、日用品、手工艺品工业结构

（一）日用机械工业

日用机械是指日常生活中常用的缝纫机、钟表、自行车等。我国日用机械工业多布局在技术条件好、经济发达的地区。自 20 世纪 90 年代起，日用机械工业在人们生活中的地位不断下降。

1. 自行车工业

1995 年我国生产自行车 4472 万辆。自行车工业分布较普遍，但生产能力较大的有上海、广东、江苏、浙江、天津五省市。五省市生产量为 3514 万辆，占全国总量的 78.6%。另外，山东、河南自行车工业也有一定规模。名品有"凤凰"、"永久"、"飞鸽"等。

2. 缝纫机工业

2011 年我国产缝纫机 1706 万架。缝纫机工业主要分布在上海、浙江、广东三省市，总产量为 752 万架，占全国的 77.5%。另外，江苏、安徽缝纫机工业也有一定规模。名品有上海的"蝴蝶"、"蜜蜂"、"飞人"等。

3. 钟表工业

2011 年全国钟表的产量达 1.59 亿只，广东是生产钟表产量最多的省，产量为 7808.4 万只，占全国总产量的 48.99%。全国表的产量达 1.3 亿只，其中，广东省表的产量达 1.1 亿只，占全国总量的 84%。另外，福建和上海的钟表工业也有一定规模。

4. 摩托车工业

我国摩托车的主要产地在重庆，有嘉陵和建设两个全国最大的摩托车制造厂。另外，成都、上海、南京、济南等地也有较大型的摩托车生产企业。

（二）家用电器工业

家电工业是近十几年发展起来的新兴工业，主要有电视机、电扇、电冰箱、洗衣机、计算机和空调等。

1. 电视机

2012 年，全国彩色电视机的产量达 1.40 亿台。广东省电视机产量最高，2012 年产量达 6.08 万台，占全国总产量的 43.54%。另外，山东、四川、江苏、辽宁四省市均超过 350 万台，青海、宁夏、西藏没有电视机生产企业。

2. 房间空调器

2012 年，全国家用电风扇的产量达 1.48 亿台，广东省电风扇产量数大，2012 年广东省家用电风扇的产量达 1.33 亿台，占全国总产量的 90.14%。江苏和浙江两省分别居第二位和第三位。电风扇品种很多，分布较广泛，名品有上海的"华生"、广州的"钻石"、江苏的"蝙蝠"等。1978 年开始生产空调器，1997 年突破千万台，2004 年产量达到 6646 万台。

3. 电冰箱

电冰箱主要生产基地有广州、上海、北京、青岛、天津、苏州、沈阳、杭州、南京。我国家用电冰箱累计产量 8810.4 万台，广东省产量最高，近 1960 万台。山东、安徽、江苏、河南的电冰箱产量均超过 200 万台。名品有容声、美菱、新飞、海尔等。

4. 洗衣机

我国洗衣机生产主要集中在浙江、山东、江苏、安徽、广东、上海六省市。2012 年我国洗衣机产量达 6500 万台。

（三）日用陶瓷工业

我国陶瓷工业历史悠久，素有"瓷器王国"的美称。我国陶瓷品曾长时期独占市场，2004 年我国日用陶瓷器达 92.02 亿件，产品销往世界上 120 多个国家和地区。

我国陶瓷工业分布广泛，主要分布在广东、湖南、江西、河北、山东等省。瓷都景德镇陶瓷名扬世界，有"白如玉、薄如纸、明如镜、声如磬"的美誉。唐山有"北方瓷都"之称，产品多达 3000 多种。此外，湖南醴陵的釉下五彩瓷、宜兴紫砂陶器、石湾的陶雕、淄博的雨点瓷、河南的唐三彩均是名牌产品。

（四）手工艺品工业

我国手工艺有 4000 多年历史，发展出众多名品，如北京的王麻子剪刀、杭州的张小泉剪刀等。手工艺品工业多以小型为主，地区性分布，品种众多，主要有刺绣、织锦、地毯、花边、抽纱、雕塑、漆器、文房四宝等大类。刺绣类名品有苏绣、湘绣、粤绣、蜀绣四大系列；织锦有杭州织锦、苏州缂丝、蜀锦、云锦、壮锦等名贵产品；地毯较著名的产地有北京、天津、兰州、榆林、和田、成都等；花边以常熟、萧山的最为著名。此外，广东潮州的抽纱被誉为"南国名花"；雕塑艺术品产地较多，玉雕以北京、上海最为有名，牙雕以北京、上海、广州最为精细，石雕以福建寿阳、浙江青田、湖南浏阳最为重要，广东汕头的金漆木雕、浙江乐清的黄杨木雕、海南的柳雕、甘肃的葫芦刻、无锡的山泥人、天津的泥人塑均十分有名，深受国内外人民的喜爱；我国的漆器工艺也十分精湛，生产遍及全国十几个省市，其中，以福建的脱胎漆器和福建、北京、扬州的雕填漆器最为著名。

此外，文房四宝是我国传统的文化珍品，行销国内外。其产地分别是：毛笔产在浙江湖州；墨产在安徽屯溪；纸产在安徽泾县；砚产在广东肇庆。

我国是一个以汉族为主的多民族国家，各民族都有自己的独特工艺品。这些都是我们中华民族珍贵文化艺术名产，我们应当不断地继承和发展，推陈出新，提高工艺质量和艺术水平，以便生产出更多、更好的适销对路工艺产品，扩大出口，美化生活，增加收入。

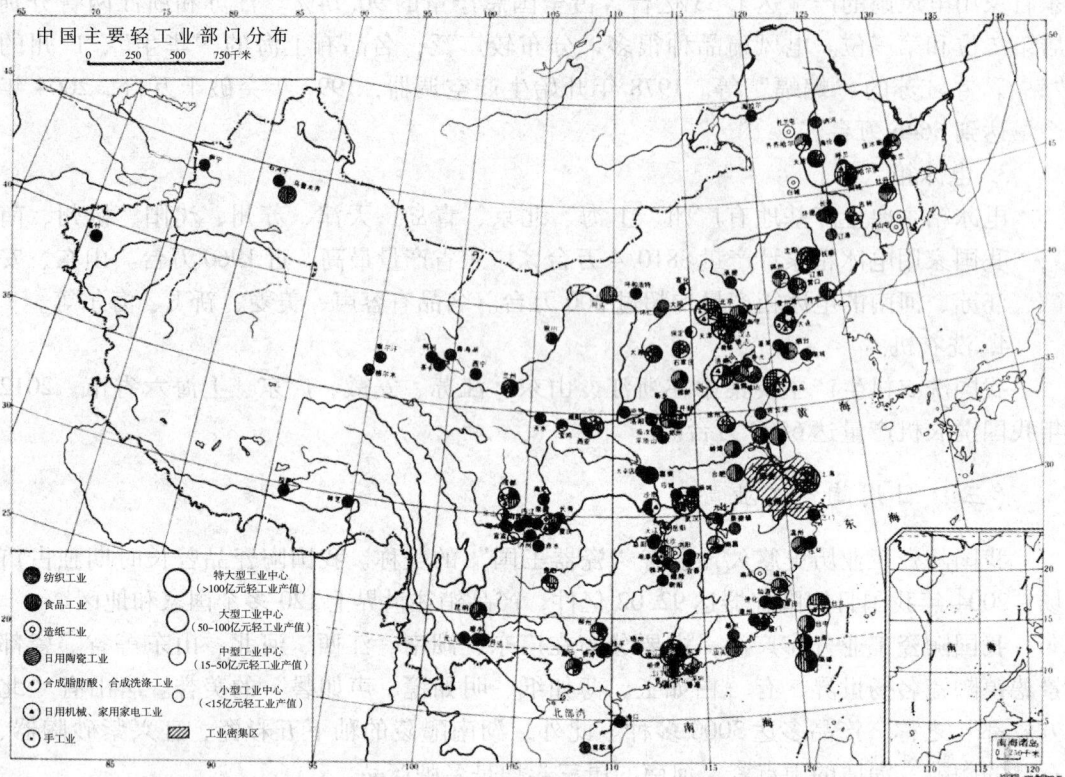

图 6-9　主要轻工业分布

【项目训练】

一、思考与练习

1. 我国家电工业的生产布局有何特点？

2. 试分析我国造纸业分布和纸制品消费地区有何规律？

3. 我国有哪几个棉纺织基地？

4. 简述毛纺织工业的布局情况。

5. 食品工业有哪些行业？试举一些例子来说明它的重要性。

6. 我国家电工业的地区分布，并分别说出电视机、洗衣机、电冰箱的品牌及其产地。

二、活动建议

1. 活动内容

在附近商场调查各类家用日用机械、家用电器都是什么品牌的？都出产于何地？

2. 操作步骤

（1）将全班学生分为若干个小组，每个小组 4~6 名组员；

（2）各组实地调查、讨论并提交一份报告。

3. 活动点评

学生互相点评，教师总结。

模块六　工业与物流的关系

【项目导入】

工业是国民经济的主导，是衡量一个国家和地区经济发展水平的最重要标志。工业布局是生产布局的最重要内容，工业对物资的生产和流通具有决定性的作用。同时，物流的水平和质量又会反作用于工业布局，对工业生产力的地理分布和组合产生巨大的影响。

【项目知识】

一、物流与轻工业的关系

1. 轻工业物流现状

轻工业是以生产消费资料为主的加工工业部门，包括纺织、食品、造纸、日用品、民用机电产品等行业。轻工业产品的特点是花色品种多而每一花色品种相对批量较小，且一般具有质量要求较高，较为精密，易损、易污等特点，全部轻工业产品总量很大，物流费用承受能力也高。所以其对物流的要求主要是物流质量，成本降低的呼声不甚强烈。

2. 轻工业与物流的关系主要体现在如下几个方面

（1）物流业促使国内轻工业的布局发生变化；

（2）物流发展促使我国轻工业成为外贸主力；

（3）轻工业的发展又推动了物流业的发展。

二、物流与重工业的关系

1. 重工业物流的现状

我国从新中国成立初期就实行优先发展工业的政策。"一五"期间，重工业生产在工业总产值中的比重迅速扩大，一大批旧中国没有的重工业部门开始建立起来。由于基本建设投资半数以上投放内地，一大批工矿企业在内地兴办，使旧中国工业过分偏于沿海的不合理布局初步得到改进。

从生产布局看，我国的重工业基地，如煤炭、钢铁、石油等都要求接近原材料产地。并且重工业产品需要有发达的物流业的支持。而物流业的发展也促进了重工业产品的流通，推动了我国重工业的发展。

由于历史原因，目前中国的石化行业、汽车制造业、钢铁工业等重工业部门基本沿长江流域和环渤海地区建设，国外大型跨国公司对中国重工业物流投资方面的项目，基本上也集中在上海、南京、天津、青岛等地。因此，建立有效的重工业物流体系势在必行。

2. 重工业与物流的关系体现在如下几个方面

（1）重工业制造成本的降低需要物流；

（2）发展物流是重工业企业提高竞争力的需要；

（3）重工业物流是物流系统中不可缺少的一环。

【项目训练】

一、思考与练习

阐述工业与物流之间的关系。

二、活动建议

1. 活动内容

搜集有关资料，就某一个化工园区分析其规划依据，产业特征，一体化运作方式以及对地区经济发展的意义等。

2. 操作步骤

（1）将全班学生分为若干个小组，每个小组 4~6 名组员；

（2）小组讨论并形成报告。

3. 活动点评

教师点评，并形成基本的看法。

项目七　商业物流地理

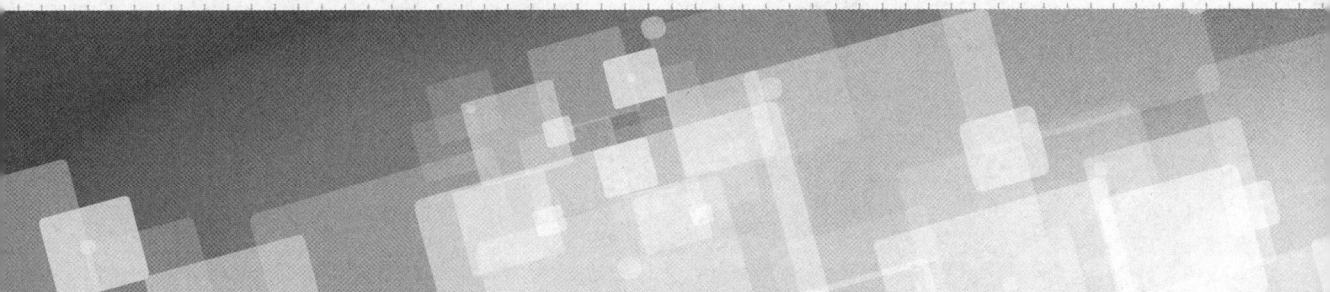

【项目目标】

1. 了解制约商业布局的因素
2. 掌握商业中心的分布及我国主要的商业中心
3. 了解物流与商业的关系

模块一　影响商业布局的因素

【项目导入】

南京路，号称"中国第一商业街"，也是亚洲最繁华的商业街之一。东起外滩，穿越 26 条马路，西与延安西路交叉，全长 5.5 千米。最繁华的地段从外滩至静安寺，全长 10 华里，有"十里长街"之称。

南京路，一直是上海一等繁华之地，全盛时期有 400 多家商店，每天有 150 万人次在这里摩肩接踵，现在改建成徒步区后，南京东路的热闹状况更不在话下。这里有百年老字号的商店、餐厅、纪念品店、大型购物中心，仿佛是个超大型的超级市场。

徜徉南京路，从东到西，商店林立，千余家大大小小店家，几乎集全市商业之精华，真是名副其实的购物天堂。大型商店有中百一店、华联商厦、新世界商厦、精品世界、时装商店、食品商店、华侨商店、医药商店、丽华公司。特色商店有专门经销女式服装的鸿翔、朋街服装店；专门制作男士西服的培罗蒙西服店；经营各类特色鞋类商品的蓝棠、博步皮鞋店；还有邵万生南货店、张小泉刀剪店、亨达利钟表店等。每到双休日，南京东路成了步行街，站在天桥向东望去，人流如潮，成为一大海派景观。

美丽的南京路还聚集了全国 12 个地方风味餐馆及德、俄、法等西菜社，百味飘香，集上海饮食之精华。

思考：上海成为全国最大商业中心的条件是什么？

【项目知识】

商业是从事商品流通活动的国民经济部门。商业分为批发商业和零售商业两部分，商业活动主要包括收购、销售、调运、储存四个环节。商品收购是商品流通的起点；通过商品调运、储存实现商品由货源地向消费地的转移；商品销售是商品流通的终点，它使商品的使用价值得以实现。因此，商业活动是联结工业与农业、城市与农村的桥梁和纽带。商业地理研究的主要内容是：商品购销地域差异；商品调运、储存；商业企业的布局。

影响商业布局的因素如下：

1. 自然因素

影响商业布局的自然因素主要有自然地理位置、气候和地形三方面。我国的地理位置，背靠欧亚大陆，面临太平洋，既具备了发展丰富多样的商品生产的条件，又便于引进技术发展商品生产。气候不仅影响商品的产量和质量，也影响到商业活动的各个环节。例如，寒冷地区与温暖地区，湿润地区与干旱地区，它不仅使生物的分布具有明显的地域性，而且使人们生产、生活方式不同，消费习惯不同，导致商品销售出现差异。再如，气候的季节性规律使我国许多农副产品的生产具有明显的季节性，从而产生商品的季节性收购与全年均衡供应的矛盾。此外，不同的气候对商品储存、调运的要求不同：炎热的地区，在商品储运中要防暑降温、防霉烂变质；在寒冷地区对个别产品则要注意防冻等。我国地形多种多样，有高原、平原、山地、盆地、丘陵，有内陆与沿海地区，既形成了商品生产、流通的差异（平原、沿江沿海地带生产条件优越，商业中心较多，山区内陆则差一些），又沟通了各地间商品交换，有利于农、林、牧、渔全面发展，使我国成为世界上商品品种最丰富的国家之一，为我国的商业活动的繁荣兴旺奠定了雄厚的资源基础。

2. 生产布局因素

生产布局对商业布局的影响主要表现在生产布局的地区差异对商品购进的地区差异的影响。一般情况下，当地生产的商品能满足消费者需求时，商业部门主要在当地收购商品。但客观上各地自然、社会经济条件千差万别，随着商品生产专业化程度的提高，劳动地域分工越来越细，人们消费水平逐步提高，任何地区的商品都不可能自给自足。因此，各地商业部门，需要互通有无，弥补差异来满足当地消费。一般情况下，商品生产的地域性越强，专业化程度越高，则商品流动的可能性越大，流向越多。

3. 人口因素

人既是生产者又是消费者。人口因素，例如人口的数量、密度、年龄、性别、民族、文化素质、劳动技能、地区分布是影响商业布局的重要因素。从生产者的角度看，人口数量多、密度大的地区，为商品生产提供的劳动力较多，该地区需要的商品种类多、消费量大，商品流通规模大，商业网点稠密；而人口数量少、密度低的地区，情况恰恰相反。人口的文化素质高、劳动技能强，又是促进商业经济高度现代化发展的必要条件。年龄、性别、民族不同，对商品的需求也不同，如年轻人喜欢花色鲜艳的商品，中老年人喜欢传统实用的商品，各少数民族又有对商品的特殊需要等。

从城乡分布来看，我国农村人口多，消费品的需要量大，须要合理设置商业购销网点，加快城乡物资交流；从地区分布来看，我国东部人口多、密度高，所以东部地带商业活动发达、网点稠密。而西部人口稀少，对商品需要量少，商品流量及网点分布均较少。

4. 交通因素

交通因素是商品购进和销售得以实现并以此影响购进和销售数量的重要因素。交通线路的分布决定了商品调运和商品流向，决定了商业企业布局。在不同级别的交通枢纽、交通干道往往分布不同类型、不同级别的商业企业。在运输线路畅通的东部地区，铁路四通八达，公路密布如网，河流纵横交错，使该地区商品流通活动繁忙，并使沿线地带新的商业网点、大规模的商业中心逐渐形成；而西部地区由于受地形等因素的影响，运输线路少，很多地区无铁路相通，外地商品进不来，本地土特产品又不能及时外运，出现商业网点稀少，规模小，商业企业生产、销售落后的局面，影响了市场供应，影响了商业企业的合理布局，更严重地影响了广大人民群众的生活。

【项目训练】

一、思考与练习

简述影响商业布局的因素。

二、活动建议

1. 活动内容

了解你所居住地区的商业网络分布情况，分析其布局是否合理。

2. 操作步骤

（1）将全班学生分为若干个小组，每个小组 4 ~ 6 名组员；

（2）各组调查讨论并提交一份报告。

3. 活动点评

教师点评并总结，评选 1 ~ 3 份优秀报告进行展示。

模块二 我国商业中心分布

【项目导入】

天津港保税区已经成为北方规模最大的物流中心，区内物流企业已开始海铁联运和海陆联运，建立了空港物流区，为企业向海空联运提供了条件。建立了国际商品综合市场、国际汽车、机械、纺织原材料、建材等专业化保税生产资料市场，使天津港保税区成为多种工业产品的分拨配送基地，大量进出口货物在天津分拨、集装、仓储加工、双向流动。

思考：为什么天津保税区能成为北方规模最大的物流中心？

【项目知识】

人们从事商业活动，都要在一定的地点进行。这个地点进行贸易的人多了，商品交换的数量、品种多了，逐渐发展成市场，进一步发展就成为商业中心。我国许多城市就是在商业发展的基础上兴起的。历史上，无锡、芜湖、九江和长沙是著名的四大米市，甘肃天水最早是少数民族用马匹交换茶叶的地方。

一、商业中心的形成条件

（1）在它的周围要有一个比较稳定的商品来源区及销售区，也就是服务区。一般来说，工农业生产发达的地区，通常也是商业活动繁荣的地区，因为现代化的工业基础和专业化的农业区域，可以为商业提供日趋丰富的商品货源。而商业作为专门从事商品流通的经济部门，又是各土产部门货畅其流的桥梁和纽带。例如，我国的北京、天津、上海和广州等城市，既是现代工业中心，又是现代商业中心。

（2）要有便利的交通运输条件，便于商品集散，所以我国的商业中心大多分布在经济发达、人口稠密和交通便利的东部地区。交通运输是国民经济和发展的先行官，发达的交通运输网络才能满足现代社会人流、物流和信息流的要求。我国长江、黄河沿岸，京广、陇海、京沪和京哈铁路沿线之所以成为我国工农业生产发展迅速、物流发达、人口密集、城乡差别小的地区，而且长期以来，是我国的商贸中心，除了得益于各种客观因素外，其中，一个重要的条件，就是这些地区交通运输便利，运输方式多，铁路干线长，公路干线交叉，使商品从生产地到消费地可以转移迅速，保障市场供应。所以，便利的交通运输既是发展社会生产，又是方便人民群众生活，形成商业中心的首要条件。

（3）人口因素是商业中心形成的重要条件。

因为人口密度、人口数量对商品消费量和消费结构起决定的作用，即人口密度高、人口数量多的地区所需的消费品数量多、品种杂，需要相应设立各种商业生产企业和商业经营管理部门。由于社会分工及专业化生产以及各地区的差异性，使得必须加强商品交换以及与周围经济区域的经济联系，从而使人口密度高、人口数量多的地区作为商业中心的地位和作用日益突出，所以人口因素是形成商业中心的重要条件。

（4）其他因素对商业中心形成的影响。

其他因素主要是指政治因素、历史因素、军事因素等，它们对商业中心的形成也是十分重要的。例如，由于政治体制的变化，经济体制也要变，由此而引起的经济政策的重新制订和实施，会影响到商业中心的形成和迁移（经济区、特区）；由于重新划分行政区，国都、省会等地址要选择、迁移；由于历史原因形成的商镇、贸易中心，它们发展至今仍是商贸中心（东部沿海地带）；由于军事影响，使一些城市既是军事名城又是商贸中心（武汉市、重庆市）。由此可知，商业中心的形成需要多方面的条件，分析商业中心的形成须要考虑综合因素。

从全国看，上海是全国最大的商业中心，北京次之。天津、沈阳、武汉、广州、重庆、西安等，也是全国重要的商业中心。此外，各省级行政中心也同时是各省区的商业中心。我国的主要商业中心如图7-1所示。

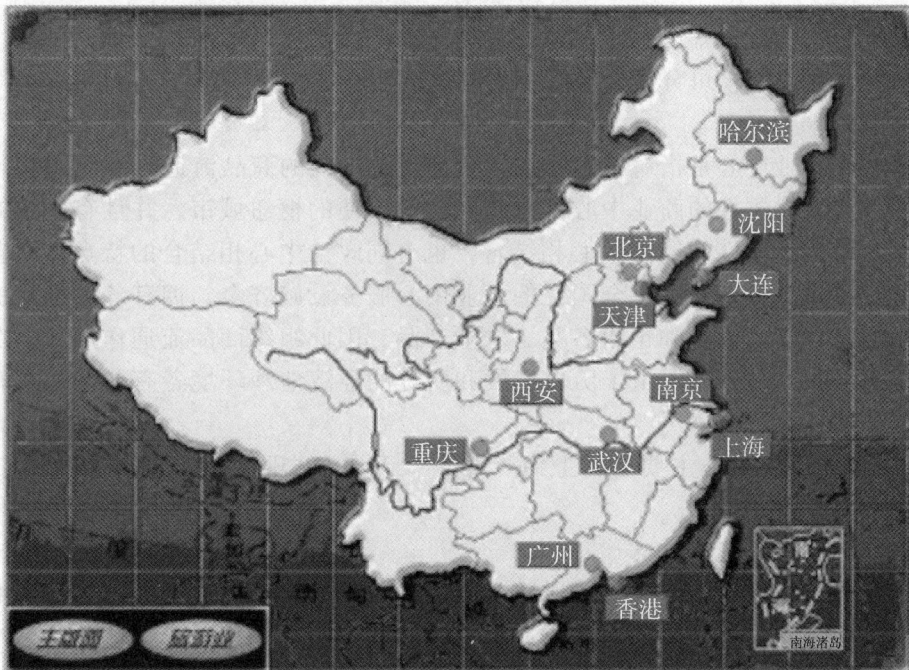

图7-1 我国的主要商业中心

二、商业中心的基本特征

1. 地区差异性

由于我国各地区的自然条件、经济技术条件、劳动地域分工不同，使商品生产在地区分布上存在很大差异。有的地区纺织产品生产和发展在全国居特殊重要的地位，如上海、天津、北京等地；有的地区以生产钢材为主，如鞍本地区、京津唐地区；有的则是生产和调拨棉花的主要区域，如新疆、山东、河北、河南、江苏等地；有的则是产煤区，如山西、河南、内蒙古等地。

2. 较强的综合性

商业中心必须具备人口密集，工农业生产规模大，技术力量较强，经济活动集中，劳动生产率高，文教、科技水平先进，国民经济效益和社会效益综合发展的特征。

3. 较强的聚集性

聚集性是指商业中心交通方便，通信发达，商情信息灵通，货源流畅丰富，具有很强的吸引力和向心力。

4. 较强的辐射性

辐射性是指商业中心通过在周围经济区设置各类批发站、零售部、服务设施，交流货物、交流市场信息，对周围的各市场和经济地区形成较强的辐射面，从而使商业中心联系范围越广，吞吐、集散作用越大，规模越大。

三、主要商业中心分布

商业中心按其规模可分为全国性商业中心和地区性商业中心。

1. 全国性商业中心

全国性的商业中心是指对全国或在较大地带范围内的商品流通具有组织和制约作用的商业中心。全国性的商业中心都分布在交通方便的枢纽城市，并且有优越的经济地理位置，多与全国性的经济中心相结合，也有同政治中心相结合的特点，大多设在工商紧密结合的大城市。由于全国性的商业中心服务设施齐全，拥有各类批发机构和较完善的零售网点，收购和销售各类工农业产品，因此组织商品流通作用大，在全国占有举足轻重的地位，同时由于历史发展和所处的经济地理环境各有差异又具有各自的特点。

全国性的商业中心主要有：上海、北京、天津、沈阳、武汉、广州、重庆、西安等。

2. 地区性商业中心

地区性商业中心，是指对一定地域范围内的商品流通具有组织和制约作用的商业中心，它对一定区域范围内的商品流通具有较强的吸引力，是引导当地商品生产和组织商品流通的枢纽点。我国地区性商业中心的分布相当广泛，多数设在生产较发达，交通较便利的省辖市，可以与当地生产中心、政治中心、军事中心相结合，也可以是当地较大的商品集散地。如：①省、区人民政府所在地。②沿海港口城市。③与综合性或专业性的工业基地结合的商业中心。④内地或边区少数民族商业中心。

【项目训练】

一、思考与练习

1. 我国有哪些全国性的商业中心?

2. 地区性商业中心有哪几种?

二、活动建议

1. 活动内容

调查你所居住的城市有哪些商业集中地区（商业中心）、了解其规模大小及商业活动特点。

2. 操作步骤

（1）将全班学生分为若干个小组，每个小组 4～6 名组员；

（2）各组讨论并提交一份报告。

3. 活动点评

学生互相点评，教师总结。

模块三　商品流向

【项目导入】

山西是我国最大的产煤省，而南方各省普遍缺煤，为搞活经济、提高经济效益，山西各大煤矿应该从哪些通道，用哪几种运输工具向外输送煤炭呢？

【项目知识】

一、商品流向的含义

商品流向，是指一定时期内一定品种和数量的商品在地域上的具体运转路线和方向。

二、主要商品流向

（1）粮食。东北地区的小麦、大豆、杂粮南运往华北，西运至西北；长江流域大米南运广东，北运华北，东运上海及沿海城市。

（2）糖。基本是南糖北运、西运，东北及内蒙古产的甜菜糖少量运往西北。

（3）盐。基本是北方沿海盐场（长芦盐）流至华北、东北、华东、中部，南部沿海盐场流至华中、华南及南部地区，我国西部盐除本地消费外，运至我国中部地区。

（4）石油。我国石油工业主要分布于北方，因而石油的基本流向是北油南运。原油运输以管道为主，其次为水运和铁路运输。成品油运输以铁路为主，运输量占总运量的75%，水运占20%，极少量由管道运输。

（5）煤炭。我国煤炭运输的主力是铁路，主要运煤线是京广、津沪铁路和北方沿海线。煤炭的总流向是西煤东运、北煤南运。以山西为中心的北方煤炭基地，主要流向是华东、中南和东北及出口；以贵州六盘水为中心的南方煤炭基地，主要中南两广地区；以两淮为中心包括鲁南、徐州的华东煤炭基地，主要流向上海、江苏、浙江等地或出口。

【项目训练】

一、思考与练习

1. 什么是商品流向？

2. 简述我国煤炭的基本流向。

二、活动建议

1. 活动内容

调查你所在城市中的某个商业中心的主要商品的购销情况，采取了哪些运输方式，有无不合理运输现象，并提出合理化建议。

2. 操作步骤

（1）将全班学生分为若干个小组，每个小组4~6名组员；

（2）各组讨论并提交一份报告。

3. 活动点评

学生互相点评，教师总结。

三、填图活动

在下面空白地图上分别画出小麦、大米、糖、盐、石油、煤炭的流向。

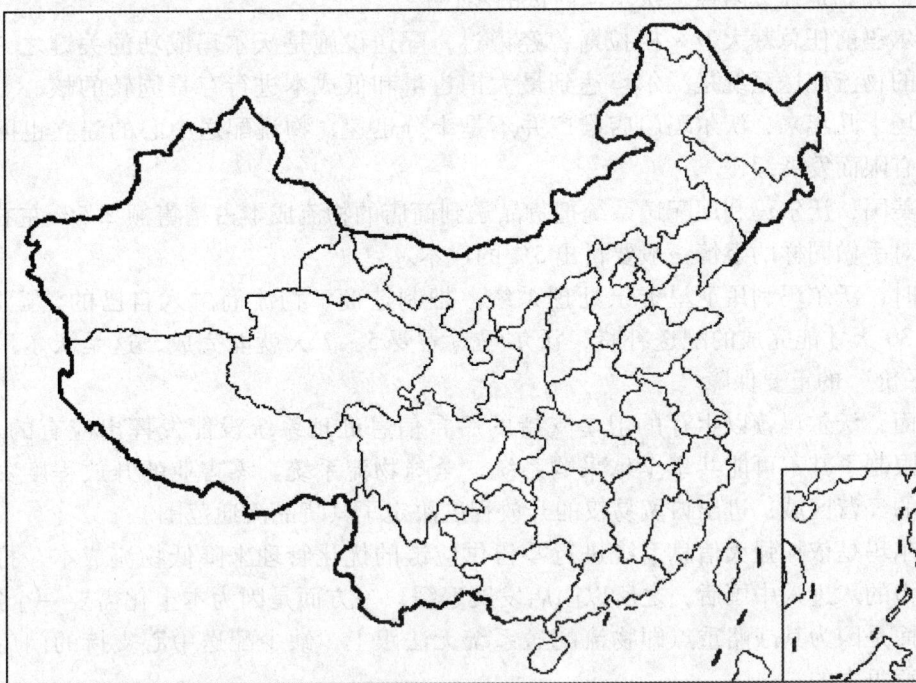

模块四　商业与物流的关系

【项目导入】

世界零售业巨头——沃尔玛在 1996 年悄然登陆中国时，业内人士曾恐慌它对本土零售业的冲击。然而，十几年过去了，这个零售业的老大在中国并未显示出咄咄逼人的态势，究竟是什么阻挠了沃尔玛前进的步伐？

沃尔玛前任总裁大卫·格拉斯曾经说过，配送设施是沃尔玛成功的关键之一，灵活高效的物流配送系统是沃尔玛达到最大销售量和低成本进行存货周转的核心。进入中国市场十几年来，沃尔玛门店推广并不是十分迅速，物流配送中心的建立也因为门店数量有限而发展缓慢。

在美国，沃尔玛利用配送系统把货品送到商店的物流成本占销售额 2.5% 左右，而其竞争对手做同样的事情一般要付出 5% 的成本。

同时，沃尔玛利用卫星资讯处理系统，把制造商、物流商融入自己的营运网络，别人要 30 天才能完成的配送补货，沃尔玛只需要 5 ~ 7 天就能完成，这是沃尔玛维持"天天平价"的重要保障。

然而，沃尔玛赖以生存的卫星支持的后台信息处理系统没能发挥出应有的作用，政策上限制了其不可能共享全球采购系统、全球物流系统。零售业的开放程度决定了沃尔玛的经营区域；进出口贸易权的开放程度决定了其货品流通范围。

沃尔玛是依托强大信息系统进行零售供应链的优化管理来降低物流成本，打造核心竞争力的。进入中国后，之所以门店发展迟缓，一方面是因为本土化需要一个过程；另一方面是因为其战略重点即物流配送系统无法跟上，缺少配送中心支持的门店扩张是没有竞争力的。

思考：

物流与商业的关系是什么？沃尔玛在中国受阻的主要原因是什么？

【项目知识】

一、商业与物流的关系

（1）物流是商业的重要内容。在现代的商业活动中一般存在以下五种基本的"流"，即资金流、物流、商流、信息流、人力流。

物流作为四流中最为特殊的一种，是指物质实体（商品或服务）的流动过程，具体指运输、储存、配送、装卸、保管、物流信息管理等各种活动。

（2）商业与物流不可分割。但长期以来，商业与物流分属于相互分割的经营管理体制。

（3）物流与商业在各类产业中发展最快。

我国商业和物流服务业未来的发展重点是：培养一批集价格形成、调节供应、信息发布等功能为一体的重点工业品和农副产品市场；发展连锁经营、物流配送、多式联运、网上销售等现代流通组织形式和服务方式，形成现代化物流网络；发展旧货业、租赁业、拍卖业等新兴流通业，以此来促进经济、生活的发展。

二、加速发展中国商业物流的途径

（1）以政府建平台、企业投资的模式建设物流中心区；

（2）整合商品物流配送网络；

（3）促进物流系统的整体化和系统化运作；

（4）逐步实现物流配送的社会化；

（5）加强物流中心、配送中心建设。

【项目训练】

一、思考与练习

1. 简述商业与物流的关系。

2. 发展中国商业物流的途径有哪些？

二、活动建议

1. 活动内容

以广州为例，请讨论是哪些因素导致其成为商业中心城市的。

2. 操作步骤

（1）将全班学生分为若干个小组，每个小组 4～6 名组员；

（2）各组调查讨论并提交一份报告。

3. 活动点评

教师点评并总结，评选 1～3 份优秀报告进行展示。

三、案例分析

物流产业的发展

运力紧张、物流水平低下日渐成为我国经济发展的瓶颈因素之一。我国重工业的快速发展，使得我国货物运输量大幅增加，尤其是钢铁、石油和化工产业增速较快，带动了运力需求的快速增长。

数据表明，目前我国铁路的满足率仅为 35%，公路运输也严重不足。自"八五"计划实施以来，我国物流产业对 GDP 总量的平均贡献率为 8.1%，这和发达国家相比相差甚远。效率低下也显示出我国物流系统的水平。美国一辆货车的工作量，大约等于我国 20 辆车的工作量。

我国物流企业数量繁多，但质量普遍不高。由于长期受计划经济时期"大而全、小而全"经营思想的影响，许多工商都有一套独立的后勤服务系统。这些物流资源成为企业经营资产的重要组成部分，从产、供、销到储存、加工、装卸搬运、包装和运输等，样样俱全，企业不愿意把物流外包或交给第三方，造成物流资源的极度分散与浪费，并直接导致物流企业的市场需求不足。目前，我国的原材料物流只有18%、产品销售物流只有16%，由专业物流企业承担。

另外，我国现有的物流企业多数只能提供基础物流服务，能够集成、整合几个阶段物流服务的企业相当少，能实现全过程服务的第三方物流几乎为零。

据统计数据显示，我国物流服务商85%的收益来自运输和仓储管理等基础性服务。大部分物流企业获利情况并不理想，高利润物流公司主要集中在快递业、航空运输及保税区物流等相对垄断的行业。

调研显示，在我国许多商品的总成本中，物流费用已占到20%~40%，而发达国家的这一比例是10%左右；我国每年因包装造成的损失约150亿元，因装卸、运输造成的损失约500亿元，因保管不善造成的损失在30亿元左右。

思考：

重工业的快速发展带动动力需求的增长，给物流业带来什么样的影响？

项目八　港澳台物流地理

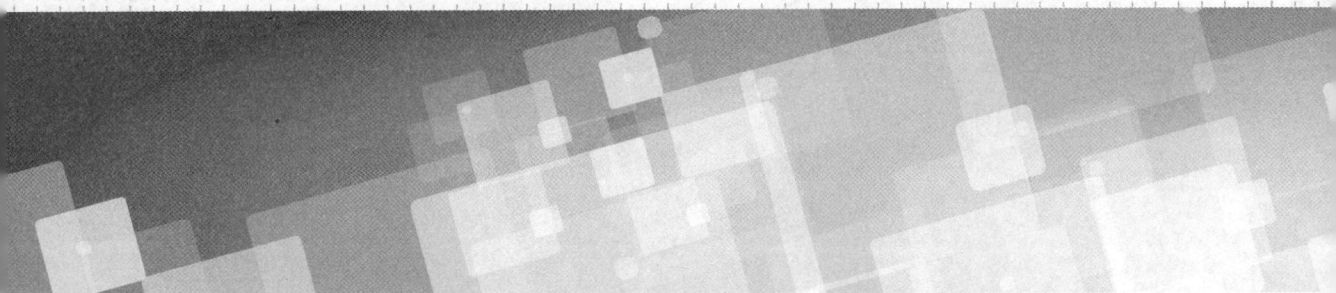

【项目目标】

1. 了解香港、澳门、台湾的经济地理概况
2. 熟悉香港、澳门、台湾的物流业

模块一 香港地区物流地理

【项目导入】

香港物流业的发展

1. 空运货站抢滩珠江三角洲

为强化香港国际机场的国际航空枢纽地位，香港机场管理局（以下简称机管局）正将机场客货运服务范围积极扩展至珠江三角洲地区。机管局正与全球最大的空运货站营办商——香港空运货站有限公司商讨合作，在珠江三角洲地区 18 个城市的跨境旅游车服务，往来于澳门、深圳和东莞等地的快速跨境渡轮服务。机管局正与珠江三角洲其他主要机场，包括广州、深圳、珠海及澳门等机场积极探讨更紧密的合作及协调，扩大香港国际机场的服务范围。

2. 香港加快陆路货物车辆"零秒通关"

香港海关正构思引入"电子预报道路货物资料"系统，目的是要利用高科技手段，通过物流供应链管理的概念，加快货物及货车在跨境过关通道过程中的流通时间，提高工作效率，期望实现内地与香港陆路运输车辆货物零秒通关的理想。

3. 加强与内地合作，香港码头提升物流处理能力

为配合香港和内地经济发展的需要，香港目前正不断提高其物流处理能力。据了解，目前香港跨境口岸的货物通关效率及处理能力已显著提高，97% 的北行货车及 84% 的南行货车可于 1 小时之内完成过关程序。

香港最大的现代货箱码头有限公司已向内地公司订购 10 台胶轮式龙门起重机，并与内地合作投资上海的洋山深水港项目。此外，该公司还积极投资蛇口港和赤湾港，在深圳货运吞吐量的快速增长中同享利益。现代货箱码头公司还推出珠江三角洲内陆闸口服务，以独有的网络每日提供专设的驳船服务，往来于现代货箱码头及珠江三角

洲制造业的集中地。

思考：对内地尤其是珠江三角洲地区日益发展起来的物流业形成的强大竞争，香港采取了什么措施来维持自身的优势？

【项目知识】

一、香港的地理位置

香港位于珠江口东侧，背靠中国大陆，面朝南海，为珠江内河与南海交通的咽喉，南中国的门户；又地处欧亚大陆东南部、南海与台湾海峡之交，是亚洲及世界的航道要冲。

香港包括香港岛、九龙、新界本土及离岛（235 个岛屿）四部分，共计 1104 平方公里。香港大致介于深圳河以南，地处珠江三角洲南部，珠江出海口东侧。最东伸向大鹏湾，最西是大濠岛。西与澳门隔海相望。南濒南海，最南是蒲台岛，北与深圳经济特区相连，距广州市中心大约 140 公里，简称港。因产沉香，又称香江、香海。位于香港岛与九龙半岛之间的维多利亚港，水深港阔，是世界三大天然良港之一。世界各地与东亚之间贸易都经过香港或以香港为中转站，是世界航道的要冲，并扼中国华南门户。行政上分 19 个区，其中，香港岛 4 个区即中西区、湾仔区、东区和南区；九龙 6 个区即油麻地区、旺角区、九龙城区、观塘、深水涉区和黄大仙区；新界 8 个区即荃湾区、沙田区、葵青区、屯门区、元朗区、大埔区、北区和西贡区；离岛自成一区，即离岛区。香港 2013 年人口数量为 718.4 万，其中常住居民占 697.27 万人，流动居民则占 21.13 万人。香港人口密度为每平方千米 6420 人。香港是世界上人口最稠密的城市之一，市区人口密度平均 2.1 万人/平方千米。

二、自然资源和物产

香港地处亚热带，气候温暖湿润，年均温 22.8℃，年降水量 2224.7 毫米，自然资源贫乏。由于缺乏大河流和湖泊，加上地下水不多，食用淡水的 60% 以上依靠广东省供给。矿藏有少量铁、铝、锌、钨、绿柱石、石墨等。香港邻近大陆架，洋面广阔，岛屿众多，拥有得天独厚的渔业生产的地理环境。香港有超过 150 种具有商业价值的海鱼，主要是红衫、九棍、大眼鱼、黄花鱼、黄肚和鱿鱼。1990 年海鱼捕获量和养殖鱼量约为 227.61 万吨，批发总值约 23.77 亿元。香港土地资源有限，林地占总面积的 20.5%，草地和灌木占 49.8%，荒地占 4.1%，沼泽和红树地占 0.1%，耕地占 6.7%，鱼塘占 2%，城郊区建设发展土地占 16.8%。农业主要经营少量的蔬菜、花卉、水果和水稻，饲养猪、牛、家禽及淡水鱼，农副产品近半数需内地供应。

三、香港的经济

20 世纪 70 年代以来，香港经济迅速发展，逐步形成了一个以加工工业为基础、以对外贸易为主导、以多种经营为特点的现代化国际工商业城市。2013 年香港 GDP 产值 21224.92 亿港元（约合 16798.80 亿元人民币），人均 295303 港元（约合 231966 元人民币）。香港是世界上重要的金融、贸易、交通、旅游、信息和通信中心。香港现代经济发展基础是制造业。在香港本地生产总值中，制造业产值约占 7.3%（2010 年），雇员占劳动力人口总数的 3.4%；香港制造业共有 41 个行业，以纺织、制衣、电子、钟表、塑胶和电器业为主，房地产及建筑业是香港经济的重要支柱之一，约占香港生产总值的 11%～13%。房地产业固定投资占全部固定投资总额一半以上。银行放款中，有一半贷给地产业，约 40% 的上市股票与房地产有关。香港土地大部分由港府掌握，高价拍卖土地成为财政收入的主要来源之一。

四、香港金融

作为亚太地区国际金融中心的香港，拥有高度发达的金融运作系统。回归几年来，通过不断的改革与创新，香港金融业又有了长足的进步，为本地和国际投资者提供更加全面的服务，其国际金融中心地位日益巩固。

香港金融市场的特色是流通量高，市场在有效和具有较高透明度的监管下运作，各项监管规例都符合国际标准。

在自由的市场经济下，香港特区政府恪守尽量不干预金融市场运作的原则，并尽力为金融机构提供一个有利营商的环境。香港的低税政策和简单税制，为各类商业企业提供了更多的自主权和创新空间；而完善的法制则保证了市场的公平竞争，吸引了大批外国金融机构进驻香港，使香港金融业始终保持着不断进取的活力。

香港现已形成包括银行体系、外汇市场、货币市场、证券市场、债务市场、金银贸易、保险业以及投资管理等金融运作系统。它们既各自独立，又互相依存、互为补充，共同为资本的顺畅流通和增值提供保障。

作为全球最大的银行中心之一，香港拥有本地和外国银行及存款机构 251 间，除存贷款之外，这些银行还从事包括贸易融资、公司财务、个人理财、证券及金银买卖等。在香港的外资银行达 114 间，其中的 77 间属于全球 100 间最大银行；香港银行的业务中有 55% 以外币为单位。

香港的外汇市场发展成熟，交易活跃，以成交额计是全球第七大外汇市场。由于没有外汇管制，香港的投资者可以全天 24 小时在世界各地的外汇市场进行交易，这对促进外汇市场的发展十分重要。

备受海内外投资者关注的香港股票市场，目前上市公司达 1200 家，资本市值总额达 2.83 万亿美元，为全球 10 大股市之一。配合资讯科技的发展，香港交易所近年来不断进行技术更新，目前已实现自动对盘交易，投资者、经纪和交易所联网，大大提高了市场效率。目前，香港交易所正在与伦敦等国际主要交易所磋商，为实现 24 小时环球股票交易创造条件。

五、对外贸易

对外贸易一直是香港经济最主要的支柱产业，其生产及贸易能力不断增强。香港的贸易地位已从 1978 年的全球排名第 23 位跃升到 2002 年的第 9 位，出口总值达到15000 亿港元。

目前，香港已发展成为亚太地区的国际贸易、金融和航运中心。香港特区正积极采取措施巩固和发展香港贸易中心的地位，包括与中央政府探讨内地与香港建立更紧密的经贸关系；投资兴建商贸港、新会议展览中心；建立物流之都，利用高科技建立物流资料互通平台，方便付货人、运输公司、海关、银行、码头交换资料等。香港是重要的国际贸易中心。中国香港产品主要输往美国、英国、德国、中国内地、日本、加拿大、澳大利亚、新加坡、荷兰、瑞士和法国。转口商品主要输往中国内地、美国、新加坡、印度尼西亚、中国台湾、日本、韩国、中国澳门、菲律宾和沙特阿拉伯。

六、交通旅游

香港是亚太地区的交通、旅游中心之一。公共交通系统以铁路、小轮、公共汽车等组成的运输网，差不多伸展到港内每一角落，全港道路总长约 1484 公里，8 条主要行车隧道，656 座行车天桥，397 条行人天桥，218 条行人隧道（1990 年）。

香港是重要的国际商港，航运业发达。与 100 多个国家和地区的 460 个港口有航运往来，形成了以香港为枢纽，航线通达五大洲、三大洋的完善的海上运输网络。从香港到世界各地有 19 条主要航线。每周约有 1200 班定期客货机与亚洲、欧洲、澳洲、美国、加拿大以及中东等地区的 77 个城市直接联系。

由于香港地理位置优越，交通方便，人文环境独特，旅游业发展迅速。游客大部来自我国大陆和台湾省、日本、韩国，旅游业成为香港经济支柱之一，是香港赚取外汇的第三大产业。

七、香港物流业

（一）发展概况

香港地处亚太区中心，是中国南面对外的门户。香港拥有全世界最繁忙的集装箱码头。在海运方面，约 80 家国际集装航运公司每星期提供 400 条航线，开往全球 500多个目的地。在空运方面，近 90 家国际航空公司每星期提供约 3800 班定期航机由香港飞往全球 150 多个目的地。最具吸引力的是，香港是一个自由港，这里高效、快捷和完善的服务赢得世界称誉。最近由英国出版的权威的《货运系统》杂志对世界 100 个港口吞吐量排名中，中国有 11 家港口进入集装箱港口前 50 强，香港位居榜首，厦门、宁波和大连等港口首度进入前 50 强。

现在，香港国际机场采用最先进设备和双跑道设计，以应付日益繁重的运输量。

香港特区政府一直重视物流业的发展，提出要把香港建成国际及地区首选的运输及物流枢纽中心。为此，香港成立了物流发展督导委员会，并成立了香港物流发展局。随着中国加入世贸组织、市场的进一步开放、国际贸易额的增加，相信未来香港物流业将有更广阔的发展空间。

香港是全球首屈一指的航空货运中心，为珠三角的出口业提供了重要的支援。目前，香港每年处理超过200万吨的空运货物，其中，七成来自珠三角。预计，未来20年，珠三角地区的航空货运量年均增长率将达到6%。

近10多年来，香港工业北移，珠江三角洲地区成为生产重地，生产量连年上升，对物流运输的需求有增无减。内地开放初期，各类配套设施，包括物流服务，均未达国际水平，而香港货柜码头的服务效率及质素，则属世界首屈一指，令香港物流业得以在"珠三角"地区蓬勃发展的出口业中担当着重要的角色。

随着中国入世，越来越多的企业在关注产品质量的同时，更强调成本的重要性，香港物流业的高价格受到了来自异地同行的威胁。从成本角度考虑，托运人与第三方物流公司今后会更多地选择内地港口进出口货物而逐渐放弃选择香港。香港物流企业寻找新的利润支持点，由运输门户向技术和金融门户转变。而这种转变的市场就在广阔的内地。

（二）香港物流业发展前景

1. 存在的问题

着力发展物流的不只是香港，邻近地区如深圳、广州等也在积极发展物流和相关行业。内地海路运输水平正急起直追，运营成本和配套设备都在很快成熟起来，服务水平与香港码头将会越来越近。

香港与物流相关的运输费用十分昂贵，香港物流业也面临着自身的转型问题，还处在从仓库设备等传统物流向现代物流的"转型"阶段，物流业发展离世界先进水平还有一些距离。

2. 未来：加强与内地合作

内地是香港最大的贸易伙伴。2001年，内地和香港的贸易占香港整体贸易总值的40%。内地也是香港转口货物的最大市场兼主要来源地，香港约有90%的转口货物是来自内地或以内地为目的地。

香港的物流企业所涉及的业务范围十分广泛，包括货运、仓储、速递等，服务的对象以珠江三角洲一带的企业为主，这些企业对在内地投资相当有兴趣。目前，部分物流企业已经在内地以合资的形式成立公司，香港公司是内地最大的外来投资者，占内地外来投资的50%；另外，还有超过10万家香港公司在内地采购。

【项目训练】

一、思考与练习

1. 简述香港的支柱产业有哪些？
2. 香港物流业的优势有哪些？

二、活动建议

1. 活动内容

对内地尤其是珠江三角洲地区日益发展起来的物流业形成的强大竞争，香港应采取什么措施来维持自身的优势？

2. 操作步骤

（1）将全班学生分为若干个小组，每个小组 4~6 名组员；

（2）各组进行自由讨论，并选出代表向全班介绍讨论结果。

3. 活动点评

教师点评。

模块二　澳门地区物流地理

【项目导入】

澳门特区政府经济财政司司长谭伯源表示，政府有决心在 2004 年内尽快完成有关物流业发展的各项软、硬件配套设施，以便跟上澳门对外贸易的发展步伐。

海峡两岸暨香港澳门物流合作与发展大会主要讨论有关物流业发展的问题。委员会主席梁庆庭会后表示，澳门的有关业界和社会对物流业的发展给予较大的关注，与物流业息息相关的软、硬件，如有关法规、税务制度，以及电子商贸和电子认证的配套设施，能否跟得上对外贸易的发展步伐，更是业界关注的要点。

列席会议的政府官员表示，随着澳门整体经济定位确立，物流业已是澳门多元经济中的一个重要部分。当中，凭借澳门是自由港及实施的自由贸易制度，把澳门发展成为内地、尤其是珠三角和粤西地区与葡语系国家和海外华商之间的贸易平台计划，以及与内地更紧密的经贸合作关系进一步落实，确能为澳门物流业提供很大的发展空间。（资料来源：新华网）

思考：澳门发展物流业的依托和定位与香港有哪些不同？

【项目知识】

澳门（Macau）是中华人民共和国两个特别行政区之一，位于中国东南沿海的珠江三角洲西侧，由澳门半岛、凼仔岛、路环岛和路凼城四部分组成，总面积 32.8 平方千米，人口 50 余万，这也使澳门成为全球人口密度最高的地区。澳门北与广东省的珠海市拱北连接；西与同属珠海市的湾仔和横琴对望。东面则与香港相距 60 千米，中间与珠江口相隔。

16 世纪起，澳门被葡萄牙租借，这也成为欧洲国家在东亚的第一块领地。1999 年 12 月 20 日，葡萄牙结束对澳门的统治，政权移交中华人民共和国。在"一国两制"的政策下，澳门享有"澳人治澳"、高度自治的权利。而在这 400 余年间，东西文化的融和共存使澳门成为一个独特的城市：既有古色古香的传统庙宇，又有庄严肃穆的天主圣堂，还有众多的历史文化遗产，以及沿岸优美的海滨胜景。

澳门是"世界四大赌城"之一。其著名的纺织品、玩具、旅游业、酒店和娱乐场使得澳门长盛不衰。因此，澳门也是全球最富裕的城市之一。

一、地理环境

1. 位置

澳门特别行政区位于中国大陆东南沿海，地处珠江三角洲的西岸，毗邻广东省，与香港相距 60 千米，距离广州 145 千米。本地时间比格林尼治标准时间早 8 小时。

2. 面积

澳门的总面积因为沿岸填海造地而一直扩大，已由 19 世纪的 10.28 平方千米逐步扩展至今日的 29.2 平方千米，面积约是华盛顿特区的 1/6、香港的 1/40、新加坡的 1/23。澳门包括澳门半岛、凼仔和路环两个离岛。半岛北面与中国大陆相连，南面分别由嘉乐庇大桥、友谊大桥和西湾大桥与凼仔连接；至于凼仔与路环，则由全长 2.2 千米、6 线行车的连贯公路相接。

3. 气候

澳门属亚热带气候，同时亦带有温带气候的特性，2007 年全年平均气温为 23.2℃。春夏季潮湿多雨，秋冬季的相对湿度较低且雨量较少。台风季节为 5～10 月，以 7～9 月最为频密。

在 2007 年共录得 115 个下雨天，总降雨量为 1466 毫米，比过去 30 年（1971—2000）的年均总降雨量少 667 毫米；全年录得一个热带低气压、一个热带风暴及一个强热带风暴。

二、行政区划

澳门以"堂区"作为行政区划单位，每一个堂区以其代表性的教堂作为堂区名称。但是，行政区划并非正式的行政机构建置，没有法人地位。澳门现有五个堂区，分别是：

1. 澳门半岛

花地玛堂区，俗称北区，包括青州、台山、黑沙环、筷子基和水塘。

圣安多尼堂区，即花王堂区，在澳门西部，包括新桥和沙梨头；著名的大三巴牌坊一带也属本堂区之内。

大堂区，中区、新马路以北部分、南湾、水坑尾、整个新口岸填海地段、东至新口岸港澳码头，整条环岛公路至妈阁南端，包括澳门旅游塔和立法会。

望德堂区，包括荷兰园、东望洋山、塔石一带。

风顺堂区，亦称圣老愣佐堂区，包括 20 世纪 80 年代末进行南湾湖填海的整个妈阁半岛，包括妈阁山、西望洋山、新马路以南部分。

2. 澳门离岛

嘉模堂区，即凼仔。

圣方济各堂区，即路环。

位于凼仔和路环之间的填海地段称为路凼城，但不属于任何堂区。

三、人口结构

全区人口 55.74 万（2011 年 12 月 31 日，澳门统计暨普查局，居世界国家和地区第 163 位），人口密度 20910 人／平方公里（2011 年，世界国家和地区第 1 位）。

根据 2006 年中期人口统计，在居澳时间方面，超过 78% 人口在澳门居住超过 10 年。至于出生地点，在澳门出生的居民占 42.5%，在中国大陆出生的居民占约 47.1%，在其他地方出生者为 10.4%。

四、财政金融

澳门是微型海岛经济，经济规模无可避免地受市场、资源和结构等方面的局限，但仍然是亚太地区内极具经济活力的一员。

随着博彩旅游业的增长持续向好，2010 年全年澳门的本地生产总值（GDP）为 2173.2 亿元（澳门元），实质增长率为 26.2%，约合 271.57 亿美元。人均本地生产总值（GDP）为 398071 元（约合 49745 美元）。

虽然澳门的经济规模不大，但具有开放和灵活的特点，在区域性经济中占有独特的地位。传统上，澳门的经济以出口为主，在加工业进行转型以适应新时代的同时，服务出口在澳门整体经济上所占的比重变得越来越大。

澳门是中国两个国际贸易自由港之一，货物、资金、外汇、人员进出自由。特区政府成立后，把维护和完善自由市场经济制度作为经济施政的主线，营造受国际社会认同、自由开放、公平竞争和法治严明的市场环境，确保经济制度不受干扰和影响。

2007 年 4 月，世界贸易组织对澳门进行每 6 年一次的贸易政策审议，在报告中对澳门遵守世界贸易组织的规则予以肯定，认同特区政府过去六年经济发展所取得的成就，认为澳门未来的发展前景乐观，澳门是开放的经济体系这一评价再次受到肯定。这是澳门特区政府成立后第二次的审议会议，上一次是在 2001 年进行。

五、旅游博彩业

旅游博彩业是澳门主要的经济动力之一，其中，包括作为澳门最大直接税来源的博彩业，及其他如酒店、饮食、零售等行业，对推动澳门经济的发展相当重要。

迅速发展的旅游业及服务业是澳门最重要的外汇来源，20 世纪 90 年代以来，澳门旅游业进入蓬勃发展的阶段，自 1992 年起，旅游业的收入已经超过出口产值。特区政府成立后，旅游业发展步伐更为迅速。

内地、香港和台湾仍然位居澳门前三大客源地，另外，韩国取代日本成为澳门第四大客源地。内地游客中 47% 来自广东省。

六、制造业

澳门制造业是以纺织制衣业为主，且以劳动密集和外向型为模式发展，大部分产品销往美国及欧洲。

制造业在澳门历史悠久，早期以炮竹及神香为主，而目前仍然是澳门制造业主力的纺织制衣业始于 20 世纪 60 年代，70 年代至 80 年代进入黄金时期。除纺织制衣业之外，玩具、电子和人造丝花等工业亦蓬勃发展。踏入 20 世纪 90 年代，澳门受到欧美两大出口市场经济疲弱、本地工资上涨的影响，加上新兴工业国家在产品价格上的竞争，制造业发展的步伐明显放缓。

七、服务业

特区政府继续加强与新加坡、日本、我国香港和台湾地区等地经贸交流与合作。同时，有效发挥澳门与欧盟、拉丁语系国家，尤其是与葡语国家传统联系的优势，更好地担当内地与这些国家和地区经济合作的桥梁。

2003 年 10 月，中央政府与澳门特区签订了《内地与澳门关于建立更紧密经贸关系的安排》，同时首届"中国—葡语国家经贸合作论坛"及"国际华商经贸会议"亦先后在澳门举行，凸显了澳门连接珠江三角洲、葡语国家和世界华商之间的平台作用。在"中国—葡语国家经贸合作论坛"上，参与各方签署了"经贸合作行动纲领"，确立了彼此间的合作，并同意在 2006 年再在澳门举行论坛和部长级会议。

八、澳门物流发展

澳门没有大型货运海港，几乎没有从事海运的货运公司，澳门航空货运联合会就成为澳门货运业的代表。澳门航空货运联合会是澳门航空货运从业者组成的行业自律组织。随着澳门物流业的蓬勃发展，加上 2005 年配额制度取消，澳门制造业功能将出现转型，原来的制造业工人会被物流业所吸纳。澳门机场的航空网络日渐增强，可提升澳门物流业的竞争力。因此，澳门航空货运联合会急需扩大行业代表性。2003 年 1 月 1 日，澳门航空货运联合会更名为"澳门空运暨物流业协会"。

澳门特区政府对物流业发展的日益重视，澳门海上运输、陆上运输及空运等方面的经营者，已从事研究如何开展物流业，配合今后澳门物流业的发展方向。

人才方面，澳门物流业完全可以吸纳制造业工人且可吸纳更多内地货源。此外，澳门空运界一致看好物流业的发展，普遍乐观认为空运有庞大发展商机，并认为从近几年来澳门空运发展迅速看来，加上澳门特区政府加强推动物流业发展，业界对航空货运及机场的成长充满信心。

物流业在内地将成为一个大的产业，澳门可以从中分一杯羹。深圳盐田港和深圳机场都可能成为澳门货物的出口渠道，澳门在对台湾地区空运上有优势，也可以吸引一些内地货物取道澳门运往台湾地区。

澳门政府在开展物流中心的硬件设施同时，将积极筹备其他配套工作，例如透过不同机构，更新相关法律及培训物流业人才。政府亦将吸取业界意见，相信可有助澳门发展物流产业。澳门发展物流业的定位，是要利用澳门自身优势，在珠江三角洲整个物流圈内发挥互补作用。

【项目训练】

一、思考与练习

1. 简述澳门的支柱产业。

2. 列举出澳门物流业发展的局限和潜力。

二、活动建议

1. 活动内容

讨论澳门物流业的发展有哪些优势和不足。

2. 操作步骤

（1）将全班学生分为若干个小组，每个小组 4~6 名组员；

（2）各组查找资料，自由讨论。

3. 活动点评

教师点评。

模块三 台湾物流地理

【项目导入】

老牌巨星——大荣货运领跑台湾物流业

大荣货运（T. JOIN）是目前台湾最大的物流公司。大荣创建于 1954 年，主要经营路线货运，到 2000 年资本总额高达 52 亿新台币，员工近 4000 人，货运车辆达 2700 多辆，年营业额高达 45 亿新台币。

大荣货运保持常青地位的主要原因在于，依托强大的资讯（信息）科技基础，实现快速交货与高品质的顾客服务。目前引入的"MK – TPL 第三方物流资讯系统"，除了能让大荣通过提供增值服务来增加客户满意度外，更可利用系统达成仓储作业标准化，增加资源利用率，降低管理成本。其全方位智能仓储管理系统功能，可完全配合大荣走向国际舞台。

在快递服务领域，大荣是台湾唯一一家能够提供该项业务的本土物流企业。大荣采用 SKYCOM 2000 电脑系统与全世界物流转运站相连，提供全球快速配送服务。大荣还能为客户提供物流整体解决方案，针对每家厂商不同的产品特性，规划出不同的仓储设施、配送路线，并提供代收货款等一揽子服务。

大荣的研发能力是业内表率，正在建设的电子化国际物流管理系统，功能涵盖订单系统租用、即时的多营业点及多仓库存货交易资料查询，支援条码识读、无线传输、电子资料交换、仓储作业自动计费系统等智能仓储管理系统，使大荣的物流作业进入电子化管理的新阶段。

大荣与日本西汉运输公司合作，借鉴日本经验，进军宅配市场，推动台湾物流业趋向更高的激烈竞争阶段。尽管大荣长期保持业内的竞争优势，但绝不打算介入商流，而是努力以第三方角色提供物流服务作为自己的经营战略定位。

思考：大荣物流成功的原因是什么？中国大陆物流企业可以从中学到些什么？

【项目知识】

在东海、南海和太平洋之间，有一块美丽富饶的土地，它形似一片巨大翠绿的芭蕉叶，漂卧在碧波万顷的大海之中，这就是我们祖国的宝岛——台湾。

一、地理位置

台湾位于欧亚大陆的东南缘，太平洋西岸花彩列岛的中枢，北滨东海，与琉球群岛相隔 600 千米，西以平均宽度 200 千米的台湾海峡与祖国大陆相望，南缘巴士海峡，与菲律宾相距 350 千米，东临广大的太平洋，在区位上，是太平洋西缘地区的南北与东西联结枢纽，位置十分重要。

二、范围与面积

台湾地区的范围，主体部分包括本岛、澎湖群岛 64 个小岛及环本岛的 20 余个附属岛；其他拥有行政权或驻军的部分，尚有大陆福建外海的金门列屿、马祖列岛以及南海中的南沙群岛。

主体区总面积虽仅 3600 余平方千米，但其四极跨越颇广，合计跨经度 5016′27″纬度 4011′5″。

三、台湾人口

根据台湾每 10 年调查一次的人口普查数据，台湾在 2012 年年底户籍人口为 2331 万，人口增长有趋缓的态势。

常住人口有 7 成住在都会区，以台北基隆都会区占 29.8% 最多；其次为高雄都会区占 12.4% 居次；台中彰化都会区占 9.5% 居第三。

四、地形和土壤

山脉南北走向，地形与土壤多样性高。台湾本岛地势的高低由中央山脉（又称台湾屋脊）向东、西两侧低降，全岛依地势高低分成高山区（占全岛面积约 30%）、丘陵及台地区（占 40%）、平原区（约 30%）三区。由于台湾岛四面环海，海岸线长达 1566 公里，拥有丰富的海岸地形景观：东部断层海岸、西部隆起海岸（堆积沙岸）、北部升降混合海岸（叠置海岸）及南部珊瑚礁海岸。

五、台湾经济

1. 台湾工业

第二次世界大战后，台湾省有关当局重新布局工业。经过 40 多年的发展，台湾工业地理面貌已有很大改观。目前，以台北市、台中市和高雄市为中心进行的工业布局，形成了一个由铁路和高速公路从东北至西南连贯三个工业中心的沿岛弧形工业地带。这个工业地带可分为：

以台北市为中心，包括桃园、台北县和基隆市北部工业区，集中有纺织、食品、电子、电机、化学材料、精密器械和通信等工业，是全省最大的轻工业基地。

以台中市为中心，包括台中县、彰化县、南投县和云林县等组成的台中工业区，集中有食品、纺织、橡胶、金属制品和运输工具等工业，是全省第二大工业基地。

以高雄市为中心，包括高雄、台南市、台南县、屏东县等组成的南部高雄工业区，集中有钢铁、造船、石化、塑料原料和机械设备等重化工业，成为全省的重化工业基地。

台湾重工业在部门结构中比重增长较快，但从整体上看，基本上是以轻纺工业为主体的工业生产体系。工业产值和出口量均居重要地位。

2. 台湾农业

长期以来，台湾农业以生产稻米和甘蔗为主，素有"米糖农业"之称，稻米、甘蔗、茶叶号称"台湾三宝"。20世纪20年代中期以后，随着台湾出口加工工业的发展，台湾农业发生了新的变化：结构由单一的种植业转向综合发展，牧业、渔业、园艺业比重加大，大多数产品逐渐商品化，可供直接出口和加工出口的农作物产量比重增加。农业生产的商品化促进了农业生产的发展，也使农业生产直接或间接地受加工工业和外贸的制约。在种植业中，稻米是本省最主要的农产品，全省各地均有种植，但主要分布于北回归线以北的平原地带，占全省种植面积的45%。甘蔗种植面积仅次于稻谷，主要产于北回归线以南的平原地带。此外，热带水果香蕉、风梨和柑橘等也广泛种植，产品大量出口。

台湾的畜牧业是20世纪60年代中期以后发展迅速的农业部门。目前，畜牧业在农业总产值中所占比重仅次于种植业，居第二位。在畜牧业中，养猪最为重要，占畜牧业产值一半以上。畜牧产品自给有余，有部分产品出口。

渔业生产在台湾农业中居第三位，但渔产品外销额却占农产品及农产品加工品外销额的1/3。1989年台湾水产品产量137万吨，占全国水产品产量约1/10，仅次于广东、浙江和山东等地，是我国重要的水产品产区。

3. 交通运输

台湾位于东亚航运网的中心，现代化交通设施的兴建始于19世纪末，由于岛内地势西低东高、山脉南北纵走，故交通网的密度西高东低，主要交通设施以铁路、公路、海运和航空为主。台湾交通运输业发达。陆上运输占主导地位，其次是海上运输和航空运输。陆上运输以公路为主，公路交通以南北高速公路为主干，环岛公路为动脉，横贯公路为纽带，形成纵横全岛的公路运输网。铁路交通以西部纵贯复线为主干，北回铁路为连接东西线的纽带，形成西北东铁路运输链。海运航线四通八达，有台美、台日、中南美、中东欧洲等十多条定期国际航线和至国内的不定期航线，形成了对内环岛、对外辐射的海上运输网。此外，空中航线也直达世界各地，定期班机航线93条，岛内主航线也有10多条。

4. 对外贸易

对外贸易是台湾经济发展的基础：20世纪60年代以来，台湾的经济基础围绕着"进口—加工—出口"进行，对外贸易发展迅速。进口贸易以工农业原料为大宗，20世纪60年代中期之后主要进口商品以电子产品、机械、原油、钢铁、运输工具、食品饮料及烟类为主，1993年进口额达7706100万美元。过去一向以农产品为主的加工工业逐渐为产值较高的水产品、园艺加工产品所代替。

近些年来，出口的工业品中，重化工业产品已有所增加，但目前仍以劳动密集型的轻纺工业为主，主要出口产品有纺织品、玩具、金属制品、塑料制品、机械、制材及木制品。1996 年出口贸易额达 11594200 万美元，有主要贸易往来的国家和地区是：美国、日本、新加坡、印度尼西亚、加拿大、中国内地、中国香港、中国澳门等一百多个国家和地区，但集中于美国、中国香港和日本，对美国和日本的出口额占 55%，进口额约占 50%。近年来两岸贸易也占很大份额。

5. 旅游观光

台湾著名的 8 景有：双潭秋月（日月潭）、阿里云海、玉山积雪、大屯春色、安平夕照、鲁阁幽峡、清水断崖、澎湖渔火等。日月潭系由玉山和阿里山间的断裂盆地积水而成，为台湾省天然第一大湖，湖面辽阔，水平如镜，水色湛蓝，四周翠山环抱，林木葱郁，山水相映，白云缭绕，附近有玄光寺、玄奘寺等古式建筑，是我国著名的游览胜地。阿里山呈扬名海内外的避暑胜地，"神木、云海、日出"为其三大奇观。

六、台湾物流的发展

台湾物流业一直是随着地区经济的增长而不断蓬勃发展，尤其是随着台湾经济的迅速崛起，台湾成为许多跨国公司的重要原材料、零配件供应地，物流配送需求大幅增长，在很大程度上推动了社会物流配送的发展。

台湾地区的物流发展经历了从注重批量到注重便利、快捷、时效的变化。为了构建台湾地区整体高效的物流体系，逐步改善物流的用地空间、交通通信基础环境、配送体系的赢利效果，台湾确立了物流产业的发展政策。秉承"物畅其流"的理念，通过物流现代化与国际化的推动，大幅度提升区域内整体物流体系的营运效能与服务品质，不仅使区内制造商、物流中心及销售商之间的物流得以顺畅便捷地交流，更可使区内产业与国际营运伙伴之间的供需配送，具备高效能的营运体系与高水准的服务品质，进而使台湾成为一个全球重要的物流运筹中心。培植区域内完善充足的物流体系，改善交通与通信环境，以有效支持区内消费物流与区域物流及国际物流，提升区域内产业整体国际竞争力，进而使台湾成为全球重要物流运筹中心。

整合应用现代资讯网络与自动化技术，扩散构建高效及高服务品质的物流中心及运输配送体系，使区内制造商与销售商及国际应用伙伴之间的配送更加顺畅快捷。

培训资讯整合化与国际化物流营运体系的经营管理、分析规划与运作，维护人才，以充分满足现代化物流体系的人才需求。

台财政关税部门已完成"国际物流中心货物通关作业规定"，在基隆、台北、台中及高雄四大海关成立单一窗口，受理厂商申请登记经营国际物流业务事宜，申请者经海关审核通过发照后，即可展开营运。有关"物流中心通关办法"中规定资本额 5 亿新台币，一般业者认为门槛过高，希望降低一档，但财政部门仍坚持不予降低，决定实施一段时间后再行核查。

依据该项通关作业规定，凡股份有限公司登记经营物流为主要业务者，或其营利事业登记营业项目为仓储者，经审核符合物流中心货物通关办法及通关作业规定，从事保税货物仓储、转运及配送业务者，准予登记为物流中心。申请登记时，应附董、监事名册及营运计划书，如其货物非自有，应另附使用权证件与所有人同意书，如撤销营运时，保税物品无条件继续存放至少 6 个月期间，供海关处理保税品。至于设在国际港口与机场加工区及科学园区者，应附各该主管机关同意函件。

设在邻近国际机场或港口者，在申请前应先准备交通路线图，向当地海关申请核查。海关 14 日内答复结果，核查通过，才能提出申请。经书面审核合格的申请案件，海关将于 14 日内核查仓储设备、自动化仓储设施、建筑物空间、货物进出停车场、货物装卸地、电脑控管作业流程、是否设有独立警卫单位、出入口是否设有闭路电视监控系统、供海关稽核的处所和线上查核的专用电脑等。如有不符事项，海关将于勘查完成后 10 日内通知，并限期改善，符合规定者，于缴纳保证金后，核准登记。

台关税部门表示，物流中心出口货物，如需申请冲退使用原料税捐者，应依外销品冲退原料税捐办法等有关规定申报，并向海关申请出口报单副本，凭以申办。同时，物流中心应设置专责人员 3 人以上，其中一人为主管。专责人员应经其所监管的海关训练，取得证明。物流中心有关货物的进、出或转运等，除应依该通关作业规定办理外，其货物于出口地海关放行后运至物流中心，自物流中心运到保税区，或出口货物自物流中心运至出口地海关辖区出口货站或装船、装机地方等，均应以集装箱、可加封卡车或可加封货箱载运。

根据该通关作业规定，物流中心货物的重整及简单加工，其重整后变更料号者，应于事前附"物流中心重整及加工申请书"向辖区海关申请核准，但重整后未变更料号者，须由其专责人员于事后向海关报备。同时，此项重整及简单加工限货物在流通过程以所必需为限，不得以大型复杂机器设备从事加工，且应于重整及加工专用仓区办理。至于进储物流中心货物有委外检验、测试需要者，应提出委外检验测试申请书，属准许进口的货物，在辖区海关核准，并登录电脑账册后运出，运回时应登录电脑销案，以 3 个月为限，可以延长一次。

物流中心保税品如遭受水灾、风灾、火灾或其他天然灾害而致损毁，在灾害事实终止的翌日起一周内申报，辖区海关查明属实者，核实消账；如因失窃而短少，经向警察机关报案取得证明，并经辖区海关查明属实者，应自失窃翌日起 3 个月内补税消账；如特殊情形，报经辖区海关核准后，可申请提供保证金暂免补税，但最长不超过 6 个月，期满后仍未寻回，海关则将保证金抵缴税费结案，寻回部分则退回保证金。有关物流中心自主管理事项，包括门禁管控、货物进储与点验进仓、短装溢装填报、货物看样取样及公证、货物重整及加工、货物盘点，货物委托检测、货物进出放行及违章与异常案件报告等。

（1）近年来，由于亚洲金融危机的打击，台湾经济呈现下降情况。

（2）台方物流企业的经营观念、管理水平等方面在整体上领先大陆至少 10 年以上，但相比欧美、日本普遍规模较小，而且由于自然条件限制，已缺少持续发展的空间。

（3）物流产业是一个高投资、慢回报的产业。发展现代物流非常需要政府的大力支持。台湾物流的发展得到了政府的大力支持。如台糖高雄物流园区，由台糖和当地政府合资兴建，一期投资约为 7.5 亿元人民币，政府以近乎无偿的方式出让土地使用权 13 年，台糖负责投资经营 13 年后把台糖交还政府。如果没有如此优惠的支持，这样高水平、大规模的物流园区不可能在如此短的时间内建成投入使用。

（4）台湾物流企业家对大陆的关注目前还仅限于东南部。

台湾具有代表性的物流企业是大荣货运、东源公司和国际快递等。

【项目训练】

一、思考与练习

1. 台湾省有几个工业区？

2. 台湾省物流业发展的有利因素和不利因素各是什么？

二、活动建议

案例分析

台湾省的物流优势不逊香港

在 2003 年 11 月 15 日举行的"第二届两岸三地供应链管理研讨会"上，台湾省物流业协会秘书长钟荣钦作完台湾省物流业发展现状报告后随即指出，台湾省物流业者正积极介入内地市场，两岸物流业结盟有望创造物流服务的全球品牌。

台湾省物流业总体水平强，根据《2002 年台湾物流年鉴》提供的数字，资本额在 5 亿新台币以上的企业占 20%，1 亿～5 亿新台币的企业占 25%，0.5 亿～1 亿新台币的企业占 15%。

对台湾省物流业者在我国内地经营意愿的调查表明，有 55% 的企业在观察中，15% 的企业已设立分公司，而 5% 的企业正在寻找合作伙伴。而香港则积极在内地推介物流业，纷纷在内地设立分公司或办事处，台湾省物流业者显然慢了一拍。

钟荣钦表示，我国内地物流市场潜力很大，而台湾省的优势也不比香港逊色，例如，掌握英、日、闽南、客家和普通话等多种语言，拥有丰富的国际商务经验、浓厚的国际人脉、比较强的资信技术应用能力和物流经营管理经验能力等。

对于台湾省物流业者进入内地市场的服务定位，钟荣钦建议，可以以整合型和知识型为导向，创造差异化策略，以建立竞争力基础，配合台商及外商进内地生产，延伸服务台商及跨国外商的物流需求。钟荣钦希望，两岸物流结盟能创造出物流服务业的全球品牌。

思考：

（1）内地经济发展对台湾省物流发展有何促进作用？

（2）台湾省利用内地物流市场发展物流业具有哪些优势？

（3）试分析台湾省与大陆主要进行哪些商品的贸易往来，发展前景如何？

项目九　国际物流地理

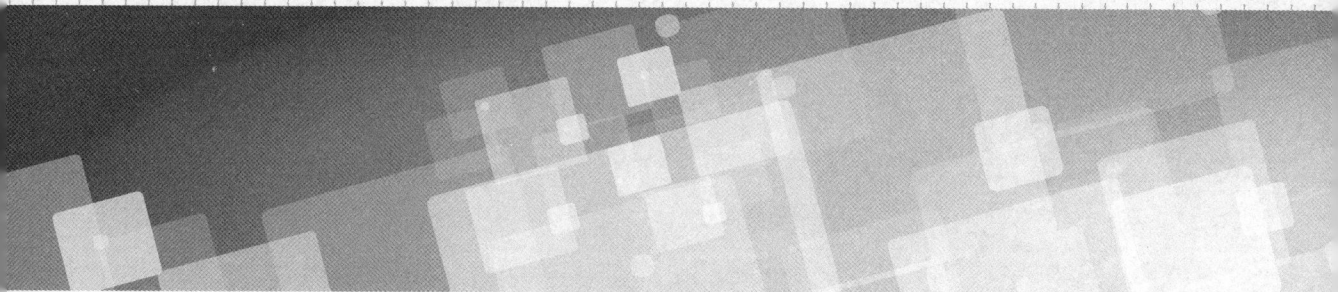

【项目目标】

1. 认知国际物流的含义、分类
2. 了解国际物流的特点、发展趋势
3. 了解世界上主要海峡和运河
4. 知晓世界主要的枢纽港口
5. 掌握世界航空区划及主要航线分布
6. 熟悉国际多式联运及陆路运输

模块一　国际物流概述

【项目导入】

意大利有一家专门经营服装的公司，它有 5000 家专卖店，分布在 60 个国家，每年销售的服装约 5000 万件。其总部在意大利，所有的工作都是通过 80 家代理商进行。若某一专卖店发现某一款式的服装需要补货，立即通知所指定的某一代理商，该代理商立即将此信息通知意大利总部，总部再把这一信息反馈给配送中心，配送中心便根据专卖店的需求在一定的时间内进行打包、组配、送货。整个物流过程可在一周内完成，包括报关、清关等。

【项目知识】

一、认识国际物流

1. 国际物流的含义

国际物流是指在两个或两个以上国家（或地区）之间所进行的物流。国际物流的实质是按国际分工协作的原则，依照国际惯例，利用国际化的物流网络、物流设施和物流技术，实现商品在国际间的流动与交换，以促进区域经济的发展和世界资源优化配置。国际物流的完成主要是通过海上运输、航空运输、国际多式联运及陆路运输实现的。

2. 国际物流的总目标

国际物流的总目标是为国际贸易和跨国经营服务，即选择最佳的方式与路径，以最低的费用和最小的风险，保质、保量、适时地将货物从某国的供方运到另一国的需方。

二、国际物流的特点

国际物流具有以下特点：

1. 物流环境存在差异

国际物流的一个非常重要的特点是，各国物流环境的差异，尤其是物流软环境的差异。不同国家的不同物流适用法律使国际物流的复杂性远高于一国的国内物流，甚至会阻断国际物流；不同国家不同经济和科技发展水平会造成国际物流处于不同科技条件的支撑下，甚至有些地区根本无法应用某些技术而迫使国际物流全系统水平的下降；不同国家不同标准，也造成国际间"接轨"的困难，因而使国际物流系统难以建立；不同国家的风俗人文也使国际物流受到很大局限。由于物流环境的差异就迫使一个国际物流系统需要在几个不同法律、人文、习俗、语言、科技、设施的环境下运行，无疑会大大增加物流的难度和系统的复杂性。

2. 物流系统范围广

物流本身的功能要素、系统与外界的沟通就已是很复杂的，国际物流再在这复杂系统上增加不同国家的要素，这不仅是地域的广阔和空间的广阔，而且所涉及的内外因素更多，所需的时间更长，广阔范围带来的直接后果是难度和复杂性增加，风险增大。当然，也正是因为如此，国际物流一旦融入现代化系统技术之后，其效果才比以前更显著。例如，开通某个"大陆桥"之后，国际物流速度会成倍提高，效益显著增加，就说明了这一点。

3. 国际物流必须有国际化信息系统的支持

国际化信息系统是国际物流，尤其是国际联运非常重要的支持手段。国际信息系统建立的难度，一是管理困难，二是投资巨大，再由于世界上有些地区物流信息水平较高，有些地区较低，所以会出现信息水平不均衡因而信息系统的建立更为困难。当前国际物流信息系统一个较好的建立办法是和各国海关的公共信息系统联机，以及时掌握有关各个港口、机场和联运线路、站场的实际状况，为供应或销售物流决策提供支持。国际物流是最早发展"电子数据交换"（EDI）的领域，以 EDI 为基础的国际物流将会对物流的国际化产生重大影响。

4. 国际物流的标准化要求较高

要使国际间物流畅通起来，统一标准是非常重要的，可以说，如果没有统一的标准，国际物流水平是提不高的。目前，美国、欧洲基本实现了物流工具、设施的统一标准，如托盘采用 1000mm × 1200mm，集装箱的几种统一规格及、条码技术等，这样一来，大大降低了物流费用，降低了转运的难度。而不向这一标准靠拢的国家，必然在转运、换车底等许多方面要多耗费时间和费用，从而降低其国际竞争能力。

三、国际物流的发展与趋势

（一）国际物流的发展

国际物流活动随着国际贸易和跨国经营的发展而发展，经历了以下几个阶段：

（1）20 世纪 50～70 年代。在 20 世纪五六十年代，国际间形成了较大数量的物流，在物流技术上出现了大型物流工具，如 20 万吨的油轮、10 万吨的矿石船等。20 世纪

70 年代，国际物流不仅在数量上进一步发展，船舶的大型化趋势进一步加强，而且，出现了提高国际物流服务水平的要求，大数量、高服务型物流从石油、矿石等物流领域向难度较大的中小件杂货领域深入，其标志是国际集装箱及国际集装箱船的发展。国际间各主要航线的定期班轮都投入了集装箱船，很快地提高了散杂货的物流水平，使国际物流服务水平获得了很大提高。在这个阶段还出现了国际航空物流和国际联运的大幅度增加。

（2）20 世纪 70 年代末期至 80 年代中期。这一阶段国际物流的突出特点是出现了"精细物流"，物流的机械化、自动化水平提高，物流设施和物流技术得到了极大的发展；建立了配送中心，广泛运用电子计算机进行管理；出现了立体无人仓库，一些国家建立了本国的物流标准化体系等。同时，伴随新时代人们需求观念的变化，国际物流着力于解决"小批量、高频度、多品种"的物流，出现了不少新技术和新方法，这就使现代物流不仅覆盖了大量商品、集装杂货，而且也覆盖了多品种的商品，基本覆盖了所有物流对象，解决了所有物流对象的现代物流问题。

（3）20 世纪 80 年代中期至 90 年代初。在这个阶段，随着经济技术的发展和国际经济往来的日益扩大，物流国际化趋势开始成为世界性的共同问题。各国企业越来越注意改善国际性物流管理，降低产品成本，并且要改善服务，扩大销售，使企业在激烈的国际竞争中获得胜利。另外，伴随国际联运式物流，出现了物流信息和电子数据交换（EDI）系统。信息的作用是使国际物流向更低成本、更高质量服务、更大量化、更精细化方向发展。可以说，20 世纪八九十年代的国际物流已进入了物流信息时代。

（4）20 世纪 90 年代初至今。这一阶段国际物流的概念和重要性已为各国政府和外贸部门所普遍接受。贸易伙伴遍布全球，必然要求物流国际化，即物流设施国际化、物流技术国际化、物流服务国际化、商品运输国际化、包装国际化和流通加工国际化等。世界各国广泛开展国际物流理论和实践方面的大胆探索，人们已经形成共识，只有广泛开展国际物流合作，才能促进世界经济繁荣，物流无国界的理念被人们广泛接受。

（二）国际物流发展趋势

由于现代物流业对国家经济发展、国民生活提高和竞争实力增强有着重要的影响，因此，世界各国都十分重视物流业的现代化和国际化，从而使国际物流发展呈现出一系列新的趋势和特点：

1. 系统更加集成化

传统物流一般只是货物运输的起点到终点的流动过程，如，产品出厂后从包装、运输、装卸到仓储这样一个流程。现代物流把社会物流和企业物流、国际物流和国内物流等各种物流系统，通过利益输送、股权控制等形式将它们有机地组织在一起，即通过统筹协调、合理规划来掌控整个商品的流动过程，以满足各种用户的需求和不断变化的需要，争取做到效益最大和成本最小。国际物流的集成化，是将整个物流系统打造成一个高效、通畅、可控制的流通体系，以此来减少流通环节、节约流通费用，达到实现科学的物流管理、提高流通的效率和效益的目的，以适应在经济全球化背景下"物流无国界"的发展趋势。当前，国际物流向集成化方向发展主要表现在两个方面：一是大力建设物流园区，二是加快物流企业整合。物流园区建设有利于实现物流企业的专业化和规模化，发挥它们的整体优势和互补优势；物流企业整合，特别是一些大型物流企业跨越国境展开"横联纵合"式的并购，或形成物流企业间的合作并建立战略联盟，有利于拓展国际物流市场，争取更大的市场份额，加速该国物流业深度地向国际化方向发展。

2. 管理更加网络化

当今国际物流发展的最本质特征是以现代信息技术提供的条件，强化资源整合和优化物流过程。信息化与标准化这两大关键技术对当前国际物流的整合与优化起到了革命性的影响。同时，又由于标准化的推行，使信息化的进一步普及获得了广泛的支撑，使国际物流可以实现跨国界、跨区域的信息共享，物流信息的传递更加方便、快捷、准确，加强了整个物流系统的信息连接。现代国际物流就是这样在信息系统和标准化的共同支撑下，借助于储运和运输等系统的参与、借助于各种物流设施的帮助，形成了一个纵横交错、四通八达的物流网络，使国际物流覆盖面不断扩大，规模经济效益更加明显。以法国 KN 公司为例，该公司在没有自己的轮船、汽车等运输工具的情况下，通过自行设计开发的全程物流信息系统，对世界各地的物流资源进行整合，在全球 98 个国家、600 个城市开展物流服务，形成了一个强大的物流网络。目前，该公司空运业务已排名世界第五，每周运输量 1.9 万次，海运业务一年毛利约为 40 亿欧元。

3. 标准更加国际化

国际物流的标准化是以国际物流为一个大系统，制定系统内部设施、机械装备、专用工具等各个分系统的技术标准；制定各系统内分领域的包装、装卸、运输、配送等方面的工作标准；以系统为出发点，研究各分系统与分领域中技术标准与工作标准的配合性；按配合性要求，统一整个国际物流系统的标准；最后研究国际物流系统与其他相关系统的配合问题，谋求国际物流大系统标准的统一。目前，跨国公司的全球化经营，正在极大地影响物流全球性标准化的建立。一些国际物流行业和协会，在国际集装箱和 EDI 技术发展的基础上，开始进一步对物流的交易条件、技术装备规格，特别是单证、法律条件、管理手段等方面推行统一的国际标准，使物流的国际标准更加深入地影响到国内标准，使国内物流日益与国际物流融为一体。

4. 配送更加精细化

随着现代经济的发展，各产业、部门、企业之间的交换关系和依赖程度也越来越错综复杂，物流是联系这些复杂关系的交换纽带，它使经济社会的各部分有机地连接起来。在市场需求瞬息万变和竞争环境日益激烈的情况下，要求物流在企业和整个系统必须具有更快的响应速度和协同配合的能力。更快的响应速度，要求物流企业必须及时了解客户的需求信息，全面跟踪和监控需求的过程，及时、准确、优质地将产品和服务递交到客户手中。协同配合的能力，要求物流企业必须与供应商和客户实现实时的沟通与协同，使供应商对自己的供应能力有预见性，能够提供更好的产品、价格和服务；使客户对自己的需求有清晰的计划性，以满足自己生产和消费的需要。国际物流为了达到零阻力、无时差的协同，需要做到与合作伙伴间业务流程的紧密集成，加强预测、规划和供应，共同分享业务数据、联合进行管理执行以及完成绩效评估等。只有这样，才能使物流作业更好地满足客户的需要。由于现代经济专业化分工越来越细，相当一些企业除了自己生产一部分主要部件外，大部分部件需要外购。国际间的加工贸易就是这样发展起来的，国际物流企业伴随着国际贸易的分工布局应运而生。为了适应各制造厂商的生产需求，以及多样、少量的生产方式，国际物流的高频度、小批量的配送也随之产生。早在 20 世纪 90 年代，台湾电脑业就创建了一种"全球运筹式产销模式"，就是采取按客户订单、分散生产形式，将电脑的所有零部件、元器件、芯片外包给世界各地的制造商去生产，然后通过国际物流网络将这些零部件、元器件、芯片集中到物流配送中心，再由该配送中心发送给电脑生产厂家。

5. 园区更加便利化

为了适应国际贸易的急剧扩大，许多发达国家都致力于港口、机场、铁路、高速公路、立体仓库的建设，一些国际物流园区也因此应运而生。这些园区一般选择靠近大型港口和机场兴建，依托重要港口和机场，形成处理国际贸易的物流中心，并根据国际贸易的发展和要求，提供更多的物流服务。如日本，为了提高中心港口和机场的国际物流功能，重点在京滨港、名古屋港、大阪港、神户港进行超级中枢港口项目建设，对成田机场、关西机场、羽田机场进行扩建，并在这些国际中心港口和空港附近设立物流中心，提高国际货物的运输和处理能力。这些国际物流中心，一般都具有保税区的功能。此外，港口还实现 24 小时作业，国际空运货物实现 24 小时运营。在通关和其他办证方面，也提供许多便利。国际物流和国内物流，实际上是货物在两个关税区的转接和跨国界的流动，要实现国内流通体系和国际流通体系的无障碍连接，必须减轻国际物流企业的负担、简化行政手续、提高通关的便利化程度，提供"点到点"服务、"一站式"服务。

6. 运输更加现代化

国际物流的支点离不开运输与仓储。而要适应当今国际竞争快节奏的特点，仓储和运输都要求现代化，要求通过实现高度的机械化、自动化、标准化手段来提高物流的速度和效率。国际物流运输的最主要方式是海运，有一部分是空运，但它还会渗透在其国内的其他一部分运输，因此，国际物流要求建立起海路、空运、铁路、公路的"立体化"运输体系，来实现快速便捷的"一条龙"服务。为了提高物流的便捷化，当前世界各国都在采用先进的物流技术，开发新的运输和装卸机械，大力改进运输方式，比如应用现代化物流手段和方式，发展集装箱运输、托盘技术等。

四、国际物流的种类

1. 根据物流流向分类

根据商品在国与国之间的流向可以将国际物流分为进口物流和出口物流。

2. 根据关税区域分类

根据商品流动的关税区域可以将国际物流分为不同国家之间的物流和不同经济区

域之间的物流。

3. 根据商品特性分类

根据跨国运送的商品特性可以将国际物流分为国际军火物流、国际商品物流、国际邮品物流、国际捐助或救助物资物流、国际展品物流、废弃物物流等。

4. 根据物流服务分类

根据国际物流服务提供商的不同，可以将国际物流的运营企业分为国际货运代理、国际船务代理、无船承运人、报关行、国际物流公司、仓储和配送公司等。

【项目训练】

一、思考与练习

1. 简述国际物流的特点。

2. 简述国际物流的发展趋势。

二、活动建议

1. 活动内容

举例说明国际物流的发展趋势。

2. 操作步骤

（1）将全班学生分为若干个小组，每个小组 4~6 名组员；

（2）组织学生网上查询国际物流发展趋势的案例，用 PPT 进行汇报。

3. 活动点评

教师点评，并展示优秀 PPT 作品。

模块二 国际海洋运输

【项目导入】

国际货物运输可以通过海运、陆运、空运完成货物的转移，国际贸易总运量中的2/3以上，中国进出口货运总量的约90%都是利用海洋运输。海洋运输是国际物流中最主要的运输方式。上海某服装公司出口一批服装到荷兰鹿特丹，用集装箱海运。从上海出发，到鹿特丹有几条航线可走，途经哪些著名港口。

【项目知识】

一、国际海洋运输认知

（一）国际海洋运输含义

国际海洋运输又称"国际海洋货物运输"，它是指使用船舶通过海上航道在不同国家和地区的港口之间运送货物的一种方式，在国际货物运输中使用最广泛。海上运输如图9-1所示。

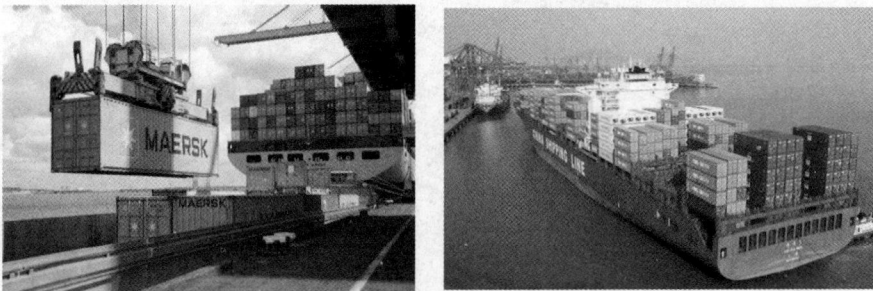

图 9-1　海上运输

（二）国际海洋运输的特点

1. 天然航道

海洋运输借助天然航道进行，不受道路、轨道的限制，通过能力更强。随着政治、经贸环境以及自然条件的变化，可随时调整和改变航线完成运输任务。

2. 载运量大

随着国际航运业的发展，现代化的造船技术日益精湛，船舶日趋大型化。超巨型油轮已达60多万吨，最大集装箱船的载箱能力已达18000标准箱。

3. 运费低廉

海上运输航道为天然形成，港口设施一般为政府所建，经营海运业务的公司可以大量节省用于基础设施的投资。船舶运载量大、使用时间长、运输里程远，单位运输成本较低，为低值大宗货物的运输提供了有利条件。

海洋运输也有明显的不足之处：如海洋运输易受自然条件和气候的影响，航期不易准确，遇险的可能性也大。

（三）国际海洋运输的经营方式

国际海洋运输的经营方式主要有班轮运输和租船运输两大类。班轮运输又称定期船运输，租船运输又称不定期船运输。

1. 班轮运输

班轮运输指船舶在特定的航线上和既定的港口之间，按照事先规定的船期表进行有规律的、反复的航行，以从事货物运输业务并按照事先公布的费率表收取运费的一种运输方式。其服务对象是非特定的、分散的众多货主，班轮公司具有公共承运人的性质。

2. 租船运输

租船是指租船人向船东租赁船舶用于货物运输的一种方式，通常适用于大宗货物运输。有关航线和港口、运输货物的种类以及航行的时间等，都按照承租人的要求，由船舶所有人确认。租船人与出租人之间的权利义务以双方签订的租船合同确定。

二、世界主要航线及港口（如图 9 - 2 所示）

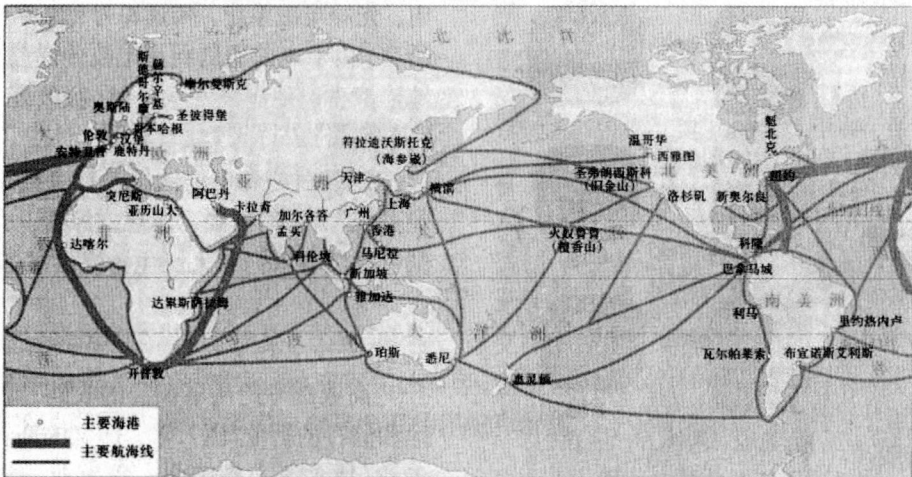

图 9 - 2　世界主要航线与主要港口

（一）世界主要航线

1. 太平洋航线

（1）远东—北美西海岸航线。

该航线包括从中国、朝鲜、日本、俄罗斯远东海港到加拿大、美国、墨西哥等北美西海岸各港的贸易运输线。从我国的沿海地各港出发，偏南的经大隅海峡出东海；偏北的经对马海峡穿日本海后，或经清津海峡进入太平洋，或经宗谷海峡，穿过鄂霍茨克海进入北太平洋。

（2）远东—加勒比，北美东海岸航线。

该航线常经夏威夷群岛南北至巴拿马运河后到达。从我国北方沿海港口出发的船只多半经大隅海峡或经琉球庵美大岛出东海。

（3）远东—南美西海岸航线。

从我国北方沿海各港出发的船只多经琉球庵美大岛。硫黄列岛，威克岛，夏威夷群岛之南的莱恩群岛穿越赤道进入南太平洋，至南美西海岸各港。

（4）远东—东南亚航线。

该航线是中，朝，日货船去东南亚各港，以及经马六甲海峡去印度洋，大西洋沿岸各港的主要航线。东海，台湾海峡，巴士海峡，南海是该航线船只的必经之路，航线繁忙。

2. 西北欧航线

（1）西北欧，北美东海岸—加勒比航线。

西北欧—加勒比航线多半出英吉利海峡后横渡北大西洋。它同北美东海岸各港出发的船舶一起，一般都经莫纳，向风海峡进入加勒比海。除去加勒比海沿岸各港外，还可经巴拿马运河到达美洲太平洋岸港口。

（2）西北欧，北美东海岸—地中海，苏伊士运河—亚太航线。

西北欧，北美东海—地中海—苏伊士航线属世界最繁忙的航段，它是北美、西北欧与亚太海湾地区间贸易往来的捷径。该航线一般途经亚速尔，马德拉群岛上的航站。

（3）西北欧，地中海—南美东海岸航线。

该航线一般经西非大西洋岛屿—加纳利，佛得角群岛上的航站。

（4）西北欧，北美东海—好望角，远东航线。

该航线一般是巨型油轮的油航线。佛得角群岛，加拿利群岛是过往船只停靠的主要航站。

（5）南美东海—好望角—远东航线。

这是一条以石油、矿石为主的运输线。该航线处在西风漂流海域，风浪较大。一般西航偏北行，东航偏南行。除了以上三条油运线之外印度洋其他航线还有：远东—东南亚—东非航线；远东—东南亚，地中海—西北欧航线；远东—东南亚—好望角—西非，南美航线；澳新—地中海—西北欧航线；印度洋北部地区—欧洲航线。

3. 印度洋航线

印度洋航线以石油运输线为主，此外有不少是大宗货物的过境运输。

（1）波斯湾—好望—西欧，北美航线。

该航线主要由超级油轮经营，是世界上最主要的海上石油运输线。

（2）波斯湾—东南亚—日本航线。

该航线东经马六甲海峡（20 万吨载重吨以下船舶可行）或龙目，望加锡海峡（20 万载重吨以上超级油轮可行）至日本。

（3）波斯湾—苏伊士运河—地中海—西欧，北美运输线。

该航线目前可通行载重大成30万吨级的超级油轮。

4. 世界集装箱海运干线

目前，世界海运集装箱航线主要有：

（1）远东—北美航线。

（2）北美—欧洲、地中海航线。

（3）欧洲、地中海—远东航线。

（4）远东—澳大利亚航线。

（5）澳洲、新西兰—北美航线。

（6）欧洲、地中海—西非、南非航线。

（二）世界主要枢纽港口

世界上的国际贸易海港约有2500多个，其中吞吐量超过1000万吨的有100多个，5000万吨以上的有20多个。较著名的有以下几个：

1. 鹿特丹港

鹿特丹港位于莱茵河和马斯河入海的三角洲，濒临世界海运最繁忙的多佛尔海峡。它是西欧水陆交通的要道，也是荷兰和欧盟的货物集散中心，运入西欧各国的原油、石油制品、谷物、煤炭、矿石等都经过这里，有"欧洲门户"之称。该港是国际间水陆空交通的重要枢纽，现在约有300多条远洋航线连接世界各地，每年约有3.5万艘次远洋货轮在这里停靠，是世界上最大的商品集散中心。

2. 纽约港

纽约港位于纽约州东南部哈得逊河口东岸，濒临大西洋，包括哈得逊河下游48千米长的水线，长岛海峡沿岸30多千米的海岸线，以及斯塔腾岛西边32千米的水面。这里海岸曲折，港宽水深，潮差仅1.2～1.5米。由于有墨西哥湾暖流的影响，港口全年不冻，是大西洋沿岸一个天然良港。

3. 神户港

神户港是日本第一大港。港口共分6个区域，第一、第二区域和其他区域之间被5个防波堤隔开。该港的面积5 668公顷，现有231个泊位。有货棚29栋，面积28公顷，场地面积近30公顷。驳船959艘，港口作业船46艘，集装箱装卸塔桥21台。

4. 汉堡港

汉堡港距易北河流入北海的入海口110千米，航道水深11米以上，大型海轮通行无阻。它有300多条国际海运航线与世界各主要港口联系，素有"德国通向世界的门户"之称。在全长320千米的河岸上，所建码头长达65千米。每年约有18500艘船只停靠。汉堡港口面积100平方千米，有转运站、仓库、巨型吊车、19座装卸桥和专用铁路货运站，汉堡海外中心面积11公顷，是世界最大的有顶仓库，每天可处理2.8万吨出口货物。勃却凯集装箱码头，面积34公顷，是西欧最大的集装箱码头。

5. 安特卫普港

安特卫普在比利时北部，斯海尔德河下游，距北海89公里。安特卫普是比利时第二大工业中心，北欧北部的贸易中心，也是世界著名大港之一，吞吐量在9000万~1亿吨，可容纳10万吨级的船舶泊靠装卸货物。

6. 横滨港

横滨港的西、南、北三面丘陵环绕，受强风影响很少，是日本天然良港之一。横滨港包括川崎港（Kawasaki），但分别管理，引水却是统一的。港口被两个半岛所包围，其区域接近5.2平方千米，海底是带有泥、贝壳的沙底。港内及航道水深11~18.3米，锚地有43个浮筒，可系带2.5万吨的船舶，码头边的铁路装卸能力达每天1600车皮。

7. 新奥尔良港

新奥尔良港位于美国南部路易斯安那州大商埠，在密西西比河畔，离该河在墨西哥湾的入海处176.6千米。新奥尔良既是深水远洋港口，又是内河航运集散地。港口南通墨西哥湾，内与密西西比、密苏里、俄亥俄等河相连，腹地广阔，是美国河、海、陆联运中心。

8. 马赛港

马赛港位于法国南部地中海翁湾东岸，背山面海，港深水阔，是地中海沿岸的天然良港。马赛港有优良的导航设备，进港船在320千米处即可通过无线电导航设备安全航行。港内设有灯塔，夜间航行也很便利。

9. 伦敦港

伦敦港位于英格兰东南部，泰晤士河下流延伸达69千米，进口货物的一半是由驳船运至沿岸码头和工厂。伦敦港也是西北欧最大的集装箱港，年装卸货量超过6000万吨，经由伦敦进口的货物占英国进口额的80%。伦敦港有3个码头区：①皇家码头区；②印度与米勒沃尔码头区；③提尔伯里码头区。

（三）世界上主要海峡和运河（如图9-3所示）

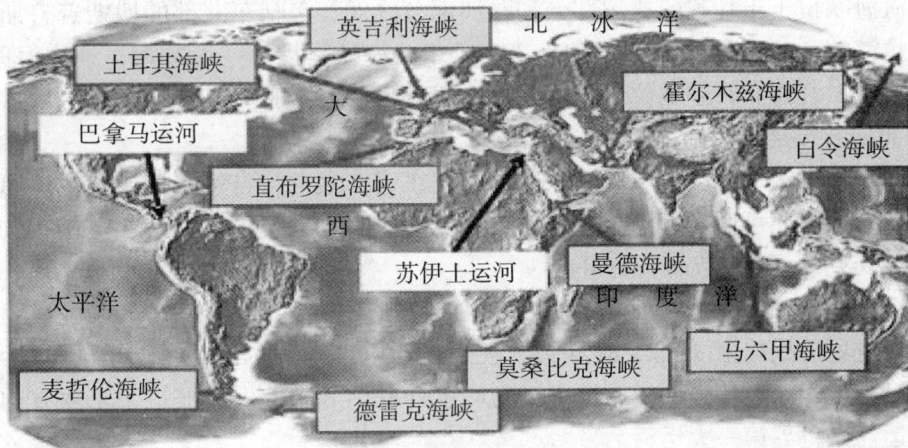

图9-3 世界主要运河与海峡

1. 世界主要海峡

海峡是两块陆地间连接两个水域的狭窄水道。它是世界航运中的咽喉要道。全世界约有海峡 1000 多个，其中可航行的有 130 多个，重要海峡有 40 多个。

（1）马六甲海峡

在马来半岛与苏门答腊岛之间，有一条细长的水道，呈东南—西北走向。

（2）霍尔木兹海峡

霍尔木兹海峡位于亚洲西部，介于阿曼穆桑达姆半岛与伊朗之间，东接阿曼湾，西连波斯湾（简称海湾，阿拉伯人称阿拉伯湾），呈人字形。由于它是波斯湾进入印度洋必经之地，因此有"海湾咽喉"之称。

（3）英吉利海峡和多佛尔海峡

英吉利海峡和多佛尔海峡位于英国和法国之间。英吉利海峡，西通大西洋，东部与北海沟通。多佛尔海峡地处英吉利海峡东部，西南连大西洋，西北通北海，是英国去欧洲大陆最短的海道。

（4）直布罗陀海峡

直布罗陀海峡地处欧洲伊比利亚半岛和非洲西北角之间，是沟通地中海和大西洋的唯一水道。海峡东西长约 65 千米，宽 14～43 千米，水深 50～1181 米，是西欧、北欧各国船只经地中海、苏伊士运河通往印度洋的咽喉要道，每天过往船只在千艘之上，有"西方海上生命线"之称。

（5）曼德海峡

曼德海峡位于阿拉伯半岛西南与非洲大陆之间，是连接印度洋的亚丁湾和红海的水道。其长约 8 千米，宽约 26～43 千米，水深 29～323 米。曼德海峡是红海中最狭窄地段，是红海上北通苏伊士运河，南下通印度洋的咽喉要道，地理位置十分险要，颇具战略意义。海峡紧扼红海南端门户，自古以来就是沟通印度洋和红海的一条活跃的上路。现为国际上主要的石油通道，西方国家称之为"世界战略的心脏"。

（6）黑海海峡

黑海海峡位于土耳其的亚洲部分和欧洲部分之间，包括东北部的博斯普鲁斯海峡、马尔马拉海峡和达达尼尔海峡，全长 375 千米。海峡是黑海、爱琴海、地中海间的唯一海上通道，经济和军事地位十分重要，每年有数万艘商船及军舰通过海峡。

2. 世界主要运河

运河是用以沟通地区或水域间水运的人工水道，通常与自然水道或其他运河相连。除航运外，运河还可用于灌溉、分洪、排涝、给水等。是国际海洋运输的重要通道。

（1）苏伊士运河（Suez Canal）

位于埃及东北部，扼欧亚非三大洲交通要害，沟通红海和地中海、大西洋和印度洋，具有重要的战略意义和经济意义。它是连通欧亚非三大洲的主要国际海运航道，连接红海与地中海，使大西洋、地中海与印度洋联结起来，大大缩短了东西方的航程。苏伊士运河是世界第一大运河。

苏伊士运河全长 170 多千米，河面平均宽度为 135 米，平均深度为 13 米。苏伊士运河从 1859 年开凿到 1869 年竣工。运河开通后,英法两国就垄断苏伊士运河公司 96% 的股份,每年获得巨额利润。

(2)巴拿马运河

巴拿马运河是通过巴拿马地峡沟通大西洋与太平洋的通航运河,运河的开通使太平洋至大西洋的航程缩短了 1 万多千米,因此素有"世界桥梁"之称。该运河是仅次于苏伊士运河的世界第二大运河。巴拿马运河全长 81.3 千米,最窄处为 152 米,最宽处为 304 米,从运河中线分别向两侧延伸 16.09 公里所包括的地带,为巴拿马运河区,总面积为 1432 平方千米。

巴拿马运河极大地促进了世界海运业的发展。目前,已有占全球贸易运输量 5% 的货物通过该运河被送往世界各地。美国、日本和中国是巴拿马运河最大的 3 个使用国。1996 年,香港和记黄埔集团有限公司获得了巴拿马运河两端的巴波亚和克里斯托瓦尔港的经营权。管理期限为 25 年,到期后可再延长 25 年。

(3)基尔运河

基尔运河,又名北海波罗的海运河,是沟通北海与波罗的海的重要水道。位于德国北部,西起北海畔易北河口的布伦斯比特尔科格,向东延伸 98 公里,到达荷尔台瑙(波罗的海的基尔湾)。基尔运河全长 98.7 公里,河面宽 103 米,深 13.7 米,建有 7 座高桥(约 43 米),可通行海轮。

【项目训练】

一、思考与练习

1. 简述世界海运主要航线及港口。

2. 简述世界主要海峡及运河。

二、活动建议

1. 活动内容

根据案例导入,在世界地图上画出上海—鹿特丹最短的海运航线。

2. 操作步骤

(1)将全班学生分为若干个小组,每个小组 4～6 名组员;

(2)每组学生开展讨论,在地图上标出上海—鹿特丹的航线,并找出最佳航线。

3. 活动点评

教师点评,并画出最佳航线。

模块三　国际铁路运输

【项目导入】

国际铁路运输是国际贸易运输中的主要运输方式之一。世界上第一条铁路出现在1825 年的英国，其后铁路建设迅速发展，到 19 世纪末，世界铁路总里程达 65 万千米，目前已有 140 多万千米。世界铁路分布很不平衡，其中欧洲、美洲各占世界铁路总长度的 1/3，而亚洲、非洲和大洋洲加在一起仅占 1/3 左右。

国际铁路运输是在国际贸易中仅次于海运的一种主要运输方式。其最大的优势是运量较大，速度较快，运输风险明显小于海洋运输，能常年保持准点运营等。

中国通往欧洲的国际铁路联运线有两条：一条是利用俄罗斯的西伯利亚大陆桥贯通中东、欧洲各国；另一条是由江苏连云港经新疆与哈萨克斯坦铁路连接，贯通俄罗斯、波兰、德国至荷兰的鹿特丹。

【项目知识】

一、国际铁路运输主要铁路干线

（一）欧亚大陆桥

1. 第一欧亚大陆桥

第一欧亚大陆桥又称西伯利亚大陆桥，从俄罗斯东部的符拉迪沃斯托克（海参崴）为起点经吉林省的长吉图开发开放先导区横穿西伯利亚大铁路通向莫斯科，然后通向欧洲各国，最后到荷兰鹿特丹港。贯通亚洲北部，整个大陆桥共经过俄罗斯、中国、哈萨克斯坦、白俄罗斯、波兰、德国、荷兰 7 个国家，全长 13000 千米左右。

2. 第二欧亚大陆桥

第二欧亚大陆桥是由中国陇海和兰新铁路与哈萨克斯坦铁路接轨的新欧亚大陆桥，又称新欧亚大陆桥，东起连云港，向西经陇海铁路的徐州、商丘、开封、郑州、洛阳、西安、宝鸡、天水等站，兰新铁路的兰州、乌鲁木齐等站，经北疆铁路到达边境阿拉山口进入哈萨克斯坦，经俄罗斯、白俄罗斯、波兰、德国，止荷兰鹿特丹港，是目前亚欧大陆东西最为便捷的通道。

3. 第三欧亚大陆桥

第三欧亚大陆桥是渝新欧，运行路径从重庆始发，经达州、安康、西安、兰州、乌鲁木齐，向西过北疆铁路到达我国边境阿拉山口，进入哈萨克斯坦，再转俄罗斯、白俄罗斯、波兰，至德国的杜伊斯堡，全程 11179 千米。2012 年这条国际大通道将继续西进，从德国的杜伊斯堡西延至比利时的安德卫普，整整延长 202 千米，将欧盟总部所在国比利时与重庆直接相连。

（二）西伯利亚大铁路

西伯利亚大铁路东起海参崴，途经伯力、赤塔、伊尔库次克、新西伯利亚、鄂木斯克、车里雅宾斯克、古比雪夫，止于莫斯科。全长 9300 多千米。以后又向远东延伸至纳霍德卡——东方港。该线东连朝鲜和中国；西接北欧、中欧、西欧各国；南由莫斯科往南可接伊朗。我国与苏联、东欧国家及伊朗之间的贸易，主要用此干线。

（三）加拿大连接东西两大洋铁路

（1）鲁珀特港—埃德蒙顿—温尼伯—魁北克（加拿大国家铁路）；

（2）温哥华—卡尔加里—温尼伯—散德贝—蒙特利尔—圣约翰—哈利法克斯（加拿大太平洋大铁路）。

（四）美国连接东西两大洋铁路

（1）西雅图—斯波坎—俾斯麦—圣保罗—芝加哥—底特律（北太平洋铁路）；

（2）洛杉矶—阿尔布开克—堪萨斯城—圣路易斯—辛辛那提—华盛顿—巴尔的摩（圣菲铁路）—洛杉矶—图森—帕索—休斯敦—新奥尔良（南太平洋铁路）；

（3）旧金山—奥格登—奥马哈—芝加哥—匹兹堡—费城—纽约（联合太平洋铁路）。

（五）中东—欧洲铁路

从伊拉克的巴士拉向西经巴格达、摩苏尔、叙利亚的穆斯林米亚、土耳其的阿达纳、科尼亚、厄斯基色希尔至博斯普鲁斯海峡东岸的于斯屈达尔。过博斯普鲁斯大桥至伊斯坦布尔，接巴尔干铁路，向西经索非亚、贝尔格莱德、布达佩斯至维也纳，连接中、西欧铁路网。

二、国际铁路运输方式

1. 大陆桥运输

大陆桥运输是指利用横贯大陆的铁路（公路）运输系统，作为中间桥梁，把大陆两端的海洋连接起来的集装箱连贯运输方式。目前，世界上大陆桥主要有 4 条：北美大陆桥，西伯利亚大陆桥，陇海兰新欧亚大陆桥和玻利维亚大陆桥。

2. 小陆桥运输

小陆桥运输是指货物用国际标准规格集装箱为容器，从日本港口海运至美国、加拿大西部港口卸下，再由西部港口换装铁路集装箱专列或汽车运至北美东海岸和加勒比海区域以及相反方向的运输。

3. 微型陆桥运输

日本到美国内陆地区的货物，在西海岸港口上陆后，直接由陆上运输运到美国内陆地区的城市。这样就可免去收货人到港口办理报关、提货等进口手续，方便了货主，这就是微型陆桥运输。

4. 半陆桥运输

从东南亚各国（包括孟加拉、缅甸、泰国）到西亚（包括巴基斯坦、伊朗）的货物，利用东印度的加尔各答到西印度孟买的铁路为陆桥的运输，这条集装箱海陆连线，可以节约绕道印度半岛的航程，由于其运输路线短，又通过印度半岛，所以称它为"半陆桥"。

5. 内陆公共点运输

内陆公共点运输称为内陆公共点或陆上公共点，即使用两种运输方式将卸至美国西海岸港口的货物通过铁路转运抵美国的内陆公共点地区。

6. 内陆公共点多式联运

运输方式、运输途径、运输经营人的责任和风险完全与小陆桥运输相同，它是指使用联运提单，经美国西海岸和美国湾沿海港口，利用集装箱拖车或铁路运输将货物运至美国内陆城市。

【项目训练】

一、思考与练习

1. 简述国际铁路运输主要铁路干线。

2. 简述国际铁路运输的方式。

二、活动建议

1. 活动内容

在地图上标出新欧亚大陆桥途经的国家。

2. 操作步骤

（1）将全班学生分为若干个小组，每个小组 4～6 名组员；

（2）每组学生开展讨论，在地图上标出连云港到鹿特丹所经的国家与重要城市，并用线连接起来。

3. 活动点评

教师点评，并画出新欧亚大陆桥。

模块四　国际航空运输

【项目导入】

　　航空运输大大缩短了货物在途时间，对于那些易腐烂、变质的鲜活商品；时效性、季节性强的报刊、节令性商品；抢险、救急品的运输，优势明显。可以这样说，快速加上全球密集的航空运输网络才有可能使我们从前可望而不可即的鲜活商品开辟远距离市场，使消费者享有更多的利益。运送速度快，在途时间短，也使货物在途风险降低，因此许多贵重物品、精密仪器也往往采用航空运输的形式。当今国际市场竞争激烈，航空运输所提供的快速服务也使得供货商可以对国外市场瞬息万变的行情即刻做出反应，迅速推出适销产品占领市场，获得较好的经济效益。

【项目知识】

一、认识国际航空运输

（一）国际航空运输的含义

　　国际航空货物运输是指以航空器作为运输工具，根据当事人订立的航空运输合同，无论运输有无间断或者有无转运，运输的出发地点、目的地点或者约定的经停地点之一不在中华人民共和国境内，而将运送货物至目的地并收取报酬或提供免费服务的运输方式的统称。

图 9 - 4　国际航空港

（二）国际航空运输的特点

国际航空货运虽然起步较晚，但发展异常迅速，特别是受到现代化企业管理者的青睐，原因之一就在于它具有许多其他运输方式所不能比拟的优越性。概括起来，航空货物运输的主要特征有：

1. 运送速度快

从航空业诞生之日起，航空运输就以快速而著称。到目前为止，飞机仍然是最快捷的交通工具，常见的喷气式飞机的经济巡航速度大都在每小时 850～900 公里。

2. 不受地面条件影响，深入内陆地区

航空运输利用天空这一自然通道，不受地理条件的限制。对于地面条件恶劣交通不便的内陆地区非常合适，有利于当地资源的出口，促进当地经济的发展。航空运输使本地与世界相连，对外的辐射面广，而且航空运输相比较公路运输与铁路运输占用土地少，对寸土寸金、地域狭小的地区发展对外交通无疑是十分适合的。

3. 安全、准确

与其他运输方式比航空运输的安全性较高，1997 年，世界各航空公司共执行航班1800 万架次，仅发生严重事故 11 起，风险率约为三百万分之一。航空公司的运输管理制度也比较完善，货物的破损率较低，如果采用空运集装箱的方式运送货物，则更为安全。

4. 节约包装、保险、利息等费用

由于采用航空运输方式，货物在途时间短，周转速度快，企业存货可以相应的减少。一方面有利资金的回收，减少利息支出；另一方面企业仓储费用也可以降低。又由于航空货物运输安全、准确，货损、货差少，保险费用较低。与其他运输方式相比，航空运输的包装简单，包装成本减少。这些都构成企业隐性成本的下降，收益的增加。

航空运输也有自己的局限性，主要表现在：

（1）航空货运的运输费用较其他运输方式更高，不适合低价值货物；

（2）航空运载工具——飞机的舱容有限，对大件货物或大批量货物的运输有一定的限制；

（3）飞机飞行安全容易受恶劣气候影响等。

但总的来讲，随着新兴技术得到更为广泛的应用，产品更趋向薄、轻、短、小、高价值，管理者更重视运输的及时性、可靠性，相信航空货运将会有更大的发展前景。

（三）国际航空运输的运营方式

国际航空货物运输业务的运营方式主要有以下几种：

1. 班机运输（Scheduled Air Line）

班机运输是指在固定航线上飞行的航班，它有固定的始发站、途经站和目的站。一般航空公司都使用客货混合机型，舱容有限，难以满足大批量的货物运输要求。

2. 包机运输（Chartered Carrier）

包机运输分整包机与部分包机两种。前者由航空公司或包租代理公司按照事先约定的条件和费用将整机租给租机人，从一个或几个空站将货物运至指定目的地，它适合运送大批量的货物，运费不固定，一次一议，通常较班机运费低；后者由几家货运代理公司或发货人联合包租一架飞机，或者由包机公司把一架飞机的舱位分别租给几家空运代理公司，其运费虽较班机低，但运送的时间比班机长。办理包机至少需在发运前一个月与航空公司洽谈，并签订协议，以便航空公司安排运力办理包机过境、入境、着陆等有关手续。如货主找空运代理办理包机应在货物发运前40天提出申请。

3. 集中托运（Consolidation）

集中托运是由空运代理将若干单独发货人的货物集中起来组成一整批货物，由其向航空公司托运到同一到站，货到国外后由到站地的空运代理办理收货、报关并分拨给各个实际收货人。集中托运的货物越多，支付的运费越低。因此，空运代理向发货人收取的运费要比发货人直接向航空公司托运低。

4. 陆空陆联运（TAT Combined Transport）

陆空陆联运分三种：一是TAT，即 Train—Air—Truck 的联运；二是TA，即 Truck—Air 的联运；三是TA，即 Train—Air 的联运。

5. 急件传递（Air Express）

急件传递不同于一般的航空邮寄和航空货运，它是由专门经营这项业务的公司与航空公司合作，设专人用最快的速度在货主、机场、用户之间进行传递。例如，传递公司接到发货人委托后，用最快的速度将货物送往机场赶装最快航班，随即用电传将航班号、货名、收货人及地址通知国外代理接货，航班抵达后，国外代理提取货物后急送收货人。这种方式又称为"桌至桌"（Desk to Desk）运输。

6. 送交业务（Delivery Business）

送交业务通常用于样品、目录、宣传资料、书籍报刊之类的空运业务，由国内空运代理委托国外代理办理报关、提取、转送并送交收货人。其有关费用均先由国内空运代理垫付，然后向委托人收取。

二、世界主要航空线的分布

（一）航空线的确定

飞机飞行所经的线路及起讫点和经停点连接而成的线路，称为空中交通线，简称航空线。航空线通常以飞行线路的起讫点和经停点命名。

（二）航空线的划分

1. 航空干线

航空干线就是国际航线或者国内主要大城市之间的航线，比如北京—纽约、北京—西安都是航空干线。

2. 航空支线

航空支线就是中心城市与周边中小城市的航线，比如乌鲁木齐—喀什、西安—榆林是航空支线。

（三）世界重要航空线（如图9-5所示）

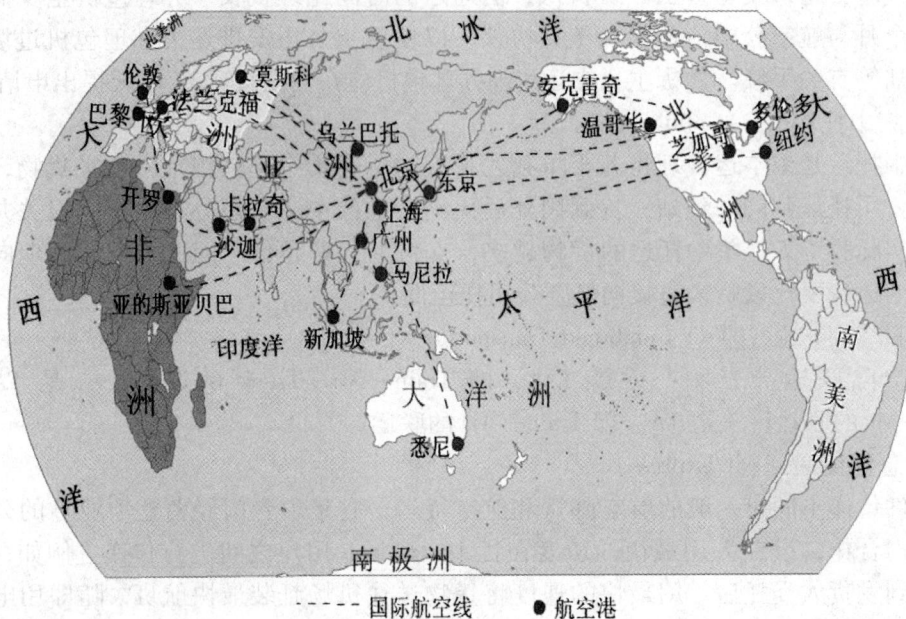

图9-5　国际航空线及航空港

1. 西半球航线

西半球航线是指航程中的所有点都在西半球的航线。西半球航线是连接南北美洲的航线，又称拉丁航线。国际航协客运运价计算中为代号 WH 航线。

拉丁航线北美地区的点主要是美国南部的迈阿密、达拉斯以及西岸和东岸的门户点，墨西哥的墨西哥城，中美的圣何塞、太子港；航线在南美的点主要在哥伦比亚的波哥大，巴西的巴西利亚、里约热内卢、圣保罗，智利的圣地亚哥，阿根廷的布宜诺斯艾利斯等城市。

拉丁航线不长，除自成体系外，还常常与太平洋航线和大西洋航线相连，成为这些航线的续程航段。南美洲的美丽风光正被人们所认同，越来越多的亚洲人取道美国来南美。太平洋航线中转拉丁航线的城市主要是迈阿密、圣何塞、洛杉矶、墨西哥城等地。大西洋航线多取道波哥大、巴西的城市中转。

2. 东半球航线

东半球是世界上航线最多的区域。东半球航线指航程中的点都在东半球，或者航程中的点都在2区或3区，或航程经欧亚大陆飞行2区和3区间的航线。国际航协客运运价计算中为代号 EH 航线。

3. 北大西洋航线

北大西洋航线历史悠久，是连接欧洲与北美之间最重要的国际航线。北美和欧洲是世界上航空最发达的地区，欧洲的中枢机场如伦敦、巴黎、法兰克福、马德里、里斯本等和北美的主要城市相连，使北大西洋航线成为世界上最繁忙的国际航线。国际航协客运运价计算中为代号 AT 航线。由于这条航线历史悠久，飞行的航空公司多，竞争非常激烈，因此这条航线虽然经济意义和政治意义都十分重大，但却不是世界上经济效益最好的航线。

4. 南大西洋航线

相对北大西洋航线而言，南大西洋航线开辟时间较晚，它是指航程经过南部大西洋的航线。在国际航协的定义中它属于 SA 航线。具体指航线在南大西洋地区和东南亚间，经过大西洋和中非、南非、印度洋岛屿，或直飞的航线。

随着南美旅游和经济的开发，南美地区的门户城市和目的地城市越来越多，传统经北美到南美的航线已经不能满足需要，南大西洋航线正是应市场需要开辟的航线。值得注意的是，这条航线是经印度洋和大西洋南部的航线，并没有经过欧亚大陆。

5. 北太平洋航线

北太平洋航线是连接北美和亚洲之间的重要航线。它穿越浩瀚的太平洋以及北美大陆，是世界上最长的航空线。国际航协客运运价计算中为代号 PA 航线。

6. 南太平洋航线

按照国际航协的规则，南太平洋航线是连接南美和西南太平洋地区经过北美的航线，但航线不经过北部和中部太平洋。国际航协客运运价计算中为代号 PN 航线。

这些航线中的城市大都具有典型的自然风光，是目前推崇的生态旅游的新开辟航线。

7. 俄罗斯航线

俄罗斯航线是指俄罗斯欧洲部分和三区之间的旅行，在俄罗斯和日本/韩国间有一段不经停航线。

8. 西伯利亚航线

指 2 区和 3 区之间的航线，在欧洲和日本/韩国之间有一段不经停航线。

9. 远东航线

指俄罗斯欧洲部分/乌克兰和 3 区之间的旅行，在俄罗斯欧洲部分/乌克兰与 3 区之间（不包括日本/韩国）有不经停的航线。以上三种航线也称为欧亚航线。它是连接欧洲和远东的航线。

10. 北极航线或南极航线

北极航线或南极航线也称极地航线，是穿越北极上空的重要航线，用于连接北美和欧洲、亚洲的城市欧洲与北美之间的跨极地飞行。

2001 年 2 月 1 日，北极航路正式开通，标志着从北美东海岸到亚洲之间空运市场的发展迈出了重要的一步。

2001 年 7 月 15 日，南航北极航路验证飞行成功。中国南方航空公司的大型 B777 型 2055 号飞机在纽约起飞，往北飞过美国和加拿大领空，经过北极区域，再飞过俄罗斯和蒙古的新航路，经过 14 小时的飞行到达北京。2001 年 8 月 16 日至 19 日，中国国际航空公司使用 B747—400 型飞机跨越北极，圆满完成了北京至纽约极地飞行验证任务。

11. 环球航线

环球航线是指航线中经过太平洋和大西洋两大水域，以东向或西向绕地球旅行。一些航空公司联盟推出环球旅行优惠价格，让人们在出行方面更加方便。

（四）世界重要航空港

（1）亚洲的北京、上海、中国香港、东京、首尔、马尼拉、新加坡、仰光、曼谷、雅加达、新德里、加尔各答、卡拉奇、德黑兰、贝鲁特、吉达、迪拜；非洲的开罗、阿尔及尔、喀土穆、内罗毕、达喀尔、拉各斯、约翰内斯堡、布拉柴维尔。

（2）欧洲的伦敦、巴黎、布鲁塞尔、阿姆斯特丹、法兰克福、柏林、维也纳、苏黎世、华沙、莫斯科、罗马、雅典、布加勒斯特、马德里、哥本哈根、斯德哥尔摩。

（3）北美洲的纽约、华盛顿、芝加哥、亚特兰大、洛杉矶、旧金山、迈阿密、西雅图、达拉斯—沃斯堡、休斯敦、蒙特利尔、多伦多、温哥华。

（4）拉丁美洲的布宜诺斯艾利斯、里约热内卢、圣保罗、利马、圣地亚哥、加拉加斯、墨西哥城、圣胡安。

（5）大洋洲的悉尼、奥克兰、火奴鲁鲁、楠迪。

【项目训练】

一、思考与练习

1. 简述国际航空主要航线。

2. 简述国际航空运输的运营方式。

二、活动建议

1. 活动内容

在地图上标出北京飞往纽约、上海飞往巴黎的航线。

2. 操作步骤

（1）将全班学生分为若干个小组，每个小组 4~6 名组员；

（2）每组学生开展讨论，在地图上标出北京飞往纽约、上海飞往巴黎所经的国家与重要城市，并用线连接起来。

3. 活动点评

教师点评，并画两条航线简图。

模块五　国际集装箱运输和国际多式联运

【项目导入】

当前国际贸易竞争日趋激烈，航运技术日新月异，国际多式联运把各种不同的运输方式连贯起来，提供了实现门到门运输的条件。它具有安全、迅速、简便、省费、准确等优点，深受贸易界的欢迎，有着广阔的发展前景。近年来，为适应和配合我对外贸易发展需要，我国对某些国家和地区的对外贸易进出口货物也已开始采用国际多式联运方式。

【项目知识】

一、国际集装箱运输

1. 国际集装箱运输含义

国际集装箱运输是指以集装箱为媒介，将托运人交运的货物从一国的某一地点，运至另一国的某一地点，而由托运人支付运费的运输。

2. 国际集装箱运输的主要特点

国际集装箱运输装卸机械化程度高和运输速度快，船期短，船舶周转快，货物运输包装费用省，安全可靠，货损货差少，适合多式联运，一票到底，方便货主的托运方和收货方。整个过程由集装箱承运人全程负责，即一份运输合同、一份运输单证、一张保险单、一次付费就能把货物交给收货人，这就大大简化了手续，加快了运输速度。

3. 国际集装箱运输方式

国际集装箱运输根据集装箱货物装箱数量和方式可分为整箱运输和拼箱运输两种。

（1）整箱运输，是指货方自行将货物装满整箱以后，以箱为单位托运的集装箱。一般都是向承运人或集装箱租赁公司租用一定的集装箱。空箱运到工厂或仓库后，在海关人员的监管下，货主把货装入箱内、加锁、铝封后交承运人并取得站场收据，最后凭收据换取提单或运单。

（2）拼箱运输，是指承运人（或代理人）接受货主托运的数量不足整箱的小票货运后，根据货类性质和目的地进行分类整理。把去同一目的地的货，集中到一定数量拼装入箱。

由于集装箱货运分为整箱和拼箱两种，因此在交接方式上也有所不同，大致有以下几种：整箱交，整箱接；拼箱交、拆箱接，货主将不足整箱的小票托运货物在集装箱货运站或内陆转运站交给承运人。

二、国际多式联运

1. 国际多式联运的定义

国际多式联运（MultimodaI Transport）是一种以实现货物整体运输的最优化效益为目标的联运组织形式。它通常是以集装箱为运输单元，将不同的运输方式有机地组合在一起，构成连续的、综合性的一体化货物运输。通过一次托运，一次计费，一份单证，一次保险，由各运输区段的承运人共同完成货物的全程运输，即将货物的全程运输作为一个完整的单一运输过程来安排。国际多式联运工具如图9-6所示。

图9-6　国际多式联运工具

根据1980年《联合国国际货物多式联运公约》（简称"多式联运公约"）以及1997年我国交通部和铁道部共同颁布的《国际集装箱多式联运管理规则》的定义，国际多式联运是指"按照多式联运合同，以至少两种不同的运输方式，由多式联运经营人将货物从一国境内接管货物的地点运至另一国境内指定地点交付的货物运输"。根据该定义，结合国际上的实际做法，可以得出，构成国际多式联运必须具备以下特征或称基本条件：

（1）必须具有一份多式联运合同。该运输合同是多式联运经营人与托运人之间权利、义务、责任与豁免的合同关系和运输性质的确定，也是区别多式联运与一般货物运输方式的主要依据。

（2）必须使用一份全程多式联运单证。该单证应满足不同运输方式的需要，并按单一运费率计收全程运费。

（3）必须是至少两种不同运输方式的连续运输。

（4）必须是国际间的货物运输。这不仅是区别于国内货物运输，主要是涉及国际运输法规的适用问题。

（5）必须由一个多式联运经营人对货物运输的全程负责。该多式联运经营人不仅是订立多式联运合同的当事人，也是多式联运单证的签发人。当然，在多式联运经营人履行多式联运合同所规定的运输责任的同时，可将全部或部分运输委托他人（分承运人）完成，并订立分运合同。但分运合同的承运人与托运人之间不存在任何合同关系。

2. 国际多式联运的主要特点

国际多式联运由多式联运经营人对托运人签订一个运输合同统一组织全程运输，实行运输全程一次托运，一单到底，一次收费，统一理赔和全程负责。它是一种以方便托运人和货主为目的的先进的货物运输组织形式。

3. 国际多式联运的优越性

国际多式联运是一种比区段运输高级的运输组织形式，20 世纪 60 年代末美国首先试办多式联运业务，受到货主的欢迎。随后，国际多式联运在北美、欧洲和远东地区开始采用；20 世纪 80 年代，国际多式联运已逐步在发展中国家实行。目前，国际多式联运已成为一种新型的重要的国际集装箱运输方式，受到国际航运界的普遍重视。1980 年 5 月在日内瓦召开的联合国国际多式联运公约会议上产生了《联合国国际多式联运公约》。该公约将在 30 个国家批准和加入一年后生效。它的生效将对今后国际多式联运的发展产生积极的影响。

国际多式联运是今后国际运输发展的方向，这是因为，开展国际集装箱多式联运具有许多优越性，主要表现在以下几个方面：

（1）简化托运、结算及理赔手续，节省人力、物力和有关费用：在国际多式联运方式下）无论货物运输距离有多远，由几种运输方式共同完成，且不论运输途中货物经过多少次转换，所有一切运输事项均由多式联运经营人负责办理。而托运人只需办理一次托运，订立一份运输合同，一次支付费用，一次保险，从而省去托运人办理托运手续的许多不便。同时，由于多式联运采用一份货运单证，统一计费，因而也可简化制单和结算手续，节省人力和物力，此外，一旦运输过程中发生货损货差，由多式联运经营人对全程运输负责，从而也可简化理赔手续，减少理赔费用。

（2）缩短货物运输时间，减少库存，降低货损货差事故，提高货运质量：在国际多式联运方式下，各个运输环节和各种运输工具之间配合密切，衔接紧凑，货物所到之处中转迅速及时，大大减少货物的在途停留时间，从而从根本上保证了货物安全、迅速、准确、及时地运抵目的地，因而也相应地降低了货物的库存量和库存成本。同时，多式联运系通过集装箱为运输单元进行直达运输，尽管货运途中须经多次转换，但由于使用专业机械装卸，且不涉及槽内货物，因而货损货差事故大为减少，从而在很大程度上提高了货物的运输质量。

（3）降低运输成本，节省各种支出：由于多式联运可实行门到门运输，因此对货主来说，在货物交由第一承运人以后即可取得货运单证，并据以结汇，从而提前了结汇时间。这不仅有利于加速货物占用资金的周转，而且可以减少利息的支出。此外，由于货物是在集装箱内进行运输的，因此从某种意义上来看，可相应地节省货物的包装，理货和保险等费用的支出。

（4）提高运输管理水平，实现运输合理化：对于区段运输而言，由于各种运输方式的经营人各自为政，自成体系，因而其经营业务范围受到限制，货运量相应也有限。而一旦由不同的运输经营人共同参与多式联运，经营的范围可以大大扩展，同时可以最大限度地发挥其现有设备作用，选择最佳运输线路组织合理化运输。

（5）其他作用：从政府的角度来看，发展国际多式联运具有以下重要意义：有利于加强政府部门对整个货物运输链的监督与管理；保证本国在整个货物运输过程中获得较大的运费收入配比；有助于引进新的先进运输技术；减少外汇支出；改善本国基础设施的利用状况；通过国家的宏观调控与指导职能保证使用对环境破坏最小的运输方式达到保护本国生态环境的目的。

4. 国际多式联运的运输组织形式

国际多式联运是采用两种或两种以上不同运输方式进行联运的运输组织形式。这里所指的至少两种运输方式可以是：海陆，陆空，海空等。这与一般的海海，陆陆，空空等形式的联运有着本质的区别。后者虽也是联运，但仍是同一种运输工具之间的运输方式。众所周知，各种运输方式均有自身的优点与不足。一般来说，水路运输具有运量大，成本低的优点；公路运输则具有机动灵活，便于实现货物门到门运输的特点，铁路运输的主要优点是不受气候影响，可深入内陆和横贯内陆实现货物长距离的准时运输；而航空运输的主要优点是可实现货物的快速运输。由于国际多式联运严格规定必须采用两种或两种以上的运输方式进行联运，因此这种运输组织形式可综合利用各种运输方式的优点，充分体现社会化大生产大交通的特点。

由于国际多式联运具有其他运输组织形式无可比拟的优越性，因而这种国际运输新技术已在世界各主要国家和地区得到广泛的推广和应用。目前，有代表性的国家多式联运主要有远东/欧洲，远东/北美等海陆空联运，其组织形式包括：

（1）海陆联运

海陆联运是国际多式联运的主要组织形式，也是远东/欧洲多式联运的主要组织形式之一。目前组织和经营远东/欧洲海陆联运业务的主要有班轮公会的三联集团、北荷、冠航和丹麦的马士基等国际航运公司，以及非班轮公会的中国远洋运输公司、台湾长荣航运公司和德国那亚航运公司等。这种组织形式以航运公司为主体，签发联运提单，与航线两端的内陆运输部门开展联运业务，与大陆桥运输展开竞争。

（2）陆桥运输

在国际多式联运中，陆桥运输（Land Bridge Service）起着非常重要的作用。它是远东/欧洲国际多式联运的主要形式。所谓陆桥运输是指采用集装箱专用列车或卡车，把横贯大陆的铁路或公路作为中间"桥梁"，使大陆两端的集装箱海运航线与专用列车或卡车连接起来的一种连贯运输方式。严格地讲，陆桥运输也是一种海陆联运形式。

只是因为其在国际多式联运中的独特地位，故在此将其单独作为一种运输组织形式。目前，远东/欧洲的陆桥运输线路有西伯利亚大陆桥和北美大陆桥。

5. 我国目前已开展多式联运的主要路线

（1）我国内地—我国港口—日本港口—日本内地（包括相反方向）。

（2）我国内地—我国港口，包括香港—美国港口—美国内地（包括相反方向）。

（3）我国港口—肯尼亚港口—乌干达内地。

【项目训练】

一、思考与练习

1. 简述国际多式联运基本条件。

2. 简述国际多式联运的优越性。

二、活动建议

1. 活动内容

郑州某贸易公司出口一批货物到荷兰鹿特丹，请同学们设计最佳运输方式，以最短的时间完成货物的运输。

2. 操作步骤

（1）将全班学生分为若干个小组，每个小组4~6名组员；

（2）每组学生开展讨论，制订最佳运输方案，在地图上标出郑州到鹿特丹所经的国家与重要城市，并用线连接起来。

3. 活动点评

教师点评，同学评选最优运输方案。

参考文献

［1］鲁峰. 中国经济地理［M］. 北京：企业管理出版社，2006.

［2］赵雪梅. 物流地理［M］. 北京：电子工业出版社，2008.

［3］李旸，罗维燕. 物流经济地理［M］. 北京：北京理工大学出版社，2007.

［4］张重晓. 物流地理［M］. 北京：机械工业出版社，2006.

［5］李小健. 经济地理学［M］. 2 版. 北京：高等教育出版社，2006.